KB067785

화백이 본 세상 II

앞서가는
이들의
세상을
깨우는 소리

화백이 본
세상 II

북카라반
CARAVAN

일찍이 고대 그리스 철학자 아리스토텔레스가 설파했듯이 인간은 사회적 동물입니다. 그리고 우리 사회는 여러 인간이 모여 유기체적 조직을 이루고 목표나 삶을 공유하면서 살아가는 공동체를 형성해왔습니다. 공동체란 단순히 공동으로 모여 사는 게 아니라 상호 의무감과 정서적 유대를 바탕으로 갈등을 조정하고, 합의를 이끌어내는 중요한 시스템으로서 사회적 관계망을 의미합니다. 사회 공동체가 요구하는 절대 요소는 '합의'입니다. 합의가 제대로 이루어질 때 정책이 원활하게 집행되고, 개인과 조직의 안녕도 보장될 수 있습니다. 그러나 합의를 도출하기까지의 과정은 결코 녹록지 않으며, 합의를 이루지 못하는 경우도 다반사입니다. 개개인의 생각과 이해가 다를 때가 많기 때문입니다.

'소통'이 중요한 이유가 여기에 있습니다. 소통이란 막히지 않고, 서로 잘 통한다는 뜻이지만 말처럼 쉽지만은 않습니다. 많은 사람이 소통의 지향점을 자기 의견과 목표의 '관철'이라고 여깁니다. 그러나 한 치의 양보 없이 오로지 자신의 이해만을 관철하려고 할 때 쌍방은 충돌할 수밖에 없고, 대화 역시 불통이 되는 경우가 많습니다. 원활한 소통을 위해서는 양보와 배려, 타협이 절실히 요구됩니다. 이는 사회 공동체가 나아가야 할 방향이기도 하고, 공동체의 본질적 지탱 요소이기도 합니다. 서로 다른 의견을 잘 조정하고, 공동의 이익을 위해 최선의 과정을 이끌어내는 것, 이게 바로 리더십이며 리더의 역할입니다. 따라서 리더의 주요 덕목 중 하나는 소통과 합의를 잘 이끌어내는 것이라고 할 수 있습니다.

고대 삼국 중 가장 뒤늦게 왕권을 확립했으며 동쪽의 가장 외진 곳에 있던 신라가 삼국을 통일할 수 있었던 배경에는 이러한 소통과 합의의 과정이 있었습니다. 화백 회의가 그것입니다. 신라인들은 왕을 뽑고 국가의 중요한 안건을 논의할 때면 화백 회의를 개최했습니다. 결정은 만장일치지만 만장일치로 가기 위해 마지막까지 토론이라는 합의와 소통의 과정을 거쳤습니다. 반대와 찬성이 마지막까지 무결정인 채로 고통을 함께 나눈 뒤에 어떤 결정에 도달하는 것입니다. 이런 전통이 있었기에 신라가 1,000년을 이어올 수 있었습니다.

지금은 중앙집권화된 사회가 아닌 지방 분권의 시대이자 네트워크의 시대입니다. 과거 대한민국이 중앙 정부와 수도를 중심으로 모든 변화와 혁신을 도모했다면, 오늘날 '합의와 소통을 나누는 시간'을 바탕으로 혁신을 이끌어내기에 가장 적합한 곳이 바로 지자체입니다. 디지털 환경의 변화로 커뮤니케이션 환경이 급변하면서 이제 인위적인 통합보다는 개인 단위, 지방자치단체 단위의 소통과 혁신이 그 어느 때보다 중요한 시대가 된 것입니다. 이 시점에서 우리는 과거라는 시간에 있지만 동시에 미래에도 존재하는 화백 회의의 정신을 새롭게 떠올리게 됩니다.

이제 새로운 천 년을 사는 오늘, 신라시대 부족 대표들이 모여 중요 사항을 합의해 처리했던 화백 회의의 정신을 새롭게 되살릴 때입니다.

2010년부터 경주시에서 개최하고 있는 '화백 포럼'이 그 새로운 미래가 될 것입니다. 시민의 '열린 마음'과 공무원들의 '섬김 정신'이 만나 지자체에서 시도하는 혁신과 소통의 장인 화백 포럼은 공동체를 위한 축제의 장으로 자리 잡고 있습니다. 여기서 우리는 '섬김 행정'의 기본은 시민이 주인이라는 사실임을 배웁니다. 시민들의 작으면서도 위대한 의견이 모일 때 과거에 없던 미래와 세계를 향해 나아가는 새로운 추진력이 발생하는 놀라운 현상을 목격합니다.

이 책은 2013년에 출간한 『화백이 본 세상』의 후속작입니다. 화백 포럼에 참가하는 각 분야 명사들은 문학, 예술, 자기계발, 건강, 교육, 경영, 국가, 행정 등 거의 모든 분야에서 시민들과 소통하며 우리에게 새로운 변화의 실마리를 제공해줄 것입니다.

2016년 7월

경주시장 최양식

contents

제1부

인생을
즐겁게
사는 방법

1

자연과 나의 시, 그리고 더불어 사는 삶

김용택 | 시인

전북 임실에서 태어나 순창농림고등학교를 졸업하고, 이듬해 교사시험을 치러 초등학교 교사가 되었다. 정년 퇴임할 때까지 모교이기도 한 임실운암초등학교 마암분교에서 아이들을 가르치며 시를 썼다. 1982년 창작과비평사 21인 신작 시집 『꺼지지 않는 횃불로』에 시를 발표하면서 문단에 데뷔했다. 시집으로 『섬진강』, 『맑은 날』, 『누이야 날이 저문다』, 『그리운 꽃편지』, 『강 같은 세월』, 『그 여자네 집』, 『그대, 거침없는 사랑』 등이 있고, 산문집으로 『작은 마을』, 『그리운 것들은 산 뒤에 있다』, 『섬진강 이야기』, 『인생』 등이 있다. 1986년 김수영문학상, 1997년 소월시문학상, 2012년 윤동주 문학대상 등을 수상했다.

덕치면 이야기

저는 전북 임실읍에서도 꽤 멀리 떨어진 덕치면이란 곳에서 살고 있습니다. 그곳에 장산이라는 작은 마을이 있는데 아주 가난한 마을입니다. 저는 여기서 태어나서 자랐습니다. 마을에는 느티나무가 두 그루 있습니다. 마을 앞 느티나무는 강을 지키고 뒤를 지키는 느티나무는 우리 마을과 같이 자랐습니다. 그 느티나무는 500년이나 되었습니다. 뒤의 느티나무는 도둑과 귀신에게서 마을을 지킵니다.

여기서 40분 정도 걸어가면 덕치초등학교란 곳이 있습니다. 옛날에는 걸어다니며 길을 냈는데, 강이며 풀밭이며 걸음걸이마다 길이 되었고 그렇게 생긴 오솔길을 따라 우리는 걸었습니다. 풀밭은 키를 넘겼으며 가다가 보이는 호수는 용소라 불렀습니다. 용소란 무엇일까요? 바로 용이 되지 못한 이무기가 살던 곳입니다. 우리나라에서는 아직 이무기가 용이 되어 승천한 적이 없는데, 여기에는 특별한 의미가 있습니다. 아직 민중들이 원하는 세계가 오지 않았다는 걸 의미합니다.

용소는 매우 컸는데 학교 운동장의 3배가 되었고 깊이는 어른들의 과장으로 명주실 고리 하나가 다 들어간다고 할 정도였습니다(명주실 고리의 길이는 2킬로미터가 넘는다). 그 용소 근처에 산이 하나 예쁘게 솟아 있었는데, 그 산은 이름이 없었습니다. 그래서 이름을 지어주었습니다. 브라자

마운틴. 그 산이 어떤 모습인지 설명하지 않아도 되겠죠? 그 산 밑에 용이 살고 있었습니다.

겨울이면 용소에 살얼음이 어는데 그 모습을 보면 잔물결이 그대로 얼어 있는 걸 볼 수 있습니다. 그러면 학교에 가면서 조그만 돌멩이를 주워들고 던져봅니다. 무슨 소리가 날까요? '살살살~ 쳉쳉쳉~' 참 예쁜 소리가 납니다. 그 음악소리가 그렇게 듣기 좋을 수가 없었습니다. 걷다 보면 징검다리가 나옵니다. 징검다리에서는 처녀가 머리를 감고 있습니다. 강기슭에는 돌이 작았다가 점점 커집니다. 물소리는 아름다워 발걸음 소리를 죽이고 걸어가면 아름다운 음악소리가 들립니다. 그렇게 학교를 다녔습니다.

중학교와 고등학교를 졸업하고 다시 덕치초등학교로 돌아갔습니다. 이제는 선생님이 되어서 말입니다. 그때는 고등학교를 졸업한 사람들에게 선생님이 될 자격을 주던 시절이었습니다. 시험을 봐서 합격하면 4개월 동안 강습을 시켜서 선생님으로 내보냈습니다. 선생님이 너무 부족해서 국가에서 어쩔 줄을 몰라 하던 시기였습니다. 그래서 고등학교를 졸업한 사람들에게 시험을 보게 한 뒤 교육을 시켜서 선생님으로 내보낸 것입니다.

선생님이 되어서 덕치초등학교로 갔습니다. 덕치초등학교는 제가 다니던 학교입니다. 선생님은 한 학교에 5년밖에 있을 수 없습니다. 그래서 5년이 지나면 이웃 학교에 1년 정도 있다가 다시 덕치초등학교로 돌아왔다 하는 걸 반복했습니다. 그리고 마지막엔 6년 반을 있었습니다. 왜냐하면 그때 제가 환갑이 되었습니다. 교장과 이야기를 나누었고 마지막엔 편의를 봐준 셈입니다.

그렇게 선생님으로 36년 반을 근무했습니다. 그러니까 평생을 덕치초등학교에서만 산 것이나 다름없습니다. 제가 처음 학교에 들어갔을 때 우리 반이 18명이었습니다. 제가 선생님으로 갔을 때는 전교생이 700명이었습니다. 그리고 교편을 놓고 나올 때는 우리 반이 29명이었습니다.

모든 것은 자연에 있습니다

저는 농사를 지으면서 살았습니다. 조그만 시골 마을에서 부모님이 농사를 짓고 사셨기 때문에 돕지 않을 수 없었습니다. 모내기철에는 일찍 퇴근해 모내기를 돕고, 그 외에도 갖가지 농사일을 맡아 했습니다. 그만큼 농사일이 바빴고 저의 어머니는 농사만 짓고 사셨습니다. 저는 그런 어머니께 배운 것이 너무도 많습니다. 일제식민지 시대에 안양 방직공장으로 징용을 다녀오신 어머니는 글자도 전혀 모르셨지만 밥도 잘하시고 바느질도 잘하시고 베도 잘 짜십니다. 농사일도 잘하십니다. 특별히 배운 적도 없지만 농사짓는 사람들에겐 삶이 공부입니다.

이건 정말 중요한 이야기입니다. 태어나서 죽을 때까지 공부를 하는 것입니다. 우리가 직장을 다니면서도 공부를 해야 합니다. 퇴직하고 나면 직장에서 보낸 시간은 그리고 또 배움은 어디로 가버리나요? 의미가 없어집니다. 우리 어머니는 배운 건 반드시 쓰셨습니다. 우리가 생각하지 못한 일들을 농사짓는 사람들이 합니다. 그들의 삶은 예술입니다.

농사를 짓는 모습처럼 아름다운 그림은 없습니다. 그들이 하는 일과 같은 예술은 없습니다. 농사하는 사람들은 자연이 하는 말을 잘 알아듣는데, 자신들의 삶에서 일어나는 일들을 자세히 관찰하고 자연이 시키는 일을 하는 것입니다. 봄비가 오면 무엇을 해야 할지 알고 가을 햇살이 무슨 일을 하는지 압니다. 생태와 순환의 논리를 정확히 알고 있습니다. 저는 그걸 어머니에게서 배웠습니다. 어머니는 저에게 위대한 스승입니다.

구답리라는 마을에는 강이 있습니다. 강둑이 예쁜데 그곳에 제가 나무를 심어놓았습니다. 제 나이 27세에 심었던 2년생 나무는 40년의 세월이 흘러 아름드리나무가 되었습니다. 큰 그늘을 만들어냅니다. 그 그늘 밑에서 강연도 합니다. 이런 나무는 그냥 심는다고 키울 수 있는 것이 아닙니다. 한 그루 나무를 키우기 위해선 동네 사람들이 모두 동의해야 합니다. 다행히 모두 귀히 여겨줘서 나무가 아주 잘 자라주었습니다.

봄이 되면 어떤 시기에 나물을 먹을까요? 나뭇잎을 따다가 먹는 나물은 나무 이파리가 서로 부딪쳐 소리가 나기 전에 따다 먹어야 합니다. 풀도 마찬가지로 이 시기에 합니다. 그래야 비료를 대신해 거름으로 쓸 수가 있습니다. 이파리가 부딪쳐 소리 날 때 베어가면 내년 거름이 되었습니다. 모내기는 대추를 따서 콧구멍에 들어가는지 들어가지 않는지 시기를 잴 수 있습니다. 콧구멍 속에 대추가 들어가지 않으면 모내기철이 지나버린 것입니다. 놀라운 과학입니다. 저는 그런 것들을 배웠습니다.

여기 꾀꼬리가 있습니다. 꾀꼬리는 언제 우나요? 목련꽃이 필 때 웁니다. 목련꽃은 봄에 가장 늦게 피는 꽃입니다. 봄꽃은 잎이 피기 전에 피는 꽃들을 말합니다. 목련에 이파리가 나면 그때 꾀꼬리가 웁니다. 그러면 어머니께서 제게 말했습니다. "꾀꼬리 우는 소리에 참깨가 나고 보리타작하는 소리에 토란이 난다." 놀랍게도 어머니의 말은 전부 들어맞았습니다. 재미있는 건 자연의 모든 것이 시가 되고 이야기가 된다는 것입니

다. 우리 마을에 꾀꼬리 울음소리는 술값을 못 받고 죽은 여자의 원통함
이 서려 있고, 소쩍새 울음소리에는 그해의 풍년과 흉년을 가리는 신통
함이 있습니다.

나의 스승, 어머니

저희 어머니는 88세입니다. 몸이 안 좋아 병원에 계십니다. 그 때문에
한 달에 한 번 정도 저희 집에 오십니다. 여러분도 결코 노환을 피해갈 수
없는데 그 마지막까지 자식들에게 기대면 안 됩니다. 자신의 힘을 키워
야 합니다.

자연 속에서 펄펄 뛰던 어머니는 병원에서 무척 답답했을 것입니다. 그
런 어머니를 위해 고민을 거듭하던 제 아내가 수예점에서 바늘과 실을 샀
습니다. 그걸 어머니께 가져다드렸습니다. 어머니는 수를 놓기 시작했습
니다. 그런데 또 어머니가 이야기를 무척 잘하는 편입니다. 아내는 어머
니가 살아오신 이야기를 정리해드리고 싶었고 일주일에 한 번 3~4시간씩
어머니의 이야기를 들어드렸습니다.

어머니가 다 이야기를 하는데 제 아내가 숙제를 하나씩 내드렸습니다.
살아오면서 기뻤던 이야기를 여쭈었고 어머니는 제가 선생님이 되었을
때가 가장 기뻤다고 말씀했습니다. 그 말씀을 받아적고 다시 어머니께
베끼도록 했습니다. 어머니는 글자를 모르니 한 문장을 베끼는 데 한참
이나 걸리셨습니다. 그런데 놀랍게도 어머니는 금방 글을 써가기 시작했
습니다. 모든 것이 시였습니다. 그 나이 드신 할머니가 쓰신 글을 보면 그

림 같습니다. 자연의 모든 것을 이야기하며 그리고 또 수를 놓으십니다. 여섯 아들의 이불도 만들어주셨습니다.

이 일을 하면서 어머니가 완전히 달라지셨습니다. 그 나이에 새로워지신 것입니다. 그런데 여러분이 무엇을 못하겠습니까? 이제 우리는 100세까지 삽니다. 오늘 한 고등학교에서 강연을 했는데 첫마디가 이것이었습니다. 이제 어머니 말을 듣지 마라. 어머니가 하고 싶은 것은 어머니께 하시라고 그래라. 보통 고등학생들의 어머니는 40~50대입니다. 살날이 50년이나 남아 있는 것입니다. 지금 고등학교 아이들은 120세까지 살 텐데, 강요된 공부는 20년을 죽여놓는 짓입니다. 천천히 가라. 100년이 남았는데 왜 이리도 서두르느냐.

지난 어버이날 제 책이 나왔는데 어머니에 대한 책이었습니다. 안사람이 시어머니 흉을 보았는데 어머니가 이 글을 보았다면 난리가 났을 것입니다. 다행히도 어머니가 아직 글을 줄줄 읽진 못하십니다. 그런데 놀랍게도 어머니가 제 서가의 책을 더듬더듬 읽기 시작했습니다. 고故 노무현 대통령의 책을 읽습니다. 어머니가 책의 사진을 보며 이렇게 말씀하셨습니다. "사람을 죽이고도 사는데, 살다 보면 무슨 수가 날 텐데, 죽긴 왜 죽는가?" 놀랍지 않은가요? 살다 보면 무슨 수가 난다니, 저 책 한 권을 읽는 것보다 어머니의 한마디가 더 훌륭했습니다.

어머니가 수를 놓으신 것은 꼭 자연을 옮겨다놓은 것 같습니다. 수예점을 하는 여동생보다 생동감이 있습니다. 어머니는 자기의 삶을 바꿔가기 시작했습니다. 88세의 불편한 몸을 이끌고 말입니다. 저는 어머니에게서 다 배웠습니다. 어떤 학위보다도 어떤 박사보다도 어머니의 삶이 저에게 아름다움을, 삶의 높은 경지를 가져다주었습니다.

아이들에게서 배웁니다

저는 초등학교 선생님을 오래 했습니다. 주로 2학년을 가르쳤습니다. 2학년만 26년을 가르쳤습니다. 한 반에 3명을 가르친 적도 있었습니다. 3명을 가르치면 참 편합니다. 1~3등. 어떤 해는 6학년이 1명만 졸업한 적도 있었습니다. 그때는 마을 유지들이 전부 모여 한 아이에게 상을 주는 진풍경이 벌어지기도 합니다.

2학년을 가르치다 보니 많은 걸 배웁니다. 가르치는 것이 곧 배우는 것입니다. 가르치면서 배우지 않으면 절대 교육이 이루어지지 않습니다. 저는 그곳에서 제일 중요한 것을 배웠습니다. 정직과 진실입니다. 정직과 진실이 통하는 세상이 바로 거기에 있었습니다. 한 학교에 오래 있다 보니 부자간을 전부 가르친 적도 있습니다. 아이를 보면 제 아버지와 똑같았습니다. 공부도 하는 짓도 같았습니다. 학부형들이 항의를 못했습니다. 정직과 진실이 얼마나 중요한 것인지 가르쳤습니다. 정직과 진실은 두려움과 무서움과 부러움을 없애줍니다. 조금 힘들어도 저는 그것이 반드시 이긴다고 생각합니다.

우리가 사는 세상은 정직과 진실이 등한시됩니다. 옛날에는 정의롭기를 강조했지만 지금은 황금만능주의가 만연합니다. 정직이, 진실이 통하기 때문에 진심입니다. 세상 제일 아름다운 진심이 통하던 세상. 진심이란, 마음을 주면 마음을 받는 일입니다. 절대 불변하지 않는 진리입니다. 마음을 줄 수가 있는 것입니다. 마음을 주는데 또 마음을 받아줍니다. 제가 요만큼을 주는데 아이들이 또 이만큼을 줍니다. 얼마나 행복한 일인가요? 저는 진심으로 살았습니다. 지키면서 살았습니다. 진심이 통하니까요.

아이들은 진지하고 진정성이 있었습니다. 아이들은 진지합니다. 아이들은 아무 곳에나 데려다놓아도 그것을 자기 것으로 만들어놓습니다. 물에 데려다놓으면 물과 놀고 산에 데려다놓으면 산과 놉니다. 밥 먹으라고 부르기 전까지 놉니다. 손에다 아무것도 쥐여주지 않아도, 막 뛰어다니면서도 그렇게 재미있는 걸 발견합니다. 손에 아무것도 없는데, 무언가 가져야 하는 우리와 비교해보면 놀랍습니다. 진지한 것입니다. 아이들이 머리를 맞대고 한 시간 동안 땅을 쳐다보고 있습니다. 가서 보면 아무것도 아닙니다. 벌레 한 마리가 땅을 기어가고 있습니다. 놀라운 일입니다. 아무것도 아닌 것을 갖고 어떻게 저렇게 온몸과 온 마음을 다해 이룰 수 있을까요? 진지한 것입니다. 진정성이 있다 보니까 우리가 사는 세계가 늘 새롭고 신비롭습니다.

여러분도 이런 신비로움을 간직해야 합니다. 어떤 것에도 흥미롭지 않고 신비롭지 않다는 것은 생각을 굳혀놓고 그대로 살려 한다는 것입니다. 변화가 없고 새롭지 않습니다. 공부란 새로운 지식을 통해 내 생각과 행동을 바꾸고 내가 바뀌어 우리가 사는 세계를 바꾸는 것입니다. 이것이 바로 공부입니다. 부부생활도 마찬가지입니다. 새로운 것을 추구할 것 없이 산다는 것은 감동도 없고 남처럼 사는 것입니다. 저는 일상을 존중하는 사람입니다. 평소에 아주 구체적이고 일상적인 삶 속에서 한 인간을 존중하고 존경합니다. 가장 가까이 같이 사는 사람에게서 존경을 받으세요. 그리고 존경하세요. 부부는 서로 간에 훌륭한 선생님입니다.

진심이 통하는 아이들, 늘 세상을 새롭고 신비롭게 받아들이는 아이들, 그렇기 때문에 감동을 잘 받습니다. 감동을 잘 받기 때문에 무엇이든 시키면 잘 받아들입니다. 살면서 감동이 없으면 죽은 삶이나 마찬가지입니다. 지금 서로에게 감동을 못한다면 왜 사는지 생각해보시기 바랍니다. 저는 그렇게 살지 않습니다. 삶을 단순하게 살아야 합니다. 편하게 번잡스럽지 않게 살아야 합니다.

저는 아이들에게 글쓰기를 가르칩니다. 사실 글이란 그렇게 어려운 것이 아닙니다. 우리 어머니도 글쓰기를 하십니다. 여러분은 어떠한가요? 소설이나 시를 어렵게 생각합니다. 문학을 생각하는 것입니다. 하지만 글이란 어렵지 않습니다. 글이란 삶을 도와주는 것입니다. 글쓰기를 하다 보면 자신의 삶이 자세히 보이고 자기가 하는 일을 잘하게 됩니다. 그래서 글이 필요합니다. 글쓰기는 자신의 삶을 자세히 들여다볼 수 있는 눈을 갖게 해주는 것입니다. 하나를 자세히 보면 다른 것도 자세히 보는 눈을 갖게 됩니다.

이 말을 듣고 아이들을 키우면 아이들이 10년 후 20년 후에, 요샛말로 대박이 됩니다. 그래서 저는 우리 아이들은 내 마음대로 키웠습니다. 딸 하나 아들 하나 있는데 딸은 고등학교도 안 갔습니다. 3년 동안 자기가 좋아하는 것을 찾았습니다. 좋아하면 잘하지 않겠습니까? 좋아하면 평생 할 것입니다. 우리나라 직장인들은 대부분이 자기 직장을 싫어합니다. 싫어하는 일을 30년 동안 합니다.

이제 우리 아이들은 70세, 80세에도 성공해야 합니다. 60세를 먹고도 도로 60년을 살아야 하니 이건 아주 중요한 문제입니다. 아이들에게는 늦고 더디고 천천히 가도 확실하게 가는 것이 좋습니다. 좋아하는 걸 찾으면 열심히 합니다. 누구를 보면 되느냐? 저를 보면 됩니다. 그 가난한 마을에서 태어나 거기서만 왔다 갔다 했습니다. 제가 모르는 것이 무엇인가요? 꾀꼬리 울음소리, 제가 다 알고 있습니다.

어쨌든 그렇게 아이들의 지식이, 아는 것이 인격이 될 때 비로소 우리가 살고 있는 세계가 저와 관계를 맺고 있다는 것을 깨닫게 됩니다. 어머니가 늘 하는 소리가 있습니다. "남의 일 같지 않다." 관계를 맺고 있는 것입니다. 관계가 맺어지면 갈등이 일어납니다. 부부간의 갈등, 정부와 국민의 갈등이 있습니다. 다 갈등이 생깁니다. 갈등이란 무엇인가요? 칡 갈葛 자 등나무 등藤 자입니다. 등나무는 오른쪽으로 감고 올라가고 칡은 왼쪽으로 감고 올라갑니다. 둘이 같이 심어놓으면 둘 다 죽어버립니다. 그래서 풀어주어야 합니다. 갈등을 풀어주어 조화롭게 만드는 것입니다.

감동하는 삶

제가 아이들이 그린 그림을 갖고 강연을 많이 다닙니다. 조찬 강연을 서울에 가서 많이 합니다. 아침에 CEO들이 나와서 굉장히 공부를 열심히 합니다. 그분들이 아침에 호텔에서 밥 먹으면서 공부를 합니다. 그리고 9시 출근을 합니다. 그 강연을 굉장히 많이 다녔습니다. 어느 날 그림을 갖고 대기업 사모님이 운영하는 미술관에서 강연을 하게 되었습니다. 이 그림을 팔아서 하는 것입니다. 그림이 엄청납니다. 피카소는 저리 가라입니다. 피카소가 9세 때 그린 그림을 보았는데 게임이 안 됩니다.

이것은 아이들이 자신들의 생각을 정리한 것입니다. 논리적으로 정리하는 것입니다. 정리해야 새로운 것으로 나아가는 것입니다. 설거지를 해야 새로운 것으로 나아갑니다. 얼굴 화장을 잘해야 새로운 것으로 나아갑니다. 새로운 것으로 나아가는데 새로운 것들은 사람들이 관심을 갖습니다. 그런 다음에 공감을 하고 감동을 합니다. 1970~1980년대는 모든 것이 새로웠기 때문에 사람들이 관심을 갖고 공감을 하고 감동을 했습니다. 하지만 21세기 지금은 거의 똑같은 물건들이 조금만 바뀌어서 나오고 또 바뀌어서 나옵니다. 그래서 감동을 해야 삽니다. 감동은 느끼고 스며들어서 생각과 행동을 바꾸어줍니다. 사람의 마음을 움직여주는 것입니다. 그래서 감동으로 살아야 합니다. 젊은 사람들이 아직도 남편에게 신비로움이 없다는 것은 죽은 몸이나 마찬가지입니다. 내일 아침에, 혹은 저녁에 생각해보세요. 정리할 것인가 말 것인가?

감동은 어디에 많을까요? 바로 자연입니다. 왜 우리는 자연을 자랑할까요? 나무는 산은 강물은 언제 보아도 완성이 되어 있는 것입니다. 자연은 언제 보아도 나무 한 그루는 완성이 되어 있습니다. 그런데 놀랍게도 볼 때마다 새롭습니다. 바람 불 때 다르고, 비 올 때 다르고, 눈 올 때 다르고, 아침에 다르고, 저녁에 다르고, 성질 날 때 다르고, 아내가 나를 사랑한다고 말할 때 달라 보이는 것입니다. 늘 완성이 되어 있는데 볼 때마다 다릅니다. 눈이 올 때면 나무가 눈을 받아들이고 또 전혀 새로운 모습을 창조해 보여줍니다. 왜 그럴까요? 받아들이는 힘이 있기 때문입니다. 자연은 거부가 없습니다. 다 받아들입니다.

아카데미의 기본은 '인본주의, 인문주의, 인간주의, 인간을 지켜내자'입니다. '이 거대한 자본과 사회에서 인간을 지켜내자.' 이것이 바로 아카데미입니다. 사람을 지키자는 것입니다. 자연을 지키고 사람을 지켜내자. 이것이 바로 아카데미의 근본정신입니다. 생각과 행동을 바꿔야 한다는 말입니다. 받아들이는 힘을 키워주기 위해서 아카데미를 하는 것입니다. 받아들여라. 거부하지 말고 받아들여라. 받아들일 때, 받아들이는 힘이 있을 때, 자기를 세상 위에 딱 세울 수 있습니다.

세상에서 가장 중요한 가정

어머니가 늘 저에게 하는 말씀이 있습니다. "사람이 그러면 안 된다." "야, 이놈아. 사람이 그러면 쓰간디. 사람이 그러면 안 돼. 사람이 그러면 못쓰지." 무슨 말인가요? 사람을 중요하게 생각합니다. 어머니의 "사람이 그러면 쓰냐?" 이 말 속에 우리 시대의 모든 것이 다 들어 있습니다. 사람을 중요하게 생각하지 않았기 때문에 수도 없이 많은 일이 일어났습니다. 돈이 최고였기 때문에, 출세가 최고였기 때문에, 지금처럼 우리가 생각을 안 바꾸고 살면 또 일어납니다. 남의 일이 아닙니다. 언제 내 앞에 그 일이 떨어질지 모르는 것입니다. 이 기회에 우리 사회가 새로운 생각을 하지 않으면 제가 생각할 때는 도로 마찬가지가 될 것입니다. 바뀌지 않습니다. 서서히 다 잊혀갑니다. 그 슬프고 그 원통하고 어딘가 버림받고…… 버림받지 않았나요? 그 버림받았다는 생각 때문에 너무나 부들부들 떨렸습니다. 우리가 버림받았습니다.

제가 제일 강조하는 것은 아무것도 아닙니다. 제가 수도 없이 많은 이야기를 했지만 가장 지켜내고 싶은 건 가정입니다. 그것이 없으면, 그 사랑이 없으면, 그 희망이 없으면, 우리에게 무엇이 있겠습니까? 남아 있지 않습니다. 아무것도 없습니다. 전 세계에서 제일 잘살면 무엇 하나요? 마음이 꽉꽉 차야 합니다. 사랑으로 애정으로 부부간의 애정으로 꽉꽉 들어차야 뒤뚱거리더라도 넘어지진 않습니다. 쌓아올리면 넘어집니다. 채

워나가야 합니다. 가정을 우리 사회에 채워나가는 나날들이 되기를 진심
으로 기원합니다.

2

매력적인 사람들의 공통점

유인경 | 기자

성균관대학교 신문방송학과를 졸업하고 1982년부터 『경향신문』에서 기자 생활을 시작했다. 『경향신문』이 펴내는 시사주간지와 여성지의 편집장을 지냈고, MBC '생방송 오늘 아침', '100분 토론' 등 방송과 여러 곳에서 강의 활동을 하며 만난 각계각층의 사람들을 가장 큰 자산으로 꼽는다. 직장 초년생과 대학생들에게 멘토가 되어줄 각계각층의 전문가를 초청해 대화의 시간을 갖는 '알파레이디 리더십 포럼'을 기획 운영하고, '청춘고민상담소', '세상을 바꾸는 시간, 15분', '왕언니 유인경의 직딩 119'(팟캐스트) 등을 통해 20대 여성들과 소통하면서 멘토가 되었다. 저서로는 『내 인생 내가 연출하며 산다』, 『유인경의 해피 먼데이』, 『대한민국 남자들이 원하는 것』, 『이제는 정말 나를 위해서만』, 『내일도 출근하는 딸에게』 등이 있다.

‧‧‧‧

매력적인 사람들의 첫 번째 S, 심벌

대한민국에서 글을 잘 쓰는 기자, 또 정의로운 기자 그것은 저와 거리 감이 있습니다. 신문기자라는 직업은 글을 잘 쓰는 것이라기보다 세상 곳곳을 잘 살펴보고 거기에 관한 내용을 사실적으로 전달하는 것입니다. 저는 사람을 많이 만난 기자입니다. 한 나라의 대통령, 영국의 엘리자베스 여왕, 거리의 쉼터에 거하는 아주머니까지 다양한 사람들을 만납니다. 그러다 보면 보이는 것이 있습니다. 사람들의 성향에 따른 성공 여부입니다. 열심히 노력하는 이와 대충 살아가는 이들이 어떠한 결과를 맞이하는지 살펴보면 상당한 괴리감이 있습니다. 누군가는 마이더스의 손이 되기도 하고 또 누군가는 마이너스의 손이 되기도 합니다.

매력을 갖고 있는 사람을 관찰해보니 공통점이 있었습니다. S로 시작하는 단어를 보면 첫 번째가 심벌Symbol입니다. 사람 하면 떠오르는 심벌이 있어야 합니다. 그게 기온이 되었든 지역이 되었든 사람이 되었든 심벌이 있어야 합니다. 경주는 심벌이 너무 많습니다. 천년의 고도, 천년의 미소, 황남빵, 찰보리빵이 있습니다. 코카콜라는 매출액에 상관없이 브랜드 평가가 높습니다. 병이 여자 허리 모양으로 생겼다는 것만으로도 그렇게 됩니다. 시계도 롤렉스라고 하면 1,000~2,000만 원 할 것입니다. 하지만 똑같이 생긴 모사품은 3만 원이면 구입할 수 있습니다. 모사품 역시 기술자가 노력을 기울여서 만들었을 텐데 그렇게 차이가 나는 것은 브랜드가 가진 심벌의 차이입니다.

종합편성채널을 보면 아침부터 새벽까지 시사평론가들이 열띤 토론을 벌입니다. 오만 가지 주제들이 오고갑니다. 그리고 그 시사평론가들은 소위 스펙도 장난이 아닙니다. 다 무슨 박사, 전직 정치인이거나, 현역 교수이거나 언론인입니다. 그런데 그렇게 잘난 척하고 떠들어보았자 출연료로 10~20만 원밖에 못 받습니다. 대한민국을 좌지우지하는 이야기들을 해도 그렇습니다. 그런데 예능에서 우엉 먹고 설사를 했다고 이야기하는 조형기는 400만 원을 받습니다. 몇 년 전에 방영되었던 MBC〈태왕사신기〉의 배용준의 출연료는 회당 2억 원이었습니다. CF도 마찬가지입니다. 엑스트라가 탈 쓰고 나와서 춤추고 별걸 다해도 15~20만 원 정도를 받습니다. 그런데 이영애는 가만히 있어도 15억 원을 받습니다.

버락 오바마 대통령은 말을 잘합니다. 혹시 커뮤니케이션이나 스피치나 리더십에 관심 있는 이들은 그의 어록을 보면 감동할 것입니다. 특히 2015년 1월에 기자들과 인터뷰에서 한 말을 보면 정말 천재구나 싶습니다. 그러나 우리가 말을 하면 정확한 내용을 전달하기 힘듭니다. 비언어적인 것이 많기 때문입니다.

남녀는 감각기관의 차이가 있다고 합니다. 남자들이 제일 예민한 부분이 시각입니다. 그래서 포르노나 동영상이라든가 게임 같은 걸 즐기게 됩니다. 이게 시각에 자극을 주기 때문입니다. 여자도 포르노를 보지만 별로 감동을 받지 않습니다. 객관적으로 보게 됩니다. 게임을 하는 여자도 있지만 그렇게 빠지는 경우는 없습니다. 남자는 시각에 자극을 받아서 행동합니다. 여자들은 청각에 자극을 받습니다. 드라마를 보면 알 것입니다. 남자 주인공은 연기력도 좋고 잘생겨야 하지만 목소리가 나쁜 남자 주인공은 없습니다. 조사를 해보았더니 리더나 CEO의 목소리가 다른 평범한 직장인의 목소리보다 낮고 굵다고 합니다. 그래서 중요한 이야기를 할 때는 자신의 목소리와 상관없이 깔고 낮게 말합니다. 그 사람을 떠올릴 수 있는 심벌이 있어야 합니다. 그게 목소리일 수도 있고 헤어스타일일 수도 있습니다. 어떤 것이든 브랜딩을 잘하면 그 사람은 뜹니다.

매력적인 사람들의 두 번째 S, 심플

두 번째 S가 무엇이냐면 심플Simple입니다. 좀 단순하게 생각을 해야 합니다. 세상이 너무너무 복잡합니다. 그런데 우리 한국 사람들은 너무 복잡하게 생각하고 꼬아서 말하는 것이 많습니다. 그래서 어떤 자료를 보니까 지금 2015년에 신문을 본다면, 하루치 신문에 실리는 정보의 양이 300년 전 영국 농부가 평생을 알았던 정보와 맞먹는다는 것입니다. 우리는 매일매일 한평생을 알았던 정보에 눌려 있는 것입니다. 그래서 그때마다 갑갑해하고 무서워하며 머리가 터지는 삶이 되는 것입니다. 20세기는 베토벤의 시대였습니다. 진지하고 무거웠습니다. 그런데 21세기는 모차르트의 시대입니다. 밝고 경쾌합니다. 생각을 단순하게 해야 합니다.

과거에 비해 우리나라의 평균수명은 월등히 늘어났습니다. 평균수명이 늘어났는데 아이러니하게도 암 환자는 늘어났습니다. 대한민국 50세 이상 남성 3명 중 1명이 암이라고 합니다. 여성은 5명 중에 1명이 암 환자입니다. 암도 무섭지만 심장병, 우울증, 치매 이런 것이 많습니다. 다들 암의 공포에 시달리고 있습니다. 암으로 유명한 황성주 박사에게 인터뷰 겸 물어보았습니다. "선생님, 왜 이렇게 암 환자가 많습니까? 암에 안 걸리는 체질은 없습니까?" 암에 안 걸리는 체질은 없다고 합니다. 우리 몸이 사실은 심장을 제외하고 암 밭이라고 합니다. 얼마 전에 작가 최인호 선생은 침샘암으로 운명했습니다. 상상이 되십니까? 그럼 피할 수 없는 것인가요?

다시 물어보니 이런 답변이 돌아왔습니다. "암에 안 걸리는 기질은 있는 것 같다." 세계암협회에서 들어온 자료를 보면 정신박약 환자가 암에 걸리는 경우는 하나도 없었다고 합니다. 또 어떤 기사는 치매 환자는 암에 거의 안 걸리고 또 암 환자는 치매에 안 걸린다고 합니다. 암은 60퍼센트가 유전이긴 하지만 기질적으로 보면 스트레스를 많이 받는 사람들이 암에 잘 걸린다고 합니다. 우울증도 스트레스입니다. 스트레스는 누가 주는 게 아니라 자신이 만드는 것입니다. 아무리 스트레스를 줘도 안 받는 사람들이 있습니다. 뭐라고 막 욕을 해도 금방 활기를 찾는 사람이 있습니다. 그런가 하면 사소한 것에도 스트레스를 받는 사람이 있습니다. 그런 사람들은 스스로 스트레스를 만드는 것입니다.

우리나라는 크게 두 가지 일로 스트레스를 받습니다. 첫 번째는 남과 비교할 때입니다. 혼자 있으면 스트레스 받을 일이 어디 있겠어요? 누군가 자랑을 하고 그러면 그와 비교해서 자신의 처지를 생각하게 됩니다. 그러면 스트레스가 생깁니다. 안 보면 그만이지만 요즘엔 카카오톡이나 여러 SNS 매체에 수많은 글이 올라와 있습니다. 봄에 떠난 하와이 여행이라든가 결혼기념일에 남편이 사준 반지라든가, 또 남의 자식이 잘되어서 명문대에 들어가거나 하는 것들에 대해서 부러움을 느낍니다. 하지만

SNS에 올라오는 일들은 그들 인생의 가장 화려한 부분일 뿐입니다. 누가 자신의 절망적인 모습이나 생활을 불특정 다수에게 공개하겠습니까? 그런 화려한 모습만 보고 나 자신과 비교해서 억울하고 답답해할 이유가 없습니다.

'고통총량의 법칙'이 있습니다. 불교에서 보면 업, 기독교에서 보면 십자가인데, 고통주머니를 안 쓰고 가는 사람은 없습니다. 나만 당한다고 불행하다고 생각해선 안 됩니다. 행복한 사람은 자기가 가진 것으로 살고 있고 불행한 사람은 자신이 못 가진 걸로 살기 때문입니다. 이원복 교수가 바로 그렇습니다. 『먼나라 이웃나라』라는 책을 냈는데 1,800만 부가 팔렸습니다. 인세만 해도 수십억 원입니다. 책만 팔린 것이 아니라 덕성여대 교수 하다가 총장까지 되었고, 부인과 아이들은 외국에서 살고 있습니다. 잔소리할 사람도 없습니다. 남들이 부러워할 만한 인생입니다. 그러나 그는 10세 때 어머니가 심장마비로 돌아가셨습니다. 7남매 막내여서 돈이 없었기에 고등학교 때부터 일을 했고 다행히 공부를 잘해서 서울대에 들어갔지만 모든 일이 잘 풀리기까지는 시간이 꽤 걸렸다고 합니다.

중년에 망한 사람도 있지만 노년에 가서 성공하는 사람들도 있습니다. 고통주머니를 안 쓰고 가는 사람들은 없습니다. 그래서 어떤 일이 생기면 "내가 왜 이런 일을 당해?"가 아니라 빨리빨리 치워버려야 합니다. 자녀도 마찬가지입니다. 공부를 잘하고 못하고를 떠나서 뭐가 훌륭한 자식인가요? 자식이 잘 크면 내 자식이고 못나면 사돈집 자식이라고 합니다. 그런 것 때문에 고민할 필요는 없습니다. 박사가 된다고 해서 잘사는 것도 아닙니다. 의사라고 잘사는 것도 아닙니다. 개인파산 신청하는 사람을 보니 2위가 치과의사였습니다. 심지어 스스로 삶을 마감하는 극단적인 일이 벌어지기도 합니다.

두 번째로 스트레스를 받을 때는 모멸감을 느낄 때입니다. 얼마 전 이명박 대통령이 무얼 했다는 기사는 아주 조금 나오고 이태임이라는 사람이 욕을 했다는 기사로 인터넷이 도배가 되었습니다. 그런데 알고 보니 두 살인가 어린 예원이란 사람이 반말을 한 것이 발단이 되어서 일이 벌어졌습니다. 모멸감을 느끼니까 말도 막 하는 것이고 심하면 살인이 일어나기도 합니다. 그럼 모멸감이란 무엇일까요? 떠드는 사람은 그냥 떠드는 것입니다. 주철환 PD가 그런 일에 대해 이렇게 평을 합니다. 누군가 나에게 욕을 하는 사람은 욕을 하는 것이 아니라 요구를 하는 사람이라 합니다. "나를 좀 한번 봐줘." 이렇게 요구를 하는 것입니다. 나는 내 인생의 주인공이고 남이 간섭할 권리가 없습니다. 심플하게 넘어가는 것이 오래 사는 지름길입니다.

매력적인 사람들의 세 번째 S, 스터디

세 번째 S는 스터디Study입니다. "대학 끝나고 이제야 공부 좀 안 하나 했더니 또 공부라니?" 이러실 필요 없습니다. 공부라는 것이 라틴어를 배우거나 『논어』를 읽거나 그런 걸 말하는 것이 아닙니다. 그냥 일상입니다. 평생 공부인 것입니다. 사회학자들이 이런 이야기를 합니다. 19세기는 귀족사회여서 왕과 귀족이 상류층이었습니다. 왕이 쓸 왕관은 아무리 돈이 많아도 백작이 쓸 수가 없었습니다. 그리고 평민들은 백작이 입는 고급 옷을 입을 수 없었습니다. 아까 경주 와서 너무 행복했던 것이 기념품으로 여왕의 귀걸이를 주었습니다. 옛날에는 상상도 못할 일입니다.

그런데 20세기의 상류층은 돈이 많은 사람이었습니다. 그래서 언론에서 상류층의 행태에 문제가 있다 하면 돈이 많은 사람들을 지칭하는 것입니다. 그런데 21세기의 상류층은 문화적 콘텐츠가 많은 사람입니다. 신문에 보면 부고란이 나옵니다. 어떤 신문에서 한 20년치를 조사해보았습니다. 어떤 직업을 가진 사람들이 일찍 죽고 어떤 사람들이 오래 사는지를 조사했습니다. 기자와 형사가 가장 단명한다는 결과가 나왔습니다. 늘 쫓기는 것입니다. 사건에 쫓기고 마감에 쫓기고 항상 쫓기는 것입니다.

가장 오래 사는 사람들은 운동을 하는 사람이나 예술가가 아니고 학자들입니다. 얼마 전 보니까 김동길 교수 88세, 이시형 박사도 82세이고 김형석 교수는 1970년대 철학 관련해서 강연을 했던 사람인데 96세입니다. 지금도 강연을 합니다. KBS〈생로병사의 비밀〉의 작가인 친구가 있습니다. 그 친구가 80세 이상의 건강한 노인 200명을 대면조사를 했습니다. 그들의 공통점은 메모하는 습관이 있다고 합니다.

공부의 가장 근원적인 것은 호기심입니다. 사소한 호기심입니다. 근현대에서 가장 오래 살았다고 인정받은 사람이 123세까지 산 잔 루이즈 칼망이라는 할머니입니다. 프랑스 시골에서 살던 할머니였고 직업도 따로 없었습니다. 그러던 어느 날 파리에서 변호사인지 공인회계사인지 하는 사람이 깨끗하고 좋은 집과 함께 그 할머니를 보게 되었습니다. 그래서 주변 탐문조사를 했습니다. "저 집이 할머니 집인가요? 나이는 어떻게 되시죠?" 당시 80세쯤 되었던 할머니의 나이를 알고 이 사람이 다음날 할머니를 찾아가 제안을 했습니다. "할머니가 돌아가시기 전까지 제가 생활비를 넉넉히 보내드릴 테니 할머니가 돌아가시고 나면 이 집의 등기를 제게 이전해주시면 안 될까요?' 이 남자 생각으로는 '80세 정도 되었으니 앞으로 2~3년만 돈을 대주면 이 집이 내 집이다'라고 생각한 것입니다.

그리고 이후로 할머니가 40년을 더 산 것입니다. 받은 생활비로 펜싱도 배우고 손자들 먹을 것도 사주고 그랬습니다. 그리고 매년 크리스마스 때마다 돈을 대주던 그에게 카드를 보내기도 했습니다. 결국 남자는 그로부터 10년 후에 죽었습니다. 그리고 이 할머니는 120세 때 큰 결심을 하게 됩니다. 건강을 생각해서 담배를 끊어야겠다. 그리고 이 할머니가 120세 때 프랑스는 축제 분위기였습니다. 세계 최고령자가 프랑스 출신이니 프랑스의 명산물들이 전 세계적으로 홍보가 되었습니다. 그래서 사람들이 이 할머니에게 건강 비결이 무엇이냐고 물었습니다. 할머니의 답변은 이랬습니다. "매일 마시는 한 잔의 와인과 왕성한 호기심이었다." 그런데 이 호기심이 한국 사람들은 참 저렴합니다. '저 여자는 보톡스를 맞았나 안 맞았나, 저 가방은 진품일까 가짜일까?' 이런 것들인데 이 할머니는 물 한 잔만 주어도 '이건 어디에 좋겠다, 이건 뭐에 쓰면 좋겠다' 같은 긍정적인 호기심이 많았습니다. 긍정적인 호기심이 많은 사람이 참 건강합니다. 그런데 한국 사람들은 호기심이 없습니다.

외국 대사 생활을 30년간 한 사람을 만났습니다. 수십 개국을 돌아다녔는데 어떤 나라가 가장 좋았는지를 물었습니다. 그랬더니 러시아라는 답변을 받았습니다. 우리는 KGB 또는 간첩을 떠올리는데 어떤 점이 좋았는지를 물었습니다. 의외로 "문화가 너무 좋았다"라는 답변을 들었습니다. 그 나라 사람들은 밖에서 청소하는 아저씨도 집에 들어가면 톨스토이 책을 읽고 사과 파는 아주머니도 차이콥스키 음악을 듣는다고 합니다. 한 나라의 국격은 지도자의 인품이 아니라 국민들 개인이 갖고 있는 호기심이나 문화의 척도가 얼마나 왔느냐입니다.

미국이나 영국의 신문을 보면 쿠키 만드는 법, 가구 고치는 법 등 그래서 다른 사람이 무엇을 하는지 하나도 궁금해하지 않아도 내 삶을 가꿀 수 있는 일이 많습니다. 그런데 우리는 우리 삶을 살지 않고 남만 욕하고 있습니다. 그러다 보면 내 삶이 황폐해집니다. 100년 살면 뭐 합니까? 무병장수를 해야 합니다. 유병장수는 아무 의미가 없습니다. 대부분 건강한 사람들은 긍정적인 호기심을 갖고 체험을 많이 한다는 것입니다.

얼마 전 섬진강 시인으로 알려진 김용택 시인을 만났습니다. 김용택 시인은 SBS 〈웃찾사〉라는 프로그램을 즐겨보는데 거기에 '뭐라고'라는 프로그램이 있다고 합니다. 그래서 와이프와 함께 보다 보니 싸울 일이 생겨도 '뭐라고?' 이 유행어를 쓰면 서로 재미있어서 화가 풀린다고 합니다. 그래서 그런 걸 공부라도 해야 합니다. 100세까지 알록달록한 인생을 살아봐야 하지 않겠습니까? 나는 KTX를 타고 경주까지 왔지만 인생은 왕복이 아니지 않습니까가? 한 번 사는 것인데 어떤 사람들은 거기서 창밖도 보고 커피도 마시고 책도 읽습니다. 그런데 어떤 사람은 타자마자 잠을 잡니다. 똑같은 인생인데 다릅니다.

매력적인 사람들의 네 번째 S, 서프라이즈

네 번째 S가 무엇이냐면 서프라이즈 Surprise입니다. 감탄사를 많이 해야 합니다. 법정 스님이 말했습니다. "우리가 두려워할 것은 늙고 병드는 것이 아니다. 가장 두려워할 것은 감성이 녹스는 것이다." 나이가 들어서 뱃살이 나왔다, 흰머리가 늘었다, 이런 것보다 느끼는 것이 감탄사가 줄어들었다는 것입니다. 예전에는 "촉촉하게 비가 오네. 오! 봄비다. 너무 좋다!" 감탄사를 많이 했는데, 이제는 비가 오면 "저 비 맞으면 머리 빠지는데" 이런 생각밖에 들지 않습니다. 나이가 들면 남자들은 가족들에게 따돌림 당하는 경우가 있습니다. 엄마는 딸과 친구처럼 지내고 아들과도 잘 지냅니다. 그런데 아빠는 딸하고 애인처럼 지내는 경우도 드물고 아들하고도 데면데면한 경우가 대부분입니다. 그게 엄마가 10개월 동안 임신했기에 나는 차이가 아닙니다. 기본적으로 서프라이즈, 감탄사를 보여주지 않기 때문입니다.

엄마는 태어났을 때부터 "아이고, 우리 아기! 이걸 어쩌나, 저걸 어쩌나!" 감탄사를 연발합니다. 그 아이가 100점을 맞으면 "어머, 100점 맞았어? 우리 애가 천재구나!" 그런데 아이가 빵점을 맞고 들어와도 "너 어제 황남빵 먹더니 똑같이 빵점을 맞을 수가 있어?" 혼내다가도 결국 "그래, 다음부터는 잘해" 다독거려줍니다. 그런데 아버지들은 평소에 아이들에게 관심이 없습니다. '애들 엄마가 잘 키우겠지.' 그런데 애가 100점을 맞으면 "역시 피는 못 속이겠다. 아빠 학교 다닐 때 별명이 올백이었어." 자기 이야기를 합니다. 그리고 애가 빵점을 맞으면 "네가 외탁을 했다. 우리 이씨 중에 너 같은 바보 없어." 그리고 맞고 들어오면 "너희 엄마는 널 낳고 미역국을 먹었는지 모르겠다." 이렇게 대합니다. 그럼 자식들이 볼 때 잘하면 자기 새끼라고 하고 못하면 외탁을 했다고 하니 정서적으로 가까워질 수가 없습니다. 뭔가 잘되는 사람들은 감탄사를 잘합니다. 서프라이즈를 잘합니다.

기자들이 대통령을 뽑으면 항상 1위를 하는 이가 있습니다. 손학규 전 의원이 대통령감 1위를 했습니다. 하지만 그 사람이 안 되는 이유가 있습니다. 심벌이 없기 때문입니다. 박근혜 대통령도 있지 않은가요? 이명박 대통령, 불도저라는 별명이 있습니다. 노무현 대통령, 바보 노무현이란 캐릭터가 있습니다. 독종 이회창도 있고 통일 정동영도 있습니다. 그 사람은 참 좋은데 그냥 좋은 사람으로 끝났습니다. 그런데 기자들이 왜 그랬을까요? 기자들을 만나면 이 사람만큼 감성적으로 대해주는 사람이 없습니다. 이산가족 상봉하는 것처럼 달려와서 안아주고 그럽니다. 굉장히 일을 잘하는 정치인입니다. 그런데 인기가 없습니다. 그래서 왜 그런가 하고 따라가보았습니다. 이유가 있었습니다. 악수를 하면서 다음에 악수할 사람을 쳐다보고 있습니다. 손 내민 사람은 어떤 기분일까요? '왜 나를 안 보지?'

가수 조영남은 71세인데 지금도 아이돌 가수보다 바쁜 일정을 보내고 정말로 주변에 여자가 많습니다. 이해가 가지 않죠? 잘생기길 했나, 젊기를 한가? 돈을 잘 쓰길 하나? 되게 짠돌이입니다. 그런데 왜 그 사람이 그 나이까지 잘 먹고 잘살까요? 한 20년을 지켜본 결과, 대한민국에서 조영남처럼 여자들 말에 맞장구를 잘 쳐주는 사람을 본 적이 없습니다. 정말 맞장구를 잘 쳐줍니다. 별것 아닌 이야기도 정말 대단한 것처럼 감탄해주고 반응해줍니다. 맞장구를 잘 쳐줘야 주변에 사람이 모입니다.

최인호 작가를 인터뷰했는데 정말 동안이었습니다. 동안의 비결이 무엇인지 물었습니다. 자기는 글을 쓰다가 막히면 원고를 TV에 던지면서 "안 써져, 안 써져, 나 몰라!" 하면서 발 뻗고 운다고 합니다. 그러면 마음이 좀 풀린다고 합니다. 웃기도 하고 울기도 하고 자기 표현을 해야 하는 것입니다. 그런데 말이 그렇지 70세가 넘은 사람이 "안 써져, 안 써져" 하는 것도 귀엽지 않은가요? 자신의 감성에 충실하고 남들에게 서프라이즈도 하고 그래서 좋은 글도 나오는 것이 아닌가 싶습니다.

제일 중요한 것은 내가 감성적인 것도 중요하지만 남들을 어떻게 서프라이즈시킬까, 그것도 중요합니다. 성공한 사람들은 남들을 감동시킬 줄 압니다. 이금희 아나운서가 좋은 표본입니다. 그 사람이 왜 KBS 〈아침마당〉에 터줏대감이 되고 여러 방송을 하는 것인가 하면, 남들을 감동시킬 줄 알기 때문입니다. 사람이 뭘 원하는지 아는 것이 중요합니다. 그리고 사실 가장 원하는 것이 무엇이냐면 하지 말라는 짓을 안 하는 것입니다. 아내들이 남편들에게 원하는 것이 무엇인가요? 궁궐 같은 집을 사달라는 것도 아니고 잠수함을 사달라고 하는 것도 아닙니다. 바람피우지 말고 돈 잘 벌라는 것밖에 더 있습니까? 남편들이 아내들한테 바라는 것도 간단합니다. 잔소리하지 말고 밥이나 잘 챙겨달라는 것입니다. 그런데 이걸 다들 잘 안 합니다.

매력적인 사람들의 다섯 번째 S, 스위트

마지막 S가 스위트sweet입니다. 따뜻한 말, 덕담 같은 것들입니다. 살다 보니까 행동의 힘보다 무서운 것이 말의 힘입니다. 저는 제일 중요한 것이 그 사람의 아이큐나 재력이나 독서량이 아니라 태도라고 생각합니다. '왜 저 사람이 욕을 먹지?' 태도입니다. 어떤 일을 해도 잘하는 태도를 보이는 사람들은 욕을 안 먹습니다. 지금 장군도 성희롱으로 걸리기도 하고 대법관도 그렇습니다. 성희롱은 어떤 행동이 아닙니다. 평소의 태도입니다. 다른 것이 무엇인지 예를 들어보겠습니다. 한 여직원이 야근을 합니다. 상사가 와서 "아이고, 힘들지. 쉬엄쉬엄해. 밥은 먹었어? 야근하다가 해 뜨겠다. 몸은 좀 괜찮아?" "감사합니다. 괜찮습니다." "나 먼저 약속 있어서 가야 하는데, 그래 수고해. 갈게." 이렇게 가는 상사는 나중에 회식 자리에서 술을 좀 많이 마시고 토를 해도 절대 욕을 안 합니다. 술을 권하는 것도 아무렇지도 않습니다.

그런데 평소에 야근하면 "야, 너는 낮에는 펑펑 놀다가 꼭 밤에 일을 하는 척하더라. 야, 너네 집 전기 아니라고 막 쓰냐? 또 그런 옷은 어디서 파냐?" "왜요?" "어디 술집 갔는데 그런 옷 입은 여자 봤다." 이런 상사라면 회식 때 앉으라는 말 한마디도 강요가 되는 것입니다. 그다음에 요즘 보면 권력자들의 비리는 다 측근들이 고발합니다. 비서, 운전기사, 그런 사람들입니다. 비리를 저지르는 사람들은 그런 사람들에게 잘해줘야 합니다. 평소에 잘 챙겨주면 무슨 비리를 저질러도 "내가 무덤까지 안고 가리라!" 이렇게 말합니다. 평소에 구박하고 그러면 비리가 생기면 고발을 하는 것입니다.

말에는 힘이 있습니다. 말의 힘은 참 놀랍습니다. 조사를 해보았는데 짜증을 3분만 내도 뇌에서 독극물 같은 호르몬이 나와서 10시간을 머문다고 합니다. 생각해보면 그렇게 짜증낼 일도 아닙니다. 『물은 답을 알고 있다』라는 책에는 이런 내용이 있습니다. 온도와 습도를 똑같이 맞춰놓고 똑같이 컵에 물을 따릅니다. 한 물에는 "사랑해. 좋아해. 잘 자라." 좋은 말만 해줍니다. 다른 컵에는 저주와 같은 말들을 쏟아붓습니다. 그랬더니 저주와 독설을 받은 물이 빨리 썩었다고 합니다. 그리고 컵에다가 물을 따라서 양파나 감자를 키우며 똑같은 실험을 해보면 칭찬과 좋은 이야기를 들은 감자가 잘 자란다고 합니다. 물과 감자도 그런데 우리 몸은 어떨까요?

가만히 있는데 어떤 사람이 와서 "아이고, 얼굴이 좋아 보이네요. 어쩜 그렇게 관리를 잘하세요. 정말 예쁘세요." 이렇게 말하면 정말 그런가 싶어서 입꼬리가 올라갑니다. 그런데 똑같은 난데 어떤 분이 와서 "오늘 무슨 일이 있어? 얼굴이 왜 그래? 우울해?" 이러면 정말 내가 아픈 것 같습니다. 여러분, 만보기를 차듯 녹음기를 차고 하루를 녹음해보면 정말 놀랄 것입니다. 70~80퍼센트 이상이 부정적인 말이라고 합니다. 그러면 그걸 우리 몸이 들으면 "우리 주인님 죽고 싶으시구나! 빨리 죽여드리자" 이럽니다. 그런데 보니까, 뭔가 잘되는 사람들은 말을 긍정적으로 합니다.

김연아 선수에게 굉장히 감동을 받은 적이 있습니다. 김연아 선수가 20세 때 세계챔피언 대회에 나갔습니다. 그런데 "아사다 마오 선수가 또 같이 나왔는데 기분이 어떠신가요?" 이렇게 물었습니다. 저라면 부정적인 이야기만 할 것 같습니다. 그런데 김연아 선수의 답변이 "저는 아사다 마오 선수와 경쟁하기 위해 스케이트를 하는 것이 아닙니다. 저는 어린 시절부터 스케이트가 너무 좋았고요. 특히 이번 경기를 앞두고 훈련을 하면서 컨디션이 좋아서 경기에서 좋은 성적을 낼 것 같습니다. 저는 저에게 주어진 스케이트 연기시간을 즐길 뿐입니다." 긍정 모드로 무장을 한 것입니다. 평소에 자신에게 좋은 말을 많이 하고 자기를 낮추면서도 재미있는 이야기를 하는 것도 훈련이 필요합니다.

여러분은 남에게는 칭찬을 많이 하지만 자신에게는 냉정합니다. "난 좋아. 난 괜찮아." 이렇게 자신감이 있으면 기꺼이 자신을 낮출 수 있습니다. 남들이 무슨 이야기를 하더라도 자신을 지킬 수 있다면 아무 상관이 없습니다. 미국도 그렇고 한국도 그렇고 대통령들이 유머가 있습니다. 링컨의 유머에 관한 책도 있고 레이건, 클린턴 다 유머 감각이 뛰어난 사람들입니다. 우리나라도 딱딱해 보이는 김대중 대통령, 노무현 대통령은 굉장히 유머 감각이 뛰어납니다.

세상을 떠나기 한 달 전쯤에 병상에서 김대중 대통령이 저체온증으로 굉장히 추워서 옆에서 부인이 뜨개질로 양말도 만들어주고 그러고 있는 상황이었습니다. 그때 한승원 변호사가 나타나서 "몸은 좀 어떠십니까?"라고 물었습니다. 그 병상에서 이렇게 말했다고 합니다. "한 변호사, 정말 집사람에게 서운하네." "아니, 이렇게 열심히 간병을 하시는데 무엇이 그리 섭섭하신가요?" "우리 와이프가 맨날 기도를 하는데, 제발 우리 남편 좀 안 죽게 해주세요, 안 죽게 해주세요, 하면 좋겠는데 매번 하나님 뜻대로 하소서, 하나님 뜻대로 하소서…… 나더러 일찍 죽으란 거지." 그런 유머를 했다고 합니다.

노무현 대통령도 우리나라 최초로 탄핵을 당할 뻔했던 대통령이죠? 그래서 탄핵 이후로 국민들과 소통하기 위해 MBC 라디오 〈여성시대〉란 프로그램에 출연을 했습니다. 청취자가 주는 사연을 가지고 하는 프로그램이었는데 어떤 청취자가 이런 사연을 보낸 것입니다. "대통령님, 제가 며칠 전에 꿈을 꿨는데 로또 번호를 네 개만 가르쳐주셨어요. 왜 그러셨어요?" 나 같으면 막 화를 낼 것 같은데 노무현 대통령은 1초의 망설임도 없이 이렇게 말했습니다. "죄송합니다. 죄송합니다. 제가 그땐 탄핵을 당하느라 정신이 없었어요. 다시 한 번 제 꿈을 꿔주시면 여섯 자리 다 끝까지 불러드리겠습니다. 다시 한 번 제 꿈을 꿔주세요."

사실 제일 중요한 것은 좋은 일이든 나쁜 일이든 간에 잘 받아들이는 것입니다. 어떤 일이든지 간에 메시지가 없는 일은 없는 것 같습니다. 작가 박완서 선생을 매우 좋아합니다. 박완서 작가는 40세가 넘어서 아이 다섯을 낳고 작가로 데뷔했습니다. 「나목」이라는 데뷔작으로 굉장히 히트를 하고 그걸로 끝날 줄 알았지만 40년을 더 활동하고 돌아가셨습니다. 그리고 박완서 작가가 50세쯤 될 무렵에 남편이 돌아가셨습니다. 그리고 딸을 넷 낳고 막내였던 아들이 서울대 의대에서 인턴인가 레지던트인가 했는데 급사를 했습니다. 남편이 별세한 지 2주도 안 되어서 그랬습니다. 그걸 참척의 슬픔이라고 그러지 않나요? 정말 정신을 잃을 정도로 혼미하셨는데 그리고 얼마 뒤에 다시 글을 쓰기로 했습니다.

그래서 기자들이 "선생님, 어떻게 참척의 슬픔을 극복하셨습니까?" 그랬더니, 자신은 슬픔을 극복하지 않았다고 말했습니다. 고통도 받아들였다고 말했습니다. 받아들이면 받아들여지는 것입니다. 우리가 못 받아들일 것이 뭐 있나요? 최악이 그냥 죽는 것인데, 죽으면 착한 사람들은 천당 가면 되지 않나요? 나빠 봐야 지옥인데, 지옥이 찜질방처럼 불 나오고 그렇지 않나요? 우리는 불가마에 익숙한데 그렇게 나쁠 것 같지 않습니다. 친구가 나를 안 만나줘도, 케이블 TV에 영화가 수만 편이 있습니다. 막 두려워하고 그럴 것이 아무것도 없다는 것입니다. 고통이건 행복이건 다 받아들여야 합니다. 한국 사람들은 기쁨거부증, 행복거부증이 있습니다. "아이고, 이번에 상 타셨다면서요. 정말 축하드려요." "아니, 개나 소나 다 타는 상인데 뭘요." 그러면 그 상을 왜 주었겠어요? 그냥 기뻐하면 좋지 않습니까?

행복은 누가 선물해주지 않습니다. 내가 행복하다고 느끼면 그만입니다. 노벨경제학상을 탄 학자가 있습니다. 그에게 행복이 무엇인지를 묻는 질문이 있었습니다. 그랬더니 그가 대답하기를, '하루 중에 마음 편한 시간이 많은 사람'. 그것이 행복한 사람이라고 합니다. 내가 평화롭고 여유가 있으면 그 사람이 매력적으로 보입니다. 그래서 매력적인 사람이 된다는 것은 성형수술을 한다는 것이 아니고 또 박사학위를 따는 것이 아닙니다. 다섯 가지 S만 가지면 됩니다. 첫 번째 심벌, 나의 개성입니다. 두 번째 심플, 어떤 이야기든 남과 비교하지 말고 내 꽃밭을 가꾸자. 세 번째 스터디, 100년의 삶을 살면서 충실하게 또 알록달록한 무지개꽃을 만들자. 네 번째 서프라이즈, 맞장구 쳐주고 남들에게 조금이라도 잘해줄 수 있는 것이 무엇이 있을까 생각하는 삶. 다섯 번째 따뜻한 말, 긍정적인 말. 스스로 칭찬해주는 말입니다.

3

풍요로운 내일을 위한
인생 2모작

이상벽 | 방송인

홍익대학교 산업디자인학과를 졸업하고 『경향신문』 기자로 활동하다가 방송을 진행하면서 전문 방송 진행자가 되었다. 1967년 KBS 라디오 〈명랑백일장〉을 통해 데뷔했다. 13년 동안 KBS 〈아침마당〉을 진행해왔으며, 2014년에 프리랜서를 선언했다. 1986년 MBC 방송연기대상 MC부문 우수상, 1998년 한국방송대상 진행부문 사회상, 1999년 기독교문화대상 방송부문 등을 수상했으며, 한국저작권단체연합회 이사장, 통일부 홍보대사, 사회적기업 월드포럼 홍보대사 등을 역임했다. 2002년에는 대중문화 예술인의 공로를 기리기 위해 제정된 'MBC 명예의 전당' 수상자로 선정되었다.

・・・

또 다른 시작, 인생 2모작

대한민국은 부존자원이 없는 나라입니다. 그런데 세계 수출국 10위 안에 들고 다른 나라에 수출하는 것이 400가지가 넘는 나라가 되었다는 것은 무엇을 말해줄까요? 부존자원은 없지만, 인적자원이 있으므로 대한민국은 비전이 있는 나라입니다. 사람이 모두 자원인 나라입니다. 대한민국 사람의 두뇌와 손끝이 곧 세계적인 자원입니다. 그러니까 우리라는 자원을 한 번 쓰고 폐기처분하기에는 아깝습니다. 우리를 한 번 더 활용해야 합니다. 농사에 비유하자면 인생 2모작을 하자는 의미입니다.

이렇게 이야기하면 나이 좀 있는 사람들은 "아이고, 뭐, 인생 2모작은 나하고 아무 상관도 없겠네" 이렇게 생각하겠지만 아닙니다. 왜 그런 말을 할 수 있는가 하면 제 친구 중에 군대 동기가 있는데 배우 염정아의 아버지입니다. 그런데 염정아가 시집을 매우 잘 갔습니다. 병원 의사한테만 가도 시집을 잘 갔다고 하는데, 종합병원 원장에게 시집을 갔습니다. 그래서 자기 사위 자랑을 하느라고 만나기만 하면 종합검진을 받으라고 합니다. 그러면서 30퍼센트를 깎아준다고 합니다. 저에게도 종합검진을 받으라고 했습니다. "나는 아직 머리 물 안 들인다. 이빨 한 군데도 망가진 곳이 없다. 지금 안경은 끼지만 자잘한 명함 같은 걸 받았을 때나 실수할까 싶어 낀다. 신문을 보는 데도 지장이 없다. 배가 나와서 숨 쉬는 데

괴로움이 있냐? 그렇지 않다."

　종합검진을 받을 이유가 뭐가 있습니까? 그렇게 친구에게 말했더니 "야, 너 술 먹잖아" 합니다. 그러면서 위장, 간장, 대장, 소장, 장 계통만 검진을 받아보라고 권유합니다. 그렇게 검진을 했습니다. 그랬더니 의사가 10년 동안 정밀검진을 받아본 적이 없기 때문에 정밀검사를 해야 한다면서 일주일을 기다리라고 했습니다. 그렇게 하고 오니 일주일 동안 잠도 오지 않았습니다. 괜히 어디가 아픈 것 같고, 꿈에서는 의사가 검은 가운을 입고 나타났습니다. 일주일 동안 불안에 떨고 있었는데 전화가 왔습니다.

　그러더니 의사 선생님이 "이 선생님, 얼마나 관리를 잘하셨는지 의학적 신체 나이가 47세이십니다." 기가 막히지 않습니까? 그러니까 여러분 주민등록증 안에 있는 숫자는 동사무소에서 기록의 의미로 갖고 있는 것이고 실제 여러분의 나이는 병원 의사가 정해주는 것입니다. 의사가 47세라고 하면 47세가 맞는 것입니다. 그래서 병원을 나오면서 이야기했습니다. 47세로 10년 동안 유지하겠습니다. 그랬더니 너무 방심 말고 나이는 1년에 두 살도 먹고 세 살도 먹을 수 있으니 조심하라고 했습니다.

　여기 온 사람들은 50세 넘으신 사람들이 한 명도 없습니다. 왜 그렇게 이야기하는가 하면, "이상벽이 강의한다며, 거기 갈까?" "그럴까?" 하면서 오신 분들은 현실 참여 의지가 있는 사람들입니다. 세상 돌아가는 것에 대해 기본적으로 관심이 있는 사람들입니다. 그렇기 때문에 50세가 안 넘는 것입니다. 50세 넘는 분들은 이렇게 이야기합니다. "오늘 이상벽이 강의하는데 거기 갈까?" "뭐 하려고?" 그럽니다. 이것은 살아 있는데 살아 있지 않은 것이나 마찬가지입니다. 세상을 살면서 아무 의미도 없고, 세상 돌아가는 데 관심도 없습니다. 아침에 눈을 뜨면 무엇을 해먹을지 고민하고 있습니다. 이것은 사는 게 아닙니다. 아무 계획도 없고 아무 의미도 없는 매일 누군가를 만납니다. 의미가 없는 것입니다. 요샛말로 소통을 하기 위해 귀한 시간을 내준 것이 아닌가요? 그렇지 않고 백화점 가서 배추 한 통 사서 죽기살기로 하면 뭐 합니까? 아니, 거기까지 갔으면 거기 사람들이 어떤 차림새로 왔는지도 보고 세상 물정을 봐야 합니다.

시류라는 말이 있습니다. 이게 무슨 말이냐면 고故 정주영 회장이 청문회에 불려나간 적이 있습니다. 그때 어떤 젊은 친구가 "정주영 회장께서는 말이죠, 역대 정권이랑 유착이 돼서 관급 공사를 싸그리 독식을 했습니다. 인정하십니까?" "인정합니다. 그런데 대한민국에서는 정권자가 무엇을 생각하고 있는지를 간파하지 않으면 사업이 더는 진행되지 않습니다. 그러한 풍토가 있어서 돈을 요구한 사례도 있고 아무것도 없는데 경부고속도로를 깔라고 지시를 받기도 했습니다." 이러한 이야기를 할 때 썼던 단어가 시류입니다.

우리말로 하자면 세상 물정입니다. 세상 돌아가는 정황을 뜻합니다. 이것을 알아야 아이들과도 대화가 됩니다. 현재의 정체성을 확인하는 기준점이 되기도 합니다. 뉴스도 안 보고 TV도 안 보고 매일 드라마만 봐서는 안 됩니다. 스포츠 중계와 뉴스만 보는 것도 안 됩니다. 드라마 역시 등장하는 인물의 관계나 이야기들이 세상 물정을 아는 데 도움이 됩니다. 모든 것을 보았을 때 내 것을 만들려는 의지가 있어야 합니다.

이제 현실적으로 인생 2모작을 하자고 했으니 여기에 50세인 사람은 없습니다. 50세가 지금 직업적으로 중심 나이입니다. 우리나라를 대표하는 임원들의 나이가 현재 50세입니다. 이사, 전무, 계열사 사장이나 그런 사람들이 50대입니다. 옛날 같으면 60대나 되어야 가능한 일이었지만, 현재는 50대가 그 자리를 차지하고 있습니다. 50대밖에 안 된 사람을 잘라버린다는 것은 개인적으로도 불행한 일입니다. 국가적으로도 낭비입니다. 그런데 또 무시할 수 없는 것이 청년 실업입니다. 대학을 졸업하고 학위를 받았는데, 취업을 못한 청년들이 100만 명이 넘습니다. 대기업들이 책임을 져야 합니다. 삼성 같은 곳에서 한 해 300명 신입사원을 뽑는다고 가정하면, 삼성 역시 이윤을 추구하는 집단이기 때문에 나가는 만큼 거둬들여야 합니다. 거둬내는 대상이 임원입니다. 월급을 많이 받는 집단입니다. 그래서 앞에서 받고 뒤에서 거둬내는 악순환이 반복되고 있습니다.

그런데 우리의 한계 연령은 100세까지 가 있습니다. 요새 보험광고 눈만 뜨면 보실 수 있을 것입니다. 피보험자들을 몰아내는 것과 마찬가지입니다. 그렇게 광고를 많이 쓰면 보험료가 오릅니다. 하지만 노출이 되어야 보험 가입자가 있으니 이 또한 어쩔 수가 없는 노릇입니다. 지금 대한민국에 100세 넘는 사람이 얼마나 되는 줄 아십니까? 예전 같으면 100세 넘는 사람이 투표한다고 하면 뉴스에서 하루종일 집중 보도를 했습니다. 현재는 100세 넘는 사람이 무척 많습니다. 얼마나 될 것 같습니까? 최근에 통계청에서 공개되었는데, 전국적으로 100세 넘는 사람이 2,800명이라고 합니다. 지금 40대 정도 되는 사람들은 한계 연령이 120세까지 달한 전망입니다.

지금 계속 자연적인 수명은 뒤로 물러나는데 50세가 직업적 커트라인입니다. 50세 이후를 어떻게 설계할지에 대해 미리 연구해두지 않으면 여생을 직무유기하게 됩니다. 여건은 다 되는데 아무것도 하지 않고 있는 것이 직무유기 아니겠습니까? 어쩔 수 없이 앉아 있다고 하면 어쩔 수 없는 거지만, 할 수 있는데도 하지 않는 것은 직무유기입니다.

1모작과 2모작의 경계에서

그러면 인생 1모작과 2모작을 나눠서 가는데, 우리가 1모작을 어떻게 이해해야 할까요? 인생 1모작은 어차피 부가가치 중심일 수밖에 없습니다. 이게 무슨 이야기인가 하면 대한민국은 교육열이 매우 높은 나라이지 않습니까? 아이들 공부시키는 것에 대해서는 올인했기 때문에 우리나라의 인적자원이 만들어질 수 있었던 것입니다. 그러나 현실은 대학을 나와서 학교에서 전공한 것이 사회생활과 연결이 잘 되지 않습니다. 취직이 되지 않습니다. 특히 라이선스가 없는 학과를 나온 친구들은 그렇습니다. 영문과, 경영학과, 음악과 같은 곳을 나온 친구들은 자격증이 없지 않습니까? 졸업장만 있습니다.

그래서 4년제 대학을 나와서 2년제 전문대학을 졸업합니다. 전문자격증을 취득해서 다시 취직을 합니다. 요즘 가장 인기 있는 학과가 애견미용학과입니다. 사람 병원보다 강아지 병원이 더 많은 시대가 왔습니다. 그래서 동물병원에 취직해서 하루 종일 개털 빗겨주고 개 간식 먹여줍니다. 그런데 그 분야가 대단히 각광을 받는다면, 그 분야에 취직을 할 수밖에 없습니다. 현실적으로 취직하는 것이 1모작의 특징이란 것입니다. 여러분도 대부분 첫 번째 직장을 선택했을 때, 내 직장이 얼마나 비전이 있는 직장이냐, 진급은 어디까지 되느냐, 그런 걸 보고 선택했을 것입니다.

저의 인생 1모작은 이랬습니다. 저는 고등학교 때 웅변을 했습니다. 고등학교 2학년에서 3학년으로 진학을 하는데 교장 선생님께서 진학지도를 나오셨습니다. 그래서 교장 선생님께서 물으셨습니다. "너는 대학교를 어디로 갈 것이냐?" "웅변 담당 선생님을 따라서 연세대 정치외교학과에 가기로 했습니다." 웅변 선생님께서는 참으로 멋지셨습니다. 그러니까 우리에겐 영웅이었습니다. 여하튼 그랬는데 교장 선생님께서 학적부를 펼쳐보며 말씀하셨습니다. "이북 출신에, 7남매 중에 장남이고 아버지는 월급쟁이고, 야 이놈아, 웃기지 마. 네가 어떻게 정치외교를 해?" "그러면 어떻게 하면 좋습니까?" "너는 집안 구조적으로 볼 때 1~4번만 아버지가 책임지는 것이고 5~7번은 네가 챙기는 것이야."

우리가 7남매이고 저는 7남매 중에 장남입니다. 옛날에 홀트아동복지회라는 곳에서 아이들을 공출했습니다. 다 데리고 있어 보았자 감당이 안 되었기에 아이들을 외국으로 보내서 잘 입히고, 먹이고, 교육을 시킨다고 했습니다. 그래서 어머니도 고민을 하셨습니다. 일곱 명 중에서 누구를 보낼까? 똑똑한 아이를 보내야 할까? 아니면 좀 모자란 아이를 보내야 할까? 고민을 하다가 결국에는 보내지 않으셨습니다. 어머니가 아직 살아 계신데 올해로 88세입니다. 세월이 많이 흐르지 않았나요? 그래서 이제 어머니를 뵈러 가족끼리 모이게 되면 묻습니다. 그때 어머니가 마음속으로 점찍었던 아이가 누구냐고 물어봅니다. 그러면 어머니께서는 죽을 때까지 그 이야기는 할 수 없다고 답합니다. 그럼 우리끼리 서로 너였다고 장난을 칩니다.

그러던 세월에 아버지는 농협에 다니셨습니다. 그러니까 교장 선생님 말씀이 맞았습니다. 반은 아버지가 책임지지만 또 반은 제가 책임져야 했습니다. 그래서 웅변 말고 잘할 수 있는 것이 있느냐고 물었습니다. 거우 생각한 것이 그림이었습니다. 홍대 미대에 가서 디자인 쪽으로 일을 해보라고 권유하셨습니다. 그래서 미술 선생님을 찾아갔습니다. 1년을 남겨두고 갑자기 홍대 미대를 지원한다고 하니 선생님으로서도 황당한 노릇이었습니다. 당시 미술부에 있던 아이들은 중학교 때부터 미술을 했습니다. 대입 시험이 1년밖에 남지 않은 시기였기에 미술학원에라도 다녀보라고 미술 선생님께서 권유했지만 월급쟁이 아버지의 봉급으로 미술학원에 다니는 것은 어려웠습니다.

사정을 이야기하니 미술 선생님이 한번 해보자고 말했습니다. 그 뒤 일과시간 이후에 미술 선생님과 함께 실기공부를 했습니다. 그런데 겨울이면 오후 7시만 되면 경비 아저씨가 전기 스위치를 내립니다. 학교 전체가 껌껌해지고 엄청 춥습니다. 전기가 없어서 촛불을 켜고 석고상을 따라 그렸습니다. 그렇게 주욱 서 있는 석고상을 보면 귀신 같았습니다. 이래저래 고단한 일이었습니다. 그렇게 1년이 지나고 홍대 미대에 우리 학교에서 8명이 지원했습니다.

그 결과가 어떻게 되었을까요? 미술부는 전부 떨어지고 웅변부 학생이 붙었습니다. 그래서 홍대 디자인과에 들어갔습니다. 그때 사진도 부전공을 했습니다. 대학을 졸업하고 나오니까 취직은 보장되어 있지 않겠습니까? 해태제과, 서울약품, 태평양화학에서 오라고 연락이 왔습니다. 어느 회사가 좋은지 생각을 하고 있는데, 어느 날 아버지가 약주를 한잔 하시고 광고지 한 장을 가져오셨습니다. 경향신문사에서 문화부 기자를 뽑으니 그걸 해보라고 하셨습니다. "갑자기 이걸 왜 합니까?" "너 취직은 금방 된다고 하지 않았냐? 우리 가족 인프라를 만든다고 생각하고 여기서 한 5년 정도만 일해봐라."

그것을 아무나 할 수 있겠습니까? 하지만 아버지가 시키니 한번 가보았습니다. 거기서 원서를 받아보니까 350명이 넘었습니다. 나중에 마감할 땐 500명에 이르렀습니다. 그중에서 필기고사를 봐서 10명을 뽑는다고 했습니다. 추운 날 학교 강당 같은 곳에서 시험을 보는데, 제가 시험 운이 매우 좋았습니다. 그래서 면접을 보러 들어가는데 제가 네 번째쯤 들어간 것 같습니다. 사장님과 편집장과 각부 부장이 쫙 앉아 있었습니다. 그리고 면접 질문이 현재 문화부 기자로 취직했다고 가정하고 당장 나가서 취재해올 수 있는 테마를 이야기해보라는 것이었습니다. 환장할 노릇이었습니다. 기자가 뭔지도 모르는데 갑자기 한 건을 어떻게 해오겠습니까?

저는 가만히 서서 제가 제일 잘할 수 있는 것이 무엇인지 생각했습니다. 스스로 웅변에 대한 자신감은 있었습니다. 그래, 웅변으로 한번 압도해보자. 목청을 가다듬고 "대한민국 문화는 앞으로 일본 문화와 미국 문화 사이에서 엄청난 갈등을 겪을 것으로 예상됩니다." 뭐라고 했는지도 가물가물합니다. 하지만 한 10분을 열심히 떠들었습니다. 그랬더니 한 사흘 뒤에 연락을 주겠다고 합니다. 사흘 뒤 연락을 받고 찾아가보니 웬 덩치 좋은 남자 한 분이 "너는 사장님과 어떤 사이냐?"라고 물었습니다. 사장과는 모르는 사이였습니다. 그 남자가 의아한 눈치로 "너는 사장님이 붙였다"라고 말했습니다. 알고 보니 10명을 면접 보고 나가는 길에 사장님이 그러셨답니다. "오늘 우리가 10명을 보았는데 그중에서 기억에 남는 사람이 있나?" 모두 아니라고 대답했답니다. "그럼 아까 떠들던 놈, 그놈은 한번 붙여봐."

그걸로 합격이 되었습니다. 그래서 경향신문사 문화부 기자가 되었습니다. 한 5년쯤 되었을 때 박정희 정권이 유신헌법을 만들었습니다. 장기집권을 위한 포석으로 신문사마다 군인이 한 명씩 파견되었습니다. 그 군인이 신문기사를 미리 검토하고 문제가 된다 싶으면 기사로 내보내지 못하게 했습니다. 기자가 돈 벌려고 하는 것도 아니고, 출세하려고 들어간 것도 아닙니다. 쓰고 싶은 걸 쓰려고 기자가 된 것입니다. 그래서 그만두겠다고 이야기했습니다. 그랬더니 일한 지 얼마나 되었는지를 묻더군요. 그러면서 앞으로는 무얼 하고 싶은지 물었습니다. 웅변가의 자질이 있다고 생각했던 저는 방송국에 한 번 가볼 요량이라고 말했습니다. 그러자 그 군인이 이렇게 말했습니다. "그럼 10년을 채우도록 해. 여기서 10년 경력이면 앞으로 방송국에 가서 단어 선택이나 문장 구성 능력은 너를 따라올 사람이 없을 거야." 그 말에 수긍하고 경향신문사를 10년 경력이 될 때까지 다녔습니다.

그리고 방송국에 사회나 MC를 보러 갔습니다. 그런데 사회를 아무나 시켜주나요? 일단 원고부터 쓰라고 하더군요. 신문사에서 일한 경력이 있으니 이건 또 자신이 있었습니다. 그래서 허참이나 임성훈의 원고를 써주기도 했습니다. 그렇게 3년을 써주었습니다. 그러던 어느 날 부장이 "당신 마이크 주면 바로 할 수 있나?"라고 물었습니다. 당연한 것이었습니다. 왜냐하면 제가 대학교 3학년 때부터 세시봉에서 아르바이트를 했습니다. 세시봉 공연을 윤형주, 송창식 그런 사람들과 다니지 않았겠습니까? 대학교 3학년 때 대학생 재즈 대회 우승을 축하하려고 간 적이 있습니다. 그런데 그날 사회를 봐주기로 했던 임백천이 오질 않았습니다. 사회를 봐줄 사람이 필요했는데 그게 바로 저였습니다. 못할 것이 없었기 때문에 1시간 동안 잘하고 내려왔습니다. 그때 임백천이 와서 소질이 있다고 말하며 제안을 해왔습니다. "여기서 아르바이트를 해보지 않겠느냐? 미술대학교를 다닌다고 하던데 물감이나 필요 물품 같은 걸 전부 사주겠다" 했습니다.

국산 물감이 스물 몇 가지밖에 없었고 일제 물감이 서른 몇 가지 색이 있던 시절이었습니다. 일제 물감이 갖고 싶었습니다. 임백천이 그 물감을 졸업할 때까지 사주기로 약속하며 세시봉에서 일하게 된 것입니다. 한 3개월쯤 되었나요? 비가 오던 날이었는데 차중락이라는 가수가 오기로 했는데 오지 않았습니다. 그때만 해도 가수들도 대중교통을 이용하던 시대였습니다. 혼자 뻘쭘하게 서 있다가 거기 온 대학생들 중 노래할 사람 있으면 나와 보라고 했습니다. 대학생들을 둘러보니 저기 구석에서 고개를 푹 숙이고 있는 학생이 있었습니다. 앞에 나와서 노래를 부르면 공짜 입장권 10장을 주겠다고 제안하며 무대 위로 올려보냈습니다.

하지만 괜히 올렸나 싶을 정도로 그의 차림새는 이상했습니다. 커다란 장화에 시커먼 나일론 우비를 입고 머리는 산발에 길기까지 했습니다. 그런 사람이 떠벅떠벅 걸어나오는데 무척 걱정스러웠습니다. 그게 바로 조영남이었습니다. 우리 학교에서 잔디밭에서 기타 치고 노는 아이들이 있었습니다. 그중에서 괜찮은 친구가 있어서 세시봉에서 아르바이트를 할 것을 제안했습니다. 우리 학교 학생도 아니었고 그냥 학교 근처에서 하숙을 하던 친구였는데 매번 학교에 나와 기타를 치고 있었습니다. 음악을 좋아하는 친구였기에 그곳에 가면 하루 종일 좋아하는 음악도 할 수 있다고 말했습니다. 그리고 어떤 조건이면 함께 일할 수 있을지 물었습니다. 그랬더니 삼시 세끼만 챙겨주면 된다고 했습니다. 그랬던 시절이 있었습니다. 끼니조차도 챙겨먹지 못하고 하루 종일 어찌 밥을 먹어야 할지 고민하던 시절 말입니다. 하여튼 그 조건을 수락하고 주방 아주머니에게 이 아이는 삼시 세끼만 때 거르지 말고 챙겨달라고 단단히 부탁했습니다. 그렇게 해서 인연이 된 것이 가수 송창식입니다.

인생 2모작을 준비합니다

그게 벌써 40년 전의 일입니다. 거기서 윤형주를 만나고, 김세환을 만나고, 이장희를 만나고, 한대수……. 후일 우리나라 청년문화의 기수들이 동시다발적으로 배출된 곳이 바로 세시봉입니다. 거기서 제가 꼭 1년을 일했습니다. 그렇게 6개월을 다니던 중에 KBS 라디오에서 데뷔했습니다. 〈명랑백일장〉이라는 프로그램을 하고, 〈다이얼 Y를 돌려라〉 등을 진행했습니다. 21세 어린 나이에 무엇을 알았겠습니까? 아무튼 그때 했던 경험이 있으니 시켜만 주면 하겠다고 답했습니다. 그때부터 라디오 〈활기찬 새 아침〉, 〈정오의 희망곡〉 등을 진행했고, TV 〈주부가요열창〉을 맡으면서 이상벽이라는 이름을 알리기 시작했습니다.

그다음에 제주도로 내려가서 〈신혼은 아름다워〉를 하고, 서울에 올라와서 〈TV는 사랑을 싣고〉를 하다가 〈아침마당〉을 맡게 되어 13년을 하게 되었습니다. 지금도 단일 프로그램 중 13년을 한 프로그램이 없습니다. 연예프로그램 중에 가장 오래 했던 분이 송해 선생님입니다. 그분이 현재 연세가 87세입니다. 참 강건하십니다. 조그만 양반이 약주를 보약 마시듯 하루 맥주 5병에 소주 2병을 꾸준히 드십니다. 일요일이라고 해서 거르는 것도 없고 꾸준히 드십니다. 지금도 한번 공연에 17곡을 불러야 합니다. 그럼 두 번 공연을 하는데 34곡을 부르는데 끄떡도 없습니다. 그렇게 복이 많으신 분입니다. 지난번 KBS〈전국노래자랑〉30주년 기념때 서울 여의도 KBS홀에서 공개 녹화를 했는데 후배들이 쭉 나와 서 있었습니다. 이경규, 이상용, 강호동⋯⋯. 그곳에 저도 있었습니다. 여자 아나운서가 "송해 선생님, 〈전국노래자랑〉의 차기 진행자로 생각되는 분을 한번 안아주세요" 그랬더니 송해 선생님이 뒤에서 왔다 갔다 하시다가 결국 안아주신 것이 바로 저였습니다. 그래서 〈전국노래자랑〉의 차기 진행자는 제가 되지 않을까요? 그런데 그분이 너무 건강하십니다. 그렇다고 고사를 지낼 수도 없으니⋯⋯.

어쨌든 제가 1967년에 데뷔해서 40년째가 되는 해가 2007년이었습니다. 그걸 한 해 앞두고 2006년 가을에 우연히 이형기 시인의 〈낙화〉라는 시를 발견하게 되었습니다. 그중에 한 대목이 뭐냐면 "때를 알고 뒤돌아 서는 사람의 뒷모습은 얼마나 아름다운가"였습니다. 사람이 어느 자리에서나 영원할 수는 없습니다. 패티김이 말했던 것처럼 박수 칠 때 떠날 수 있어야 하는데 그게 참 어려운 일입니다. 그 시기를 놓치고 나이 들었는데 아직도 권세나 돈 욕심이 얼굴에 묻어 있다면 추하게 늙은 것, 잘못 늙은 것입니다. 그런 것을 자신은 모릅니다. 제3자가 볼 때는 추하게 늙고 있는 것입니다. 그전까지는 몰랐습니다. 우리 딸과 함께 KBS를 드나들 때는 정말 자랑스럽게 생각했습니다. 부녀간에 방송국을 드나드는 사람이 별로 없어 참 영광스럽다고 말하고 다녔습니다. 그런데 제3자가 보면 딸이 들어왔으면 나가라는 것인데 그걸 눈치 못 챌까? 이렇게 말했을 성싶습니다. 정말 뜨끔했습니다.

그래서 〈아침마당〉 담당 부장에게 이야기를 했습니다. 그만두겠다고요. 그랬더니 왜 그러냐고 묻더군요. 스스로 정한 것이 있다고 말했습니다. 당연히 그것이 무엇이냐고 물었습니다. 그래서 사진을 찍겠다고 했습니다. 미친 소리였습니다. 한 달에 KBS에서 벌어들이는 수익이 5,0000~8,000만 원이었는데 대체 불만이 뭐냐는 것이었습니다. 그래서 단호히 아니라고 답했습니다. "정말 사진을 찍고 싶다. 왜냐면 대학교 때 부전공을 한 것이지만 사진에 대한 향수를 한 번도 놓친 적이 없다. 그걸 이제야 할 수 있을 것 같다. 사진사가 되려면 피사체를 볼 수 있는 감성이 살아 있어야 하고, 여건이 되어야 하고, 카메라를 메고 하루에 1~2만 보를 뛸 수 있는 에너지가 남아 있어야 한다. 지금은 셋 다 가능하다. 하지만 조금만 더 지나가면 몇 가지가 부족할 수가 있다. 사람의 한恨이 두 가지가 있다. 남에게 끼치는 원한이 있고 내게 남는 여한이 있는데 내가 그 여한을 못 풀고 갈 수 있으니 그만두겠다."

　그렇게 말하고 한 달 뒤에 정말로 그만두었습니다. 저는 6시가 기상 시간입니다. 일어나서 머리 빗질도 하고 양복을 챙겨 입고 대본을 보고 출발해서 8시 30분에 '아침마당'에 갑니다. 제가 진행을 이금희와 절반을 하고 정은아와 절반을 했습니다. 둘은 동기생인데 참 다릅니다. 정은아는 아주 이성적입니다. 제가 무슨 말을 하다가 갈피를 못 잡으면 얼른 붙잡아서 다시 돌아오는 센스가 있습니다. 이금희는 조금 다릅니다.

　〈그 사람이 보고 싶다〉라는 프로그램이 있었습니다. 사람들이 출연해서 사연을 이야기할 때 보면 너무 가슴이 아픕니다. 저도 이산가족 중 한 사람이었으니까요. 특히 남자가 울고 있으면 못 견디겠습니다. 여자들 우는 거야 많이 보았지만 남자가 황소처럼 울 때면 정말 가슴이 무너지는 것 같습니다. 일생을 가족들을 못 만나고 홀로 사는 사람의 마음이 어떻겠습니까? 그러면 저도 참다 못해 눈물을 흘리면 정은아가 수습을 했습니다. 그런데 이금희는 제가 울면 옆에서 따라서 울고 있습니다. 이금희가 충무 딸 부잣집에 셋째인데 딸만 다섯입니다.

이금희는 일을 참 즐기는 친구입니다. TV 출연도 하고 라디오도 하고 자기 모교인 숙대에 가서 강의도 합니다. 24시간을 하나도 놓치지 않고 풀가동 하는 사람입니다. 아주 충실합니다. 그래서 오랫동안 그 자리를 지킬 수 있는 것 같습니다. 만약에 "시집을 갈래, 방송을 할래?" 물으면 당연히 방송을 한다고 말할 친구입니다. 그만큼 방송 일에 대해서는 애착도 있고 기능성도 많이 확보가 되어 이제는 누구도 못 따라올 만큼 〈아침마당〉에는 터줏대감이 되었습니다(2016년 6월 이금희 아나운서는 〈아침마당〉을 하차했다).

누구에게나 장점이 있습니다

어찌되었건 아침 6시에 일어나는 것이 생활습관이었는데, 사진이란 분야로 옮기면서 저도 모르게 1시간을 일찍 일어나게 되었습니다. 이것이 바로 2모작의 특징입니다. 소위 지족상락知足常樂이라고 해서 자신이 만족하는 일을 하는 사람은 언제나 즐겁습니다. 그렇지 않겠습니까? 자신이 하고 싶어서 하는 일이니 성과가 나고 일에 탄력이 붙지 않겠습니까? 제가 앞으로 시간이 있으면 하고 싶은 게 색소폰 연주입니다. 악기를 하나 다루고 싶습니다. 가장 친한 친구 중에 가수 나훈아가 있습니다. 그 친구의 〈갈무리〉라는 곡이 있습니다. 공연 때마다 색소폰을 부는 부분이 있는데 그걸 제가 하고 싶습니다. 6개월만 연습하고 그러면 안 될 것이 있겠습니까? 사회 말고 그런 걸 하고 싶습니다. 이 친구와 7~8년 공연을 다니면서 늘상 옆에서 부러워했던 것이 그것입니다.

여러분이 저를 보면 재주가 많다고 생각할지도 모르겠습니다. 웅변, 디자인, 기자, 방송 사회, 사진, 이렇게 생각할 수도 있습니다. 하지만 저는 이제 47세이기 때문에 100세를 바라보면 아직 반을 한 것입니다. 아직도 6가지가 더 남아 있습니다. 이게 무슨 이야기냐 하면 사람이 12번도 더 변한다고 합니다. 그렇다면 갖고 있는 기능성은 한두 가지일 리 없다는 것입니다. 사람이 이 세상 만물 가운데 최상위에 있는 존재가 아닌가요? 이 세상 가운데 존재하는 모든 것 중에서 맨 꼭대기에 존재하는 것이 바로 사람입니다. 그러면 한두 가지 재주만 갖고 이 세상에 나왔을 리 없습니다. 사람 얼굴이 다 다르듯 갖고 있는 재주도 다 다릅니다.

생명공학을 다루는 사람들의 이야기를 들어보면 사람이 얼마나 위대한 존재인지 알 수 있습니다. 일생을 죽기살기로 뛰어다녀도 갖고 있는 역량을 10퍼센트도 못 쓰고 죽는다고 합니다. 마음만 먹으면 장풍도 쏘고 축지법도 쓸 수가 있습니다. 안 써서 그런 것입니다. 자신을 너무 과소평가하지 말란 것입니다. 저는 얼마든지 할 수 있습니다. 저에게는 엄청나게 매장되어 있는 또 다른 일거리들이 있다고 가정하는 것입니다. 사람이 아무리 못생겨도 한 군데는 예쁜 곳이 있습니다.

짚신도 짝이 있습니다. 남자는 신성일인데, 여자는 전원주라 이상하게 여기는 부부가 있다고 가정을 합시다. 남자에게 묻습니다. 왜 그런 여자와 결혼을 했습니까? 그럼 남자는 다른 이들이 모르는 여자의 장점을 말할 것입니다. 제 친구 중에 아주 잘생긴 친구가 있습니다. 마누라는 못생겼습니다. 항상 궁금했습니다. 어찌 그렇게 만났냐고 물은 적이 있습니다. 혹시 어머니가 억지로 짝지어줘서 데리고 사는 것인가? 아니라고 합니다. 미팅을 나가서 만났다고 합니다. 첫 만남부터 여자가 좋았던 것은 아닙니다. 그 친구가 마음에 들었던 여자가 미팅이 끝나고 전화번호를 물었습니다. 불쌍해서 전화번호를 적어주고 돌려보내는데 돌아서는 여자의 뒷모습이 매력적이었다고 합니다. 그래서 다시 여자를 불러 세워서 그쪽 전화번호를 물었다고 합니다. 그게 인연이 되어 결혼을 하게 된 것입니다.

살다 보면 많은 이유가 있습니다. 남과 다른 특별함이 누구에게나 있다는 것입니다. 그것이 나에게는 무엇인지 생각을 해보자는 것입니다. 그걸 인생 2모작으로 연계하면 여한 없는 인생을 살 수 있지 않겠습니까? 남자 가수 중에서 노래는 잘하는데 인물이 떨어지는 사람을 한번 생각해보세요. 조영남. 그 사람을 40년 이상 보고 있는데 진짜 잘생긴 곳이 없습니다. 안경을 껴서 앞에서 보면 괜찮지만 옆으로 돌려보면 코가 없습니다. 노래는 기가 막히게 하는데 인물이 없습니다. 나훈아는 어떤가요? 잘생겼습니다. 하지만 나훈아는 자신을 소도둑놈처럼 생겼다고 말합니다. 당시에는 그 말을 이해하지 못했는데 지금 수염 기르고 다니는 걸 보니 딱 소도둑놈입니다.

그런데 그 두 사람에게도 공통적으로 잘생긴 곳이 있습니다. 진짜 매력 포인트는 안 보이는 곳에 있습니다. 두 사람에게 감춰진 매력이 있다는 것입니다. 그게 무엇일까요? 가수에게 가장 중요한 부위라고 할 수 있는 이가 매우 고릅니다. 조영남의 이빨은 마치 틀니같이 가지런합니다. 어느 날 카페에서 둘이 이야기를 하다가 감탄사를 내뱉으며 말했습니다.

"이야, 당신에게도 잘생긴 부위가 하나 있네." 조영남이 깜짝 놀라 묻더군요. "어딘데?" "이빨." 그랬더니 놀라서 화장실로 뛰어가더라고요. 조영남이 히트곡은 없지 않나요? 〈화개장터〉, KBS 〈가요톱10〉에서 23등 한 노래입니다.

미국 공연을 갔는데 조영남도 언젠가 죽지 않겠습니까? 가수가 죽으면 하루 종일 그 사람 히트곡을 틀어주던데 조영남 씨 당신이 죽으면 무엇을 틀 게 있겠느냐? 구경 한 번 와보세요? 죽은 사람 구경하러 갈 일이 있겠습니까? 멋있는 곡 한번 만들어보라고 그랬습니다. 그리고 나훈아가 이빨이 기가 막힙니다. 한번은 스위스그랜드호텔에서 연말에 얼굴이나 보자고 간 적이 있습니다. 가보니 팬티 바람에 앉아 있더군요. 그래서 물었더니 이번엔 벗는 것이라고 하더군요. 의아스럽게 생각했는데 이따가 보면 안다고 하더군요. 직접 보니 청바지를 어찌나 찢어놨는지 정말 그렇더군요. 거기에 빨간 와이셔츠를 입었습니다. 단추를 좀 풀었는데 무대에 보니 선풍기가 있더군요. 공연이 시작되고 선풍기에서 바람이 나오니 와이셔츠가 벌어지면서 아줌마들이 난리가 나더군요.

그렇게 공연이 끝나고 극장 뒤 포장마차에서 둘이서 소주 한잔을 마셨습니다. 그러면서 말했습니다. "너는 무슨 공연을 할 때 그렇게 눈을 희번덕거리냐." "눈썹이 진해서 그렇지 일부러 그러는 것은 아니야." 그래서 "희한하다. 그러지 말고 너는 이빨이 참 고르고 가장 예뻐 보이더라." "아, 그래?" 입도 크지만 아주 건치입니다. 그래서 이빨 관리를 어떻게 하느냐고 물었습니다. 양치질도 하지만 그 전에 한 가지 과정이 더 있더군요. 이를 닦기 전에 손을 씻고 잇몸 마사지를 합니다. 그래서 그 길로 달려가서 바로 시도해보았습니다. 처음에는 피가 나더군요. 이게 단련이 되기 전에는 그렇다고 합니다. 나중에 단련이 되니 저도 괜찮더군요.

아무튼 조영남도 이빨이 예쁘다고 하기 전에는 방송국에서 보면 데면 데면했는데 이제는 저만 보면 좋아합니다. 나훈아도 공연을 할 때 노래를 하면서 씨익 웃습니다. 그다음부터는 나훈아가 인상을 쓰는 게 없어졌습니다. 이빨을 많이 쓰는 것입니다. 하얀 치아를 드러내놓으니 좋지 않나요? 어쨌든 콤플렉스를 갖고 있는 그 두 사람에게도 자랑할 곳이 있듯이 여러분도 가만히 생각해보면 재주를 갖고 이야기하는 것, 남 같지 않은 특별함이 있을 것입니다. 그걸 오늘 찾는 것입니다. 그래서 그걸 인생 2모작과 연결해서 여한이 없는 인생을 살아가자는 말입니다.

문화콘텐츠의 시대

요즘은 문화콘텐츠 시대라고 합니다. 대한민국은 문화가 자산인 나라입니다. 지금 우리가 베를린영화제, 한류 K-POP, 드라마, K-컬처로 세계의 문화를 주도하고 있습니다. 우리 어린아이들이 외국에 나가서 노래를 부르면 외국 사람들이 우리나라 가사를 자기네 발음으로 적어서 그걸 그렇게 부릅니다. 그리고 태극기를 손에 들고 막 함성을 지릅니다. 이게 꿈이나 꾸던 일인가요? 지금은 유행가만 앞질러 다니지만 이게 정착이 되면 한식, 한복, 한옥 이런 것들을 전부 세계시장으로 끌고 나갈 것입니다. 대한민국은 이제 문화대국의 꿈이 조금씩 싹트고 있습니다.

제가 한국저작권단체연합회 이사장을 하는데 도대체 무얼 하는 곳인지 짧게 소개를 하겠습니다. 우리 산하에 12개 단체가 있습니다. 그중에서 가장 핵심적인 단체가 음악저작권협회입니다. 음악저작권협회는 작사, 작곡, 편곡 그런 것들을 하는 사람들이 저작권과 관련해서 단체를 이루고 있는 것입니다. 최근에 작곡가 중에 저작권료를 가장 많이 가져간 사람이 누구냐 하면 조영수라는 젊은 친구입니다. 걸그룹에게 곡을 많이 줘서 이걸 방송국에서, 공연장에서, 노래방에서 마구마구 부르면 부를 때마다 저작권료를 받는 것입니다. 작년 한 해 받은 저작권료가 얼마냐 하면 13억 원입니다. 가사나 곡이나 편곡의 저작권은 자신이 죽은 뒤 70년을 보장해줍니다. 아주 큰 자산을 만들어놓은 것입니다. 이게 문화시대의 가장 대표적인 예입니다.

그렇다면 우리가 이 문화시대를 같이 공감할 수가 있어야 합니다. 그러면 제가 몇 가지만 이야기하겠습니다. 남들이 보았다고 하는 영화 한 편이라도 좀 보세요. 영화라는 것이 그 시대의 가장 극명한 사회의 단면이라고 할 수 있습니다. 옛날에 〈춘향전〉 같은 것이 주류를 이루었다면 이제는 액션 영화나 익사이팅한 영화들이 1,000만 명을 동원하는 시대가 되었습니다. 1시간 반 정도 돈 1만 원이면 그 문화에 발을 담갔던 기억을 가질 수 있는데 그걸 안 하는 것입니다. 그게 문제입니다. 세상을 내치면서 살면 안 됩니다. 남들이 볼 때는 그럴 만한 이유가 있습니다. 호기심을 채우기 위해서라도 가야 할 필요성이 있습니다. 아까 이야기했던 시류라고 한다면 나도 시류에 들어갈 수 있는 여유가 있어야 하지 않겠습니까? 남들이 읽었다는 베스트셀러가 있다면 나도 한번 읽어봐야 하지 않겠습니까?

법정 스님이 쓰신 『무소유』라는 책이 있습니다. 그런데 법정 스님이 어느 검찰청에 검사님인지 판사님인지도 모른다면 문제가 아니겠습니까? 법정 스님이 말씀하신 무소유라는 것이 무엇인가요? 아무것도 갖지 말자는 것입니다. 필요한 것만 갖자. 필요한 만큼만 거두자. 승복 두 벌만 갖고 일생을 사신 분입니다. 종교를 떠나서 이 시대에 존경하는 인물로 추앙되고 있는 것은 그런 생활정신을 실천하신 분이기 때문입니다. 나훈아 노래 중에 〈공〉이라는 노래가 있습니다. 빌 공空자. 이걸 『금강경』을 보고 테마로 해서 쓴 거라고 하던데, 노래 가사 중에 이런 말이 있습니다. "살다 보면 알게 돼. 비운다는 의미를."

50세 이전까지는 채우는 것에 연연하는 삶을 살았다면, 50세 이후는 어떻게 나를 비울 것이냐가 화두입니다. 절에 가서 3,000배를 하면 맨날 요구사항이 많습니다. 제가 부처님이라도 피곤할 것 같습니다. 그러니까 그렇게 할 것이 아니고 부처님에게 도착을 하면 비워야 합니다. "제가 여기까지 오게 해주셔서 감사합니다. 제가 바랄 것이 뭐 있겠습니까? 제가 여기를 몰라서 못 와, 아파서 못 와, 비가 와서 못 와……못 올 이유가 많은데도 저는 왔지 않습니까? 감사합니다." 그럴 수 있어야 합니다. 거기는 무슨 해결을 해주는 곳이 아닙니다. 해결해주는 곳 같으면 뭐 하러 직장을 다니겠습니까? 맨날 가서 절을 하지 않겠습니까? 그런 것들이 많은 책 속에서 우리에게 일깨워주는 내용입니다. 책 속에 다 있습니다.

그다음에 공연을 보세요. 영화와 다릅니다. 사물놀이 같은 것 TV로 봐서는 실감이 안 납니다. 가슴을 두드리는 희열이 있습니다. 오페라 같은 것도 마찬가지입니다. 저 사람들이 나를 위해서 하는 것이라고 생각하면 감흥이 다릅니다. 그다음은 전시장을 가세요. 요만 한 물방울 하나를 2미터 크기로 확대해서 보면 육안으로 보는 세상과 다릅니다. 맨날 집 안에 달력 하나 걸어놓고 보지 말고 세상을 경험해보세요. 제가 미술대학을 나왔지만 저도 잘 모릅니다. 현대화전 같은 전시회를 가보면 잘 모르겠습니다. 제목이 〈현대인의 고뇌〉 그런 작품을 보면 무슨 의미인지 영문을 알 수 없습니다. 그래서 가서 '현대인의 고뇌'가 무엇인지 화가에게 설명을 부탁하면 온 것만으로도 고마워서 열심히 설명해줄 것입니다.

그래서 심미안을 5퍼센트만 떠도 즐거움이 있지 않겠습니까? 그렇게 조금씩 채워가다 보면 일가—家를 이룰 수 있지 않겠습니까? 그러면 이제 30만 원짜리 그림 하나 붙여놓고 아이들에게 말해줄 수 있지 않겠습니까? 아이들에게 어머니는 살아 있는 교과서나 마찬가지입니다. 아이들의 추억 속에 깊이 각인이 됩니다. 그림을 걸어놔도 아이들에게 설명을 해줄 수가 있어야 합니다. 남의 이야기에 귀 기울이는 세상을 사세요. 강의를 열심히 들으세요. 한번 강의를 하려고 하면 수십 권의 책을 읽고 수많은 시간을 투자해서 1시간짜리 강연으로 요약합니다. 그걸 1시간만에 빼먹을 수 있다면 참으로 남는 장사가 아니겠습니까? 여기 서 있는 이상벽 역시 그냥 생각나는 대로 이야기하는 것 같지만 전부 연구해서 이야기합니다.

요즘 TV는 지나간 걸 다시 꺼내볼 수도 있습니다. 오늘 드라마에서 무엇을 하는지 열심히 보지 말고 TV를 틀어서 강의를 보세요. 물론 지금도 열심히 많은 것을 실천하고 있겠지만 일주일에 무엇을 할지 계획하고 실천에 옮겨보세요. 베스트셀러를 읽든, 영화를 챙겨보든, 전시회에 가든 무엇이든 실천해보세요. 하나씩하나씩 알아가는 즐거움을 느껴보세요.

4

엉뚱한 상상이
세상을 바꾼다

전유성 | 개그맨

서라벌예술대학에서 연극을 전공했으며, 1969년 MBC 방송작가로 데뷔했다. 우리나라 최초로 심야 볼링장과 심야 극장을 창안하는 등 아이디어맨으로 알려져 있다. 국민이 낸 세금이 엉뚱하게 쓰이는 것을 싫어해 세금의 10분의 1은 납세자가 지정하는 분야에 사용되기를 원한다. '개그맨'이라는 용어를 처음 만들어냈고, KBS〈개그콘서트〉를 최초 기획해서 공개 코미디붐을 일으키기도 했다. 1994년 MBC 방송대상 라디오 MC/DJ 부문 우수상, 2004년 MBC 연기대상 라디오 우수상 등을 수상했으며, 서울호서예술전문학교 개그연예학부 교수이자, 철가방극장 대표를 맡고 있다. 저서로는『컴퓨터, 1주일만 하면 전유성만큼 한다』,『남의 문화유산 답사기』,『조금만 비겁하면 인생이 즐겁다』,『전유성의 구라 삼국지』등이 있다.

···

우연치 않게 시작한 방송 생활

저는 경북 청도에 살고 있습니다. 청도에 산다고 하면, '청도에서 무슨 일을 하는가?'가 아니라 '청도가 고향인가?'를 제일 많이 물어봅니다. 경주에는 전부 경주가 고향인 사람들만 사는 건 아닌데 왜 청도가 고향인지를 묻는지 모르겠습니다. 그럼 연고가 있는가? 연고가 없습니다. 연고가 없으면 와서 못 사나요? 사실은 그냥 지나가다가 청도에서 살아야겠다고 생각해서 살고 있습니다.

요즘에는 '연고가 있어야 하는가'보다 생각해서 듣는 사람이나 묻는 사람이 무안하지 않게 "청도에 어떻게 내려오셨어요?" 하면 '아버지 유언'이라고 대답합니다. 사연이 있으니까 청도에 내려왔다고 하면 깐깐한 사람들은 아버지가 뭐라고 유언했는지, 그 유언까지 묻습니다. 실제로 저희 아버지가 심장판막증으로 병원에 6년 반 있다가 돌아가셨는데, 거기다가 좀 더해서 "돌아가시기 3일 전에 5형제 중 장남인 저를 따로 불러서 제 손을 꼭 잡고 유언해주셨습니다. '아무데서나 잘살아라'라고요" 합니다.

저는 10대 때부터 방송을 했기 때문에 50세 정도 되고 나니까 지겹더라고요. 어떻게 사람이 태어나서 한 가지만 하고 사나요? 좀 새로운 삶을 살아보자고 생각했습니다. 그래서 지리산에 가서도 3개월 살아보고 프랑스 파리에 가서도 3개월 살아보고 인도에 가서도 7~8개월 살아보았습니다. 그것도 괜찮은 것 같아서 방송을 그만두고 시골로 내려가서 좀 살아보면 어떨까 해서 서울을 떠나 살게 되었습니다.

제 말의 억양이 이상하고 목소리도 지금은 개성이 있다지만 처음엔 콧소리가 난다고 해서 방송하지 말라고 했습니다. 제가 고등학생 때 대부분 사람들이 목소리가 그래서 또 억양이 그래서 연기는 하지 말라고 했습니다. 그러다가 어떻게 하다 방송을 하게 되었는데, 방송을 그만해야 하는데 어느 시기에 할지 고민했습니다. 제가 방송을 그만 하게 되면 두 가지입니다. 갑자기 프로그램이 없어지든지 아니면 스스로 그만두는 것입니다. 어느 날 청취율이 낮아 몇 년씩 했던 프로그램이 사라지기도 합니다. 개그맨 선배인 제가 방송을 그만두게 될 적에 스스로 그만두기 전에 잘렸다고 하면 후배들 보기도 면목이 안 선다는 생각이 들었습니다.

그래서 그만두긴 하되 내 이름이 들어가는 라디오 프로그램이 진행되면 그때 그만두는 걸로 하자고 생각했습니다. 보통 라디오 프로그램에서 저같이 대사를 버벅거리고 말을 이상하게 하고 느릿느릿하게 하는 사람들한테 프로그램을 잘 안 줍니다. 〈배철수의 음악캠프〉의 배철수라든지 〈강석, 김혜영의 싱글벙글쇼〉의 김혜영은 다 방송으로도 연기로도 후배인데, 이 친구들은 계속하고 있는데 저는 이리저리 굴러다니면서 게스트만 하게 되었습니다. 그래서 내 이름이 들어가면 그만두겠다고 생각하고 있었는데 마침 불교방송국에서 유퉁이라는 친구가 〈유퉁의 백팔가요〉라는 프로그램을 3일 진행하고 그만두게 되었습니다. 유퉁이 국밥집을 하느라 바빠서 그랬는지, 제가 대타로 불교방송국에 들어가서 〈전유성의 백팔가요〉를 2년 동안 맡아 진행했습니다.

방송을 하는데, 방송을 좀 들어보았다는 말을 민간인에게서 들어야 하는데, 스님 2명한테만 듣게 되었습니다. 이대로 그만둘 수는 없다고 생각했습니다. 그때 이무송과 노사연이 방송을 하다가 눈이 맞아서 결혼을 하게 되었는데, 신혼여행을 화끈하게 한 달간 갔다 오기로 했습니다. 그래서 대타로 할 사람을 찾을 적에 제가 박미선과 그 프로그램을 한 달간 진행했습니다. 3일 정도 하니까 청취하는 사람이 많아서 굉장히 기분이 좋았습니다. 신혼여행을 더 화끈하게 6개월 정도 갔다 오지 한 달 만에 돌아와서 주인들에게 마이크를 돌려주고 또 한 1~2년이 지나갔습니다.

그때 김흥국이 진행하던 〈특급작전〉이라는 MBC 라디오 프로그램이 있었습니다. 매주 금요일이 되면 라디오 교통정보 전해주는 친구들이 꼭 하는 이야기가 있습니다. "금요일은 술 마시기 좋은 날입니다. 오늘 같은 날 음주단속 많으니까 조심하십시오." 그날도 김흥국이 자기 프로그램에서 오늘 금요일이니까 음주단속 조심하라고 그래놓고 자기가 그날 밤에 음주단속에 걸리는 바람에 그만두게 되어 제가 대타로 들어가 한 3개월 동안 했습니다.

그러고 또 몇 년이 지났는데, 〈여성시대〉라고 MBC에 오래된 감성 프로그램이 있습니다. 김승현과 양희은이 진행하던 아침 프로그램이었는데, 김승현이 한 8년간 상당히 오래 했습니다. 그때 김승현이 스폰서에게서 주식을 받았네 뭘 받았네 하는 구설수에 오르는 바람에 8년 8일하고 못하게 되었습니다. 그때 제가 대타로 양희은과 1년을 진행했습니다. 대타라고 해도 그 프로그램이 워낙 크니까 다른 거 대타하는 것보다는 나았습니다. 그러고 나서 좀 버벅대는 사람들도 라디오 진행을 할 수 있겠구나 하고 생각하게 되었습니다.

그러다 MBC에서 〈전유성, 최유라의 지금은 라디오 시대〉라는 프로그램을 정식으로 주었습니다. 그날 딱 하루 진행하고 그만두고 싶었습니다. 현실적으로 그건 좀 힘들어서 1년 하고 그만두겠다고 했더니 방송사에서 막 잡기에, 속마음은 정말 1년만 하고 싶었는데, 출연료도 만만치 않고 해서 1년만 더하자고 해서 3년을 했습니다.

발상의 전환

3년을 마치고 제가 시골로 내려왔습니다. 길지요? 그렇게 내려올 때쯤 되었는데 저한테 『삼국지』를 한번 같이 써보자고 몇 년 전부터 조르던 출판사 사장이 있었습니다. 당대 명문작가들이 쓰는 『삼국지』, 방대한 분량의 『삼국지』를 어떻게 제가 쓸 수 있겠냐고 계속 거절했습니다. 그런데 제가 술을 좋아하는 바람에 2차 때까지는 안 쓰겠다고 했다가 2차에서 3차 넘어가는 바람에 쓰겠다고 대답했습니다. 그 후 정말로 헛바닥을 잘라버리고 싶다는 생각을 한두 번 한 게 아니었습니다. 결국 할 수 없이 『삼국지』를 쓰게 되었습니다. 『삼국지』를 쓰려고 서울 영등포 당산동에 집필실을 마련해놓고 매일 책 보고 놀고 저녁시간 되면 술을 마시다가, 결정적으로 제가 영등포구청 앞의 조그만 소줏집 단골이 되었습니다.

단골집은 부산오뎅집이라는 조그만 집인데 테이블 조그마한 거 하나였고 서서 3명이 먹는 집이었습니다. 7명이 들어가면 꽉 차는데 7명이 들어간 걸 한 번도 본 적이 없습니다. 보통 2명, 3명. 우리 일행 3명에 가끔 다른 손님 몇 분이 다였습니다. 그 집 단골이 된 것은 재미난 글귀가 하나 붙어 있었기 때문입니다. '소주는 한 사람 앞에 한 병만 팝니다.' 이렇게 쓰여 있었습니다. 아니, 저걸 왜 써놨지? 이런 생각이 들었습니다. 대구에 제가 아는 참치요릿집이 있는데 거기에 들어가면 커다란 글귀가 붙어 있습니다. '과음은 저희 종업원들의 큰 기쁨입니다.' 그런데 이런 조그만 집에서 소주 한 병만 판다는 게 말이 되나요?

한편으로 잘 지켜지는지 보았더니 단골들은 뭐 그러려니 하고 지켜주는데 가끔씩 뜨내기들이 와서 한 병 더 팔아라, 주인은 안 판다 하며 실랑이가 붙었습니다. 우리는 주인아줌마를 이기는 사람이 나타났으면 하고 바랐습니다. 하루는 어떤 사람이 와서 소주를 더 팔아라, 소주가 다섯 병이 적량인데 한 병으로 안 찬다고 했습니다. 우리는 그 아저씨가 이겼으면 했는데 결국은 졌습니다. 이 사람이 성인이니까 '아! 소주 파는 데 더 없어?' 이러고는 문을 쾅 닫고 나가버렸습니다.

여러분 같아서도 그랬을 것입니다. 자존심이 상했을 것입니다. 돈 더 준다는데 이 조그만 술집주인이 술을 팔지 않겠다는 것입니다. 그런데 주인이 담배를 물면서 "저런 쪼다 같은 놈들. 나갔다가 다시 들어오면 팔지." 이러는 겁니다. 거기서 제가 정말 뒤통수를 한 대 맞았습니다. 나갔다가 다시 들어오면 판다는 단순한 생각을 우리가 못했구나 하는 생각이 들었습니다. 그 단순한 생각을 놓치고서 먼저 언성을 높이지 않았는지, 아이들을 야단치다가도 욕이 먼저 나가지 않았는지, 여러 가지 생각이 들었습니다. 바로 그게 우리가 갖고 있는 고정관념이라는 생각이 들었습니다.

지금도 12월부터 문자가 무지무지하게 많이 옵니다. 여러분도 2월에 '새해 복 많이 받으세요'라는 문자를 많이 받으실 겁니다. 저는 사실 그거 별로 반가워하지 않습니다. '새해 복 많이 받으세요. 건강하세요'라고 그렇게 문자를 많이 보내는 사람들이 1년이 지나 11월이나 12월쯤 되어 올해 복을 많이 받았는지, 건강은 했는지 아무도 확인하지 않습니다. 그런 거지 같은 문자들이 전화마다 무지무지하게 많이 쌓입니다. 저는 답장 안 해줍니다. 누구한테서 받았는지도 모르는, 이름도 저장 안 되어 있고, 문장 하나 써가지고 자기 휴대전화 안에 들어가 있는 수천 명의 사람들에게 보내는 그런 쓰레기 같은 문자를 왜 봐야 합니까?

얼마 전에 이성미가 저한테 안부전화를 했습니다. "아저씨, 건강하세요?" 제가 바로 물었죠. "야, 네가 뭐 의사냐? 건강한 거 왜 묻냐?" "그럼 아저씨, 뭐라 그래요? 요즘도 웃기세요?" 사람에 따라 다 다르게 인사말을 준비해야 하는데 똑같이 후배들이 보내는 문자가 '행복하세요, 건강하세요'입니다. 게다가 문장도 모두 명령어로 되어 있으니 어떤 선배가 반가워할 수 있겠습니까? 우리가 다 다른 삶을 살아야 하는데 왜 자꾸만 똑같은 걸 보낼까요? 똑같은 문자를 보내야 불안해하지 않는 걸까요?

방송에서도 마찬가지입니다. 이제 3월이 되면, 남자 아나운서나 여자 아나운서가 좀 화사한 옷을 입고 있는 여자에게 "킁킁, 이게 무슨 냄새죠? 옷에서 봄 향기가 나는 것 같습니다" 이런 거지 같은 말을 하는데, 한두 번만 써먹어야지, 대체 무슨 봄 향기가 난다고 그러는지 모르겠습니다.

모든 사람이 새로운 결심을 합니다. 가족과 더 많은 시간을 보내야지, 여행 좀 가야지, 새해에는 운동을 많이 해서 뱃살 좀 줄여야지 등등 여러 가지 결심을 하지만, 인간이 많다 보면 그런 결심만 있는 것은 아닙니다. 새해에는 중국에 가서 마약을 좀 싸게 사서 어떻게 할 생각을 하는 사람들도 분명히 있을 거란 말입니다. 저 앞집 여자를 꼬시겠다고 생각하는 사람도 틀림없이 있을 겁니다. 회사 돈을 빼돌려 해외로 도망갈 생각을 하는 사람도 세계 어디에나 있을 겁니다. 1월만 되면 라디오 프로그램이나 TV 프로그램에서 모든 진행자가 하는 이야기가 똑같습니다. "올해 여러분이 세운 계획들이 전부 이루어지길 바랍니다."

인사 말고 이제는 말도 똑같이 하지 말아야 합니다. 공무원들 모임에 가면 다들 한마디씩 하지 않나요? "위하여!" 이런 거지 같은 건배사 아직도 하고 있습니다. 10년 전에 했는데 이제 없어졌으면 좋겠는데 한 사람씩 돌아가면서 듣든지 말든지 그런 것 좀 안 했으면 합니다.

아침 프로그램을 보면 60세가 넘는 자수성가한 사람들이 한복 입고 양복 입고 나와서 그 사람들 살아온 이야기를 합니다. 정말 교훈이 되는 이야기들을 듣다가 끝에 가면 꼭 남자한테만 물어보는 이야기가 있습니다. 부부가 같이 살았는데 꼭 남자한테만 "젊은 시절에 집사람 고생시키셨죠?" 이렇게 물어봅니다. 여자한테도 물어야 공평한 거지 남자한테만 물어봅니다. 여자한테는 한 번도 물어보지 않고 오직 남자한테 물어봐서 '남자는 젊은 시절에 집사람을 고생시킨다'는 이상한 고정관념을 만들었습니다. 그러면서 "고생시킨 아내한테 한마디 하세요"라고 합니다. 여러 가지 이야기가 나오지만 제일 많이 나오는 이야기가 목소리 깔고 "여보, 이 세상 올 때는 다른 날 다른 때에 왔지만 저세상 갈 때는 한날한시에 같이 갑시다" 합니다. 그러면 방청석에 앉아 있는 아줌마들이 감동받아 늑대 울음소리를 내면서 웁니다. 그 옆에서 아내는 손수건으로 눈시울을 닦습니다. 저는 아무리 생각해봐도 부부가 한날한시에 저세상 가는 건 사고뿐입니다. 그런데 그게 뭐 감동적인 이야기라고 호들갑을 떱니까?

그 이야기를 누가 했냐면, 지금부터 1,700년 전 복숭아꽃 피는 봄날 복숭아밭에서 술 마시면서, 이 자식들이 제정신에 한 것도 아니고 고량주

독한 거 마시면서 맹세합니다. 폭탄주를 마시면서 한날한시에 저세상 가자고 했던 그놈들도 해놓고 지키지 못했던 말을 아직까지 써먹고 있습니다. 『삼국지』를 보면 장비가 먼저 죽고 한참 뒤에 유비와 관우가 죽습니다. 왜 우리는 자꾸만 똑같아지려고 하는 걸까요? 실제로 우리가 그런 교육을 받았나요?

남들은 가지 않는 길

남들이 가는 대로 가면 중간은 간다고 합니다. 그런데 중간 가던 시절은 옛날입니다. 이제 세상이 바뀌어서 남들 가는 대로 가면 틀림없이 자연도태 됩니다. 저는 청도에 내려오기 전 지리산에서 3개월 동안 살았습니다. 언제 가면 좋겠냐고 주변에 물어보았습니다. 전부 봄, 여름, 가을에 가라고 하기에 겨울에 가면 안 되겠냐고 했더니 안 된다고 합니다. 봄, 여름에 가는 사람, 가을에 가는 사람이 있는데 그렇다면 저는 겨울에 가야겠다고 생각했습니다. 제가 지리산에 12월에 가서 아주 추운 겨울 다 보내고 3월에 서울까지 걸어왔습니다.

지리산에서 그렇게 지내고 있는데 사람들이 가끔씩 올라옵니다. 겨울 산행하다 길 잃은 사람들이 가끔 있습니다. 한번은 성악가 부부가 놀러 온 적이 있습니다. 제 주위에 여러 가지 직업을 가진 사람들이 있는데, 성악가 부부는 그때까지 한 명도 없었습니다. 제가 예술대학을 나왔는데 어떻게 성악가 부부가 주위에 한 명도 없었나 싶어서 "서울 가서도 계속 만납시다" 했습니다. 만나서 술도 마시고 이야기도 하다가 정말 제가 궁금한 것을 물어보았습니다. "노래방 가서 목에 힘주고 노래 부르십니까?" "선배들은 그러는데 요즘 젊은 사람들은 조용필 노래도 부르고 많이 그런대요." "자장가 있잖아요, 자장가 들으면 아이들이 잡니까?" 그랬더니 모르겠다고 합니다. 노래는 많이 불러보았는데 아이들 앞에서 불러본 적은 없다는 것입니다.

마침 세종문화회관에 설 기회가 있어서 8명이 무대에서 2세부터 7세짜리 아이들을 데리고 나와서 "잘 자라 우리 아가" 하면서 자장가를 불렀더니 아이들이 안 잡니다. 모두 울고불고 난리를 칩니다. 2회 공연 때는 할 수 없이 제일 안 울게 생긴 아이를 피아노 치는 사람이 업고 8명이 둘러서서 자장가를 불렀더니 또 울고불고 난리가 났습니다. 그런데 자장가를 그냥 부르는 게 아니고 아이들을 데리고 나와 자장가로 재우려고 하는 모습에 사람들이 재미있어 했습니다.

거기서 조금 더 나아가서, "아이들이 뱃속에 있을 적에 클래식을 틀어주면 머리가 좋아진다고 합니다. 세계적으로 인정받은 사실이죠. 모든 공연장이 7세 미만은 입장 금지인데, 그 아이들이 세상에 태어나 라이브로 음악을 들을 수 있도록 아이들이 갈 수 있는 공연도 있어야 하지 않을까요?" 그랬더니 안 된다고 합니다. 왜 그러는지 이야기해달라 했더니, 한 번도 안 해보았고 우리나라 공연장이 다 이렇게 되어 있다고 합니다. 그래서 한번 해보자고 꼬였습니다. 우리나라에서 제일 보수적이라는 예술의전당을 빌려서 그냥 음악회 이름 자체를 '아이들이 떠들어도 화내지 않는 음악회'라고 했더니 엄마들이 아이들 1,000명을 데리고 왔습니다. 예술의전당에서 당연히 못 들어간다고 했지만, 우리나라 엄마들을 이길 사람이 있을까요? 모두 들어갔습니다.

그리고 나서 공연을 했는데 조용했습니다. 그전에 이런 걸 해보았는데 매번 똑같이 할 게 아니라 노래를 한 사람이 부르면 갑자기 불이 꺼집니다. 관객들이 놀랍니다. 그때 객석에서 누구 한 사람이 노래를 딱 부르면서 조명을 켜면 얼마나 멋지겠습니까? 피아노 치는 사람이 "선생님, 악보가 안 보여요." "악보가 보이면 되겠냐? 다른 걸 써라" 했습니다. 그렇게 해서 예술의전당에서 14년 전에 한 번만 해보기로 했던 공연이 지금까지 3,000회 이상 이어지고 있습니다.

작년 10월 19일 경주에서 한 거 알지 않나요? 성악가들이 가요를 부르면 어떻게 될까요? 또 부산에서는 모유수유에 대해서 궁금한 사람들을 위한 공연을 해보자 했습니다. 여성병원에서 600명 표를 다 사가지고 임신한 여자들에게 나눠주면서 음악회에 오라고 하고 궁금한 것들은 병원장에게 물어보고 대답도 하고 그런 걸 했습니다. 두 번째가 암 환자들과 환자를 둔 가족들을 위한 음악회였는데, 부산에 있는 대동병원에서 표를 다 사갔습니다. 그래서 올해도 몇 가지를 할 생각입니다. 임플란트가 비싸다고 생각하는 사람들을 위한 음악회입니다. 부산에 치과협회가 여러 개 있어서 거기서 돈도 많이 주는 쪽으로 계획하고 있습니다. 그랬더니 많이 온다고 합니다. 그래서 왜 비싼지, 왜 싸지 않은지에 대해서 토론하는 음악회를 한번 생각해보고 있습니다.

제가 청도에 내려와서 지내고 있는데 어느 날 친누나가 방송을 하면서 막 울던 게 생각이 나서 "왜 우냐?" 했더니 애가 아파서 운다고 합니다. 큰애도 작은애도 미국에 유학 가 있는데, 누가 아프다고 병원에서 밤을 새우고 있었을까요? 집에서 키우는 강아지가 아프다고 우는 거였습니다. 저는 기분이 정말 좋지 않았습니다. 개가 아픈데 무슨 울고불고 하냐고 마음속으로 생각했습니다. 그 며칠 뒤 공연 갔다가 다리 다친 고양이 한 마리를 주워오게 되었습니다. 생후 2주일 정도 된 고양이가 다리를 다쳐서 제가 지나가니까 앞으로 오기에 그걸 데려다가 키웠습니다. 고양이 키우는 사람들이 우리 집에 놀러 와서는 이렇게 두면 안 되고 목욕시켜야 한답니다. "그러면 네가 목욕 좀 시켜. 병원 좀 데리고 가. 네가 좀 데리고 가." 이렇게 맡겨놓았습니다. 어느 날 고양이가 막 앓고 있어서 가축병원을 찾다가 가축병원이 다 없어지고 동물병원만 있다는 것을 알게 되었습니다.

이런저런 생각을 하다가 '개나 소나'라는 말이 생각났습니다. 개나 소나라는 말은 틀림없이 우리말이지만 안 좋을 때만 사용합니다. 상대방을 깔보거나 무시할 때 개나 소나라는 말을 쓰니까요. 아이들을 데리고 오는 음악회도 해보았는데, 개가 오는 음악회를 해보자 생각했습니다. 야외밖에 안 될 것 같아서 야외에서 하는 콘서트를 해보기로 했습니다. 그래서 음악회를 '개나 소나 콘서트'로 지었습니다. 도지사에게 도와달라고 말했더니 흔쾌히 후원해주겠다고 했습니다. 제가 포스터를 들고 담당 공무원을 찾아갔더니 "개나 소는 축산과 담당인데 전유성 씨니까 특별히 해주신다고 한 겁니다. 제목이 좀 우스워도 음악을 제대로 한번 해보세요"라고 말했습니다. 대구 최고의 64인조 오케스트라도 오고, 양희은이 사회를 봐주었습니다. 인구가 적은 도시에서 4,500명이 개를 데리고 왔습니다.

초등학교 시험 문제에 '무언가를 결심했다가 며칠 만에 흐지부지하는 걸 무엇이라고 하나?'가 있었습니다. 몇 명은 '작심삼일'을 쓰는데, 그중에 '작은삼촌'이라고 쓴 학생이 있었습니다. 작은삼촌이 담배를 끊는다고 했다가 피우고, 술을 마시지 않는다고 했다가 마시니까 자신 있게 썼는데 틀렸습니다. 저는 그 아이가 이 일이 있고 나서 얼마나 학교에 다니기 싫었을까 생각했습니다. 학교가 싫어서 가기 싫은 게 아니고 선생님이 싫어서 가기 싫은 게 더 많습니다. 이제는 다른 사람들이 다 '작심삼일'이라고 쓰는데 누군가 '작은삼촌'이라고 썼다면 그 아이한테 이유를 물어서 듣고 그 대답도 맞는다고 해주는 세상이어야 합니다. 제가 고등학교 때부터 들었던 생각인데요. 수학 문제가 어렵잖아요. 학생들만 시험을 보는 게 아니라 선생들도 전부 시험 봐서 선생님들 점수까지 붙여놓았으면 좋겠습니다. 그래야 21점 맞아도 선생님이 될 수 있다는 희망을 학생들에게 줄 수 있지 않을까 합니다.

저는 결혼식에 참석해서 그날의 주인공 신랑신부가 어디서 어떻게 만났는지, 앞으로 어떻게 살아나가겠는지 각오 한번 들어보지 못하고 오는 걸 많이 목격했습니다. 그래서 코미디언 김지선이 결혼할 때 "지선아, 너랑 결혼할 사람하고 소주 한잔하자"고 했습니다. 어디서 만났는지, 신혼여행은 어디로 가는지, 연애는 얼마나 했는지, 결혼하고 무엇을 할 것인지를 물어보았습니다. 첫인상은 어땠느냐? 결혼을 결심하게 된 결정적인 이유는 무엇이냐? 그래서 어디서 만났고 어떻게 살 것인지 각오를 비롯해 신랑 이야기와 신부 이야기를 써서 결혼 청첩장 1,500매를 인쇄해 선물로 주었습니다. 그 이후로 방송국에는 청첩장을 직접 쓰는 일이 생겨났습니다. 모든 청첩장은 똑같지 않은가요? 주변인들한테 직접 한번 청첩장을 써보라고 하세요. 최소한 두 사람을 축하해주러 왔으면 어디서 만났는지 묻고 그래야 합니다. 그렇게 청첩장을 해주었더니 김지선이만 해도 아이를 4명이나 낳지 않았습니까? 그래서 제가 '지선아, 우리가 얼마나 사지

선다에 시달렸으면 사지선다마냥 4명을 낳냐?' 했습니다.

보통 이사를 갈 때 처음 집에 들어가면 썰렁합니다. 그런데 짐을 푸는데, 먼저 그 집에 살았던 사람이 방문에 볼펜으로 편지를 써놓았습니다. '이사 오시느라 고생하십니다. 저희는 여기서 7년을 살았습니다. 아이가 2명인데 큰아이 학교 들어가는 것 때문에 이사 갑니다. 저희가 살면서 맛있게 시켜먹었던 족발집, 짜장면집 전화번호 여기에 적어놓고 갑니다. 세탁소는 어디에 있고 미용실은 어디에 있습니다. 행복하게 사세요.' 이렇게 써놓았습니다. 그 사람이 연락처를 써놓았으면 지금까지 연락했을 것 같습니다. 여러분도 이사 갈 적에 이런 거 써놓으면 들어오는 사람들의 기분이 얼마나 좋아질까요?

제가 전주예술대학교 코미디학과를 가보았는데, 학생들한테 "너희 '근조'가 무슨 뜻인지 아니? '부의금'이 맞니, '부조금'이 맞니?" 물어도 몰라요. 요새는 아이들이 인터넷에 들어가서 찾아봅니다. 네이버 지식인에 들어가서 찾아봅니다. 전주에서 미술 가르치는 교수님이 맨날 봉투에 똑같이 적다가 고등학교 선생님이 돌아가셨을 때 '가슴이 아픕니다' 이렇게 썼다는 거예요. 그런데 봉투에 그렇게 쓰고 나서 달라지기 시작했습니다. '정말 가슴 아픕니다. 안타깝습니다'라고 쓴 것을 상주들이 기억하는 겁니다. 이왕이면 가서 봉투에다가 한마디씩 쓰면 재미있더라는 것입니다. 저도 해보고 이야기하는 것입니다. 제 친구 어머니 돌아가셨을 때 '중학교 2학년 때 너희 집에서 먹었던 오이지 정말 맛있었는데 이제는 못 먹겠구나' 이렇게 썼습니다. 그랬더니 친구가 울면서 전화를 했습니다.

제가 영화사에 취직해서 생활비가 없어서 3년을 일했더니 사장이 저한테 직접 시사회를 주최해보라고 했는데 정말 가슴이 떨리더라고요. 언제 어디서 열 것인가? 지금까지 해온 사람들은 언제 했나 조사해보았더니, 손님이 없는 토요일 1회 아니면 일요일 1회에 시사회를 열었습니다. 그래서 다르게 해보자는 생각이 들었습니다. 마침 통행금지가 해제될 때 사람들이 밖을 안 다닐 줄 알았는데, 다들 돌아다니더라고요. 그래서 밤 12시에 심야 시사회를 해보았습니다. 그렇게 하겠다고 하자 사장이 어이없어하고, 전무도 저를 따로 불러서 뭐라 하시더라고요. 저는 마음속으로 욕하면서도 심야 극장을 처음으로 했습니다. '심야 극장의 첫 번째 관객이 되라'고 광고를 했는데, 이게 대박이 나면서 연일 매진이 되었습니다.

KBS 〈유머 일번지: 회장님 회장님 우리 회장님〉이 인기가 좋아서 대학로에 나가 연극을 해보자고 했습니다. 제가 제작을 했는데 매일매일 관객이 만원이었습니다. 그런데 저한테는 돈이 들어오지 않아 사장을 만나기 위해 볼링장으로 쫓아갔습니다. 그 사장이 한창 볼링에 미쳐 있었습니다. 그런데 볼링장이 법적으로 밤 10시까지밖에 영업을 못한다고 했습니다. 그래서 제가 심야 볼링장 한번 만들어보자고 했습니다. 그랬더니 사장이 "전유성 씨, 어딜 가도 밤 12시까지 볼링 치는 곳은 없어요"라고 말하더군요. 전 세계에 없으면 세계 최초 심야 볼링장을 만들어보자고 했습니다. 그날부터 심야 볼링장을 열었더니 점점 사람이 많아지고 실제로 낮보다 밤에 더 손님이 많이 왔습니다.

노래방 가서 보면 똑같습니다. 노래 부르지 않겠다는 사람 노래시키고, 누가 정한 건지 모르지만 돌아가면서 노래 불러야 합니다. 노래 부르지 않겠다는데 왜 노래를 시킬까요? 그렇게 강제로 노래를 시켜놓고 자기들끼리 막 떠들다 끝나면 앙코르를 외칩니다. 10~20년 전에 머물러 있지 말고 5년 전으로 바꿔보자고요. 전주예술대학교 학생들과 노래방 가면 정말 재미있습니다. 두 편으로 나눠서 '봄' 들어가는 노래, '구두' 들어가는 노래, '낙엽' 들어가는 노래 부르기 같은 것 하면서 재미있게 놉니다.

세상을 다르게 보는 방법

세상을 다르게 보는, 가장 쉬운 방법으로 세상을 다르게 보는 것을 업으로 삼는 사람이 굉장히 많습니다. 저는 아이디어가 떠오르기만 하면 늘 똑같은 말을 합니다. "나는 시집을 보면 아이디어가 생각납니다." 세상을 다르게 보는 것을 업으로 삼는 시인들이 정말 다른 세계로 우리를 데리고 가는 걸 많이 경험했습니다. 시집을 많이 보라고 권합니다. 제가 터키 여행을 갔을 때 그곳 남자들이 전부 콧수염을 기르고 있었습니다. 왜 콧수염을 기르는지 물어보았습니다. 그들이 이런 질문을 많이 받았는지 "너희도 책 같은 거 읽어보다가 중요한 데 나오면 밑줄 긋지? 조물주가 우리를 중요하게 생각해서 기르는 것이다"라고 대답했습니다.

이 이야기를 듣고 김홍국이 생각났습니다. 그가 얼마나 우리를 단어 몇 개로 웃겨주었나요? 밑줄 그을 만합니다. 그러다가 조물주는 한국 사람들에게 아무 표시도 해주지 않았나 하고 생각했는데, 함민복 시인이 "우리는 시를 사랑하는 백성이고 시를 좋아하는 백성이고 노래하기를 좋아하는 백성이라서 조물주가 우리에게도 표시를 해주었다"고 썼습니다. 왼손을 보시면 왼손에 전부 '시'라고 쓰여 있지 않습니까? 이것을 시인이 발견했습니다.

제가 시라고 읽기 전에는 '운명선, 감정선, 생명선'이라고 생각하지 않았습니까? 중학교 2학년 때 어떤 아줌마가 어떤 아이는 60세까지 살고 유성이는 40세 때 죽는다고 해서 집에 가서 엉엉 울었습니다. 그때 손금을 면도칼로 그으면서 100세까지 살게 해달라고 기도했습니다. 왜 나는 40세까지밖에 표시가 되어 있지 않나 생각했습니다. 그러고 나니까 사람들이 좋아하는 손금이 뭐가 있을지 생각했습니다. 오래 살고 부자 되고 건강하게 사는 게 아닐까요? 그래서 손금이 있는 고무장갑을 만들어서 제가 특허를 냈습니다. 고무장갑 회사에 3년 동안 보냈는데 회신이 없다가, 얼마 전에 크린랩이라는 회사에서 사갔습니다. 너무 기분이 좋아서 제가 원가만 받는다고 했습니다. 여러분도 손금이 있는 고무장갑을 구입할지도 모르겠습니다. 이 아이디어도 시집을 보고 생각해냈습니다.

지리산에 올라가서 면사포를 쓴 채 첫날밤을 자면서 보니까 쓰레기 포대가 다 찢어져 있어서 왜 그러냐고 물었습니다. 멧돼지들이 추워서 내려와 찢었다고 합니다. 여러분은 산에서 멧돼지가 내려왔다는 소리를 들으면 어떨 것 같은가요? 저도 똑같습니다. 오늘도 내려올까? 잡을 수 없을까? 이런 생각을 했습니다. 그날 밤 소주를 여러 병 마시고 아침이 되었는데 눈이 많이 내려서 산에 올라가지 못해 하산하기로 했습니다. 제 눈에도 고생길로 보이던 눈발이었습니다. 동생이 끄적이더니 "한번 보이소" 합니다. '누가 멧돼지 밥상에 하얀 펄을 내렸냐?' 이렇게 쓰여 있었습니다. 왜 내 눈에는 고생길로 보이는데 그 사람한테 이 눈길이 밥상으로 보일까요? 이것이 시인과 우리의 차이입니다.

한 친구는 부자가 되고 싶어서 복권을 샀는데, 10년 동안 당첨이 되지 않아서 이게 왜 안 될까 하던 중에 어느 날 깨달았습니다. 아침 일찍 일어나 복권집 8군데를 들러서 800만 원어치를 사서 2시간 동안 긁었는데,

당첨금이 7만 4,000원인가 나왔습니다. 얼마나 화가 나고 상실감과 후회가 컸겠습니까? 소주 2병을 마시고 잤습니다. 뻐꾸기 소리가 '뻐꾹뻐꾹'이 아니라 '복권복권' 하는 소리로 다르게 들리더랍니다. 고속도로 톨게이트 지나면 표 끊지요? 표 뽑는 곳에 복권 기계가 있으면 얼마나 좋을까 하는 생각이 들었습니다. 20장만 뽑으면 목적지까지 공짜로 가는 겁니다. 얼마나 신나고 재미있을까 생각을 했습니다. 아는 동생이 도로공사에 그 아이디어를 이야기해보겠다고 했는데 아직은 소식이 없습니다.

좋은 아이디어가 떠올랐는데 자신만 재미있는 경우가 분명 있을 것입니다. 저는 이 이야기를 듣고 별의별 생각이 다 들었습니다. 명절에 많은 인구가 이용하는데 왜 통행료를 받나요? 차라리 주차료를 받아야죠. 시집을 읽어야 새로운 아이디어가 생각납니다. 무엇을 하려고 했다가 안 하는 것을 하게 되면 관성이 붙어서 하게 된다고 합니다. 40초를 투자해볼까요? 흐지부지 관둔 것을 40초 동안 실행해보라고 합니다. 제가 오늘 한 이야기가 변화의 계기가 되기를 바랍니다. 아침에 일어나서 하려고 했던 것들이 생각납니까? 이틀 전 것, 1개월 전 것, 3개월 전 것이 생각 안 나도 내일은 '생각이 달라져야지' 하고 생각해보시길 바랍니다.

5

행복한 음악회

김정택 ǀ SBS 예술단 단장

서울예술고등학교와 서울대학교 기악과를 졸업했다. 1991년 SBS 관현악단 지휘자를 시작으로 SBS 예능국 관현악단 단장, SBS 프로덕션 예술단 단장을 역임했으며, 현재는 SBS 예술단 단장이다. 30여 년 동안 방송과 콘서트 현장에서 최고의 실력과 화려한 무대 매너로 많은 사랑을 받았으며, 1980년대 히트곡 제조기란 명성에 걸맞게 298곡의 대중가요와 뮤지컬 등을 작곡·편곡했다. 대표적으로 인순이, 심수봉, 현숙, 이은하, 전영록 등 유명 가수의 노래를 작곡했다. 2002년 한일월드컵, 2002년 부산 아시안게임, 2003년 대구 유니버시아드 대회 전야제 등 다양한 국가행사에서 개폐회식 음악을 작곡·편곡했다. 1987년 『한국일보』 백상예술대상 음악부분 기술상, 2003년 대통령 표창을 수상했다.

•••

갑과 을을 위한 음악

저는 8세 때부터 피아노를 연주했고 평생 음악을 했습니다. MBC에서 8년을 근무하다가 1991년에 SBS가 개국하면서 입사해서 지금까지 23년 동안 방송을 하고 있습니다. 방송을 오랫동안 하다 보니, 방송 용어로 '리액션'이라고 하는데, 진행자가 무슨 이야기를 할 때, 예를 들어 "나는 여덟 살 때부터 피아노를 쳤거든요" 하면 보통 방송국에서는 방청객이 "오오오~" 하면서 리액션을 해줍니다. 저는 직업상 리액션에 굉장히 익숙해져 있습니다. 제가 잘할 수 있도록 박수와 리액션으로 응원해주면 어떤 방송이나 강연보다 혼신을 다해 잘해보겠습니다. 제가 잘할 수 있도록 함성과 박수로 응원 부탁드립니다.

저는 8세 때 피아노를 친 것이 아직도 기억이 납니다. 처음으로 친 것이 〈바이엘 8번〉입니다. 그리고 〈젓가락 행진곡〉, 그 다음은 〈소나타 1번〉입니다. 어머니가 제일 좋아했던 곡은 베토벤의 〈엘리제를 위하여〉입니다. 제가 어머니를 위해서 피아노를 쳤습니다. 여섯째의 막둥이로 태어났는데 제가 피아노를 치면 아버지가 말했습니다. "막내야, 너는 아버지가 피아노를 사주었는데 어떻게 엄마만 위해서 피아노를 치니?" 그래서 제가 아버지를 위해서 쳐드렸던 곡은 〈메기의 추억〉입니다. 여기서 말하는 '메기'는 사랑하는 여자 친구의 이름입니다. 쏘가리, 가물치의 그런 메기가 아닙니다. 아버지가 그 곡을 그렇게 좋아했습니다.

경주, 그러면 아마 대한민국의 모든 사람이 문화유적을 이야기할 것입니다. 저도 마찬가지입니다. 옛날 수학여행 때 경주에 왔던 기억이 납니다. 오랜만에 와보니 옛날 추억이 떠오릅니다. 유적을 보면서 가슴이 뭉클하고 자랑스럽기도 합니다. 제가 여기 와서 준비하면서 〈그리운 금강산〉이라는 최영섭 선생님이 작곡한 가곡이 생각났습니다. 사실 그 곡은 제가 반주로 많이 했습니다. 그것을 피아노로 연주한 것은 불과 얼마 전이었습니다. 어떤 모임에 갔는데 어떤 선생님이 앙코르 연주곡으로 〈그리운 금강산〉을 부탁했습니다. 그 곡을 제가 반주만 해보았지 변주를 해본 적이 없어서 조금 망설여졌지만 거절할 수가 없었습니다. 그동안에 들었던 〈그리운 금강산〉이라는 곡을 리마인드해서 연주했더니 많은 분께서 따뜻한 박수를 해주셨습니다.

제가 어떤 마인드를 갖고 방송을 하며 음악회에 오신 관객들을 대하는지 솔직하게 말씀드리겠습니다. 제가 제일 좋아하는 말은 '갑과 을의 관계'입니다. 예를 들어 제가 여기서 음악을 연주하고 행복한 시간을 드리니 저는 갑입니다. 송구하지만 들으시는 여기 계신 분들은 을입니다. 그런데 제가 여기서 평가를 받을 때 "SBS 김정택 최고!"라는 찬사를 들으려면 갑이지만 을의 마음으로 해야 할 것입니다. 음악회를 할 때 제가 갑의 입장으로 임하면 을의 입장인 관객은 너무너무 슬픕니다. 그게 뭐냐면, 잘 모르는 난해한 곡을 연주한다든가 아니면 지휘곡을 한다면 관객으로서는 정말 슬픈 것입니다. 그래서 저는 모든 프로그램에서 갑의 입장이지만 을의 자세로, 어떤 곡을 연주하면 관객들이 행복해하실까 생각합니다.

여성분들을 위해서 소리새의 〈그대 그리고 나〉를 연주하겠습니다. 그 곡

참 좋지 않나요? 또 분위기가 좋으면 멋진 남성분들을 위해서 영화 〈갓 파더〉의 말런 브랜도가 주연한 영화 〈대부〉의 주제곡(〈Speak Softly Love〉)을 연주하도록 하겠습니다. 마피아는 나쁘지만 그 가족사랑은 눈물겹습니다. 그리고 조직 사랑. 한 조직의 보스가 된다는 것은 표현할 수 없는 외로움, 결정할 때의 고뇌가 있습니다. 저도 방송국 예술단장을 하면서 그런 마음이 조금 느껴지는 것 같습니다. 그래서 그런 걸 연주할 때는 저음으로, 이게 노랫말이 없지만, 성악으로 이야기하자면 바리톤, 베이스, 그런 중후한 감성으로 이 보스의 마음, 아름다운 가족 간의 사랑을 표현하고 싶습니다.

　방송국에서도 제가 단장인데 단장이 갑의 입장이다 보니 갑처럼 행동을 하면 단원들의 입장에서 볼 때 너무너무 슬픕니다. 어쩌다가 저런 단장을 만났나? 이럴 수도 있습니다. 저는 단원들을 너무 사랑하고 사실 단원이란 말도 잘 안 씁니다. '가족' 또는 '뮤지션'이라고 표현합니다. 한번은 저희 타악기를 하는 친구가 많이 힘들어하더라고요. 그래서 왜 그런지 물었습니다. 엄마가 조금 아프시다고 하더군요. 그 말을 들으니 가슴이 참 아팠습니다. 왜 말을 안 했냐고 다그치며 지금 어머니가 어디 계시는지를 물었습니다. 그랬더니 조금 떨어진 곳에 계신다고 하더군요. 그래서 빨리 택시를 타고 병원에 찾아갔습니다. 어머니가 아프신데 병원비가 부족해 힘들어했습니다. 그래서 한 번 안아주고 병원비를 보태주었습니다. 그럴 때 저의 가슴이 전달되고 단장의 진심을 알 것입니다. 저희 오케스트라는 눈빛만 봐도 서로를 압니다. 가족이나 마찬가지입니다. 갑이지만 을의 마음으로 상대방을 바라보아야 합니다. 제가 SBS에서 연주를 하지만 우리 오케스트라는 정말 환상적인 호흡으로 연주를 할 수 있는 것입니다.

갑이지만 을의 마음으로 리마인드해야 합니다. 이게 너무너무 행복한 것입니다. 항상 남을 위하고 상대방을 배려하는 겁니다. 제가 항상 갑의 입장은 아니잖아요? 저희 회사를 예로 들어보면 저보다 윗분들이 계시지 않습니까? 그럴 때는 을이지만 어떻게 하면 갑의 마음으로 갑의 입장에 있는 사람을 위로해주고 또 즐겁게 해줄 수 있을까요? SBS 예술단 단장이지 않습니까? 제가 어디 가서 말과 행동을 반듯하게 하고 또 겸손하게 하고 무슨 연주를 하건 최선을 다해서 하고 그럴 때 저의 모습이 SBS의 이미지가 됩니다. 제가 잘해야 SBS 이미지가 같이 올라가는 것이 아니겠어요? 을이지만 갑의 마음을 갖고 '어떻게 하면 우리 보스를 기쁘게 해줄까? 어떻게 하면 우리 SBS가 더 크게 될까?' 이런 마음으로, 갑이지만 을의 입장으로, 을이지만 갑의 마음으로 연주를 합니다. 얼마나 마음이 좋겠어요?

항상 배고프고 우직하게

열정과 창의력도 있어야 합니다. 저는 어린 시절부터 피아노를 치면서 언제가 제일 행복하냐면, 병원에서 아픈 분들을 대할 때입니다. 좋은 음악을 들으면 건강 세포가 어마어마하게 만들어집니다. 클래식 음악은 미사, 신을 찬양하는 음악에서부터 발생된 것입니다. 모든 순수음악의 근원이 뭐냐면 자연의 소리입니다. 자연의 표현, 자연을 토대로 한 악성을 얻기에 순수음악은 영혼의 보약입니다. 베토벤은 예술가를 이렇게 표현했습니다. "예술이란 남자의 가슴에서 나와서 여자의 눈물을 자아낸다."
그런 자연친화적 음악은 영혼의 보약입니다. 예를 들어 슈베르트의 〈숭
어〉라든지 슈만의 음악, 〈백조의 호수〉, 이런 음악들은 환자들이 들으
면 NK세포가 나온다고 합니다. 자연건강세포가 발생하는 것입니다. 그
리고 유머를 할 때 웃으면 한 번 웃을 때마다 NK세포가 만들어지는데 한
번 웃을 때 발생하는 건강세포가 1,700만 원어치입니다. 환자분들도 힘
들지만 환자 가족분들도 힘듭니다. 그들을 행복하게 해드릴 때 정말 음
악 하길 잘했다고 생각합니다.

　또 행복할 때는 청소년들에게 음악을 들려줄 때입니다. 창의력이란 단
어가 아주 친근한 단어는 아니지 않습니까? '뭐가 어디서부터 창의력인
가?' '창의력은 어떻게 하면 생기는 것인가?' 이럴 때 제가 제일 먼저 생각
하는 발상은 '다르게'입니다. 그래서 꿈나무들에게 창의력을 이야기할 때
행복합니다. 음악을 다르게 표현할 수 없을까 생각합니다. 스티브 잡스
와 공감대를 형성합니다. 스티브 잡스가 아주 유명한 말을 했습니다. "오
늘 졸업한다고 안주하지 말고 항상 자기가 하는 일에 배고파라." 저는 이
말을 듣고 저에게 도입해서 생각했습니다. 항상 음악에 배고파라!

　제가 어려서 피아노 치고 대중음악하고 그랬을 때 점잖은 분들은 대중
음악하는 사람들을 조금 낮게 보는 경향이 있었습니다. 하지만 예술의
본질이 무엇인가요? 저는 '내 연주를 듣는 사람들에게 행복감을 주겠다'
는 목표를 갖고 있었기 때문에 순수음악을 공부해서 대중음악의 레벨을
업그레이드하고 사람들을 행복하게 했으면 좋겠다는 마음으로 했습니
다. 끝까지 우직하게 장인정신을 갖고 해야 합니다. 제가 하는 일을 더 잘
할 수 없을까? 항상 배고파야 합니다. 크로스오버라고 해서, 순수음악과

대중음악을 오가는 것이 멋져 보이지만 사실은 쉽지 않습니다. 제가 순수음악을 하다가 대중음악을 한다고 할 때 맛을 낸다는 게 쉽지 않았습니다.

제가 항상 아이들을 위해 연주할 때 이 이야기를 합니다. "Stay hungry! Stay foolish." 자기가 하고 있는 일에 항상 잘할 수 없을까? 배고플 수 없을까? 내가 하는 일에 장인정신을 갖고 열심히 하면 성공한다! 이러며 피아노를 쳤습니다. 아이들 앞에서 〈뽀뽀뽀〉를 연주할 때 아이들이 너무 재미있어 합니다. 동요입니다. 이걸 다르게 할 수 없을까요? 멜로디는 〈뽀뽀뽀〉인데 다르게 해야 합니다. 뽀뽀는 가벼운 입맞춤인데 달콤한 키스로 바꿀 수 없을까요? 어떻게 하면 바꿀 수 있을까요? 발라드 버전으로 해보는 겁니다. 〈뽀뽀뽀 발라드 버전 연주〉, 〈뽀뽀뽀 색다른 버전 연주〉, 〈뽀뽀뽀 열정적 버전 연주〉, 〈뽀뽀뽀 즉흥 버전 연주〉, 〈뽀뽀뽀 탱고 버전 연주〉. 제가 이렇게 〈뽀뽀뽀〉를 여섯 가지 정도 버전으로 하니까, 국악 하시는 어떤 선생님이 참 재미있다고 했습니다.

원래 〈뽀뽀뽀〉가 4박자의 음악입니다. 그런데 이걸 그분이 굿거리로 한번 해보라고 하시는 것입니다. 굿거리는 3박자 계열입니다. 4박자의 음악을 3박자로 해보라는 것입니다. 그런데 저는 해보자는 스타일입니다. 그런 사람과 살아야 살맛이 납니다. "그게 되겠니?" 이런 말 하는 사람과는 커피도 안 마십니다. 그런 사람들의 특징은 핑계를 댄다는 것입니다. 성공하는 사람의 덕목은 '갑의 입장이지만 을의 입장으로, 그리고 병정을 생각하는 것'입니다. 방법이냐, 핑계냐? 성공하는 사람들은 방법을 항상 생각합니다. 그런데 반대하는 사람들은 항상 핑계를 댑니다. 제가 그런 사고를 갖고 있습니다. 4박자를 3박자로 만드는 것이 쉬운 것이 아니지 않나요? 어떻게 할까 방법을 연구했습니다. 〈뽀뽀뽀 3박자 국악버전 연주〉. 창의력입니다. 더 잘할 수 없을까요? 더 다르게 할 수 없을까요?

　그렇게 계속 버전 업을 하고 있는데 어느 날 우리나라에 아르헨티나 탱고 팀이 왔습니다. 너무 재미있었습니다. 그 열정이 대단해 보였습니다. 그때 나왔던 탱고 음악이 〈La Cumparsita(라쿰파르시타)〉입니다. 탱고 음악 연주. 거기서 대단한 영감을 얻었습니다. 그래서 〈뽀뽀뽀 탱고 버전 연주〉를 만들어보았습니다. 저는 이렇게 즐겁게 사는 사람이 제일 좋습니다. 아는 것보다 좋아하는 것이 낫고 좋아하는 것보다 즐기는 것이 낫다고 합니다. 알려면 얼마나 공부해야겠습니까? 좋아하려면 얼마나 알아야겠습니까? 즐기는 것이 낫습니다. 제가 배가 고프다 보니 1969년 음대에 입학하고 SBS오케스트라에 입사해서 지금까지 연주하고 있습니다. 그런데 왜 지금도 이렇게 훌륭한 곳에 연사로 초청받을 수 있을까요? 배가 고파서 그렇습니다. 더 잘할 수 없을까요?

유머와 열정

　저희 SBS오케스트라는 어떻게 하면 관객들에게 즐거움을 드릴 수 있을까 고민했습니다. 무대 옆에서 나오지 말고 객석에서 등장하자! 그렇게 나와서 연주를 합니다. 객석에서 20여 명이 나오면 관객들은 이미 즐거운 것입니다. 뮤지컬 배우처럼 관객과 손을 잡고 오늘 열심히 하겠다며 인사를 합니다. 너무나 감사하고 감동적인 것이, 관객들은 늘 보답을 합니다. 그렇게 환성을 지르며 보답을 해주고 응원을 해줍니다. 그렇게 준비가 되면 제가 단장이기 때문에 가장 늦게 무대 위로 올라갑니다. 사전에 카메라 감독에게 부탁을 해서 제 뒷모습을 잡아달라고 말해놓는데, 카메라가 무대 위의 제 뒷모습을 잡으면 제가 머리를 묶고 있던 걸 풉니다. 이게 어떤 의미냐고요? 지휘자인 제가 머리를 푼다는 것은, 오늘 관객들을 위해 혼신을 다하겠다는 의미입니다. 제가 레퍼토리를 하나하나 연구합니다. 그냥 말한 것이 아니고 저기 위에 우리 예술단의 프로듀서가 와서 제 모습을 찍고 있습니다.

　이렇게 열심히 합니다. 그러다 보면 어느 날 좋은 일이 생깁니다. 한 2년 전 일입니다. 한창 FTA 협상이 있을 때 이명박 대통령과 영부인이 미국 워싱턴 D.C.에 가신 적이 있습니다. 그런데 대사관에서 연락이 왔는데 저에게 문화사절단으로 먼저 가보라고 하더군요. 지금 대한민국에 조수미 선생님도 있고 지휘하시는 정명훈 선생님도 있고 유명한 예술가들이 많은데 왜 저를 보내는지 궁금했습니다. 4가지 이유가 있었습니다. 첫째, 제 나이가 중년이라서 관객층에 맞는다는 것입니다. 둘째, 유머입니다. 셋째, 열정입니다. 저는 잘하는 것보다 최선을 다합니다. 넷째, 제가 영어를 잘해서라고 합니다. 방송을 하다 보니 외국의 VIP 앞에서 연주할 때도 많습니다. 그런데 한국말로 진행을 하면 외국 사람들은 답답하지 않겠어요? 그래서 간단하게 영어로 진행을 합니다. 그리고 외국말도 그냥 하지 않습니다. 제스처와 유머를 섞어서 합니다. 그렇게 하면 정말 좋아합니다. 그리고 곡에 대한 간단한 설명을 합니다. 그것을 대사관에서 알았나 봅니다. 외국 사람들과 음악을 하면 좋습니다. 그런데 끝나고 나면 대사관의 대사 부인들이 다가와 말을 겁니다. 완전 부담스럽습니다. 이것저것 물어보면 참 곤란합니다. 간단한 영어만 조금 하는 것을 높이 평가해줘 워싱턴 D.C.에 가서 연주를 하는데 그 연주할 때 분위기가 굉장히 부담스럽습니다.

그래서 가만히 생각했습니다. 어떤 연주를 하면 좋아할까? 그때가 10월이었습니다. 〈어텀 리브스〉를 연주했습니다. 계절과 맞지 않나요? 그런데 앞부분이 반복입니다. 말했다시피 제가 지루한 걸 싫어합니다. 두 번째는 변형을 시켜보았습니다. 그랬더니 박수가 많이 나왔습니다. 그 뒤에 또 변화를 주었습니다. 두 번째 곡은 〈어메이징 그레이스〉였습니다. 이 노래는 전 세계인들이 다 좋아합니다. 우리 교포분들이 많이 초청받아 오셨는데, 마지막 곡은 동포들을 위해 〈고향의 봄〉을 연주해야겠다고 생각했습니다. 감정을 살려서 곱씹듯 쳤습니다. 이 부분부터 모두 따라 불렀습니다. "울긋불긋 꽃 대궐 차린 동네, 그 속에서 놀던 때가 그립습니다. 꽃동네 새 동네 나의 옛 고향, 파란들 남쪽에서 바람이 불면 냇가에 수양버들 춤추는 동네."

제가 처음에 말했던 것이 무엇인가요? 갑과 을입니다. 갑이지만 을의 입장에서 연주해야 합니다. 제가 히트곡을 한 298곡 정도 썼습니다. 전영록라고 혹시 아는가요? 그 가수 곡은 거의 같이했습니다. 심수봉, 현숙의 노래도 많이 했습니다. 그리고 지금도 항상 노래방 순위 5위 안에 드는 인순이의 〈밤이면 밤마다〉도 제가 작사·작곡했습니다. 제가 말씀드린 Stay hungry, Stay foolish! how to be creative! 〈뽀뽀뽀〉를 연주하면서 어떻게 하면 다르게 할 수 있을까? 어떻게 하면 더 탁월하게 할 수 있을까? 제가 가장 좋아하는 사람은 방법을 생각하는 사람입니다. 제가 가장 안 좋아하는 사람은 핑계를 대는 사람입니다. '그래, 나도 갑이지만 을의 입장에서 해야겠다.' 그리고 방법을 생각해 승리자가 될 것인지, 핑계를 생각하고 루저가 될 것인지 선택하기 바랍니다. 그다음에 "저 사람은 음악을 가지고 저렇게 연구하고 배고파하는데, 나는 내가 하는 일에 좀더 뛰어난 진보를 할 수 없을까?' 하고 생각하면 됩니다.

셰르파 리더십

리더십에 대해서 아주 감동받은 이야기를 하겠습니다. 제가 알고 있는 훌륭한 기업을 경영하는 어느 회장님이 네팔 히말라야를 다녀오서서는 훌륭한 리더십을 보았다고 했습니다. 이 산을 오르려면 산의 지리와 환경의 달인인 셰르파의 도움이 필요합니다. 셰르파가 전문가이고 그 밑에 도와주는 사람이 헬퍼입니다. 헬퍼는 산을 오르는 사람들의 짐을 들어줍니다. 셰르파가 고유명사인 줄 알았는데 부족 이름이라더군요. 그곳에 살면서 전문가가 되어 그냥 셰르파라고 부르더군요.

그 셰르파가 헬퍼와 등반자들을 이끌고 함께 산을 오르는데 등반하는 동안 엄청나게 헬퍼를 나무랍니다. 너무 심하게 굴어서 왜 저렇게까지 하나 싶을 정도입니다. 그런데 등반이 끝난 후 뒤풀이를 하는 동안 셰르파가 하는 말과 행동에 감동을 받았답니다. 어떻게 하냐면 모닥불 피워놓고 술을 마시는 중에 셰르파가, 그렇게 악랄하게 비인격적인 말과 행동을 하던 사람이 담요를 펴놓고 헬퍼들 앞에 무릎을 딱 꿇고는 술을 한 잔씩 정중하게 따르면서 너무 수고했다고 말하더랍니다. 그때 회장님이 감동을 받은 겁니다. 일은 살벌하게, 그러나 일이 끝났을 때는 진정으로 자기 동료들에게 고마움을 표현하는 것입니다.

그렇게 일을 살벌하게 하는 이유가 무엇일까요? 사랑하니까 그런 것입니다. 등반을 할 때 혹시 사고라도 날까봐 그렇게 살벌하게 대하는 것입니다. 군대에 있을 때 유격훈련을 합니다. 조교가 빨간 모자를 쓰는데, 그 빨간 모자를 보면 몇 년 동안은 빨간색이 보기도 싫습니다. 반쯤 죽입니다. 죽겠는데 또 PT체조 시키고 난리입니다. 그런데 왜 그렇게 죽기 살기로 훈련을 시키느냐고요? 사고 나지 말라고 정신무장을 시키는 것입니다. 똑같이 세르파가 헬퍼를 그렇게 혹독하게 대하는 것입니다. 그러나 끝나고 나서 정말 수고했다며 그 노고에 치하를 하는 겁니다.

저희도 연주를 하고 그러면 힘들겠지요? 연주 끝나고 나면 인간인지라 마음이 조금 허합니다. 그때 제가 우리 연주인들을 데리고 뒤풀이를 합니다. 저는 연주할 때 아주 살벌합니다. 열심히 하다가 틀리면 OK입니다. 그러나 대충하다가 걸리면 가만두지 않습니다. 저희 연습실에는 '연습하자. 또 연습하자. 죽도록 연습하자'라는 문구가 적혀 있습니다. 실제로 이 글을 보면서 연습을 합니다. 리더가 이렇게 되면 피곤하지 않겠어요? 그래서 밥 먹을 때 장난으로 이렇게 물었습니다. "너희들, 단장이 좀 또라이 같지?" 하면 당연히 "음악을 열심히 하다 보니 그러시는 거지, 아닙니다"라고 할 줄 알았습니다. 그런데 다 같이 "예"라고 대답합니다. 제가 우리 단원들에게 이렇게 이야기합니다. "미쳐야 미칠 수 있다." 자기 하는 일에 미쳐야 어느 정도 공력이 쌓이는 것이지, 미치지 않고서야 자기가 사랑하는 사람을 얻을 수 있겠습니까? 미쳐야 미칠 수가 있습니다. 그러다 보면 이런 또라이 같은 단장과 연주하는 뮤지션들은 사실 좀 버겁습니다.

그래서 가끔씩 점잖게 굴면 오히려 불안해합니다. 제가 보기엔 단원들도 미쳐가는 것 같습니다. 그렇게 연습을 하고 연주를 하면 아주 난리가 납니다. 그리고 뒤풀이 가서 셰르파의 리더십을 실천합니다. 오히려 뒤풀이 때가 더 바쁩니다. 술 마시는 사람은 술, 사이다를 마시는 사람은 사이다, 이렇게 해서 한 잔씩 따라주면서 아까 심하게 군 것은 그런 뜻으로 한 것이 아니라며 해명을 합니다. 그리고 수고했다는 말을 아끼지 않습니다. 제가 셰르파의 리더십에 하나 더 플러스한 것이 있습니다. 수고했다는 말을 하면서 돈을 줍니다. 집에 갈 때 혹시 음주운전이라도 하면 안 되니 대리비를 하라고 합니다.

일은 살벌하게 해야 합니다. 그래서 제 카카오톡 프로필에 보면 '실력은 업, 자세는 다운'이라고 적혀 있습니다. 정말 명언이지 않습니까? 전문성을 갖고 실력은 업하되 자세는 다운해야 합니다. 그래서 지금까지 우리 연주인들과 함께 병원에 가서 연주해드리고 있습니다. 제가 히트곡이 298곡 정도 되다 보니 어르신들이 정말 좋아합니다. 그러나 연주가 끝난 뒤에는 자연인으로 돌아와서 참 고맙다고 말합니다. 셰르파의 리더십. 제가 했던 것처럼, 여러분도 이것을 일에 적용해서 저보다 백만 배 행복하고 백만 배 봉사하길 바랍니다.

6

아버지가 달라져야
아이가 산다

●

김성묵 | 두란노아버지학교운동본부 이사장

고려대학교 사학과를 졸업했다. 사학과 교수가 되는 것이 꿈이었지만, 그 꿈을 접고 아내를 택했다. 대학교 커플로 만나 열렬히 사랑하다가 결혼했지만 행복하지 않았다. 아내를 이해할 수 없어서 밖으로만 돌다가, "너희를 준비한 것이 이때를 위함이 아니냐!"라는 하나님 음성을 듣고 가정 사역에 몸을 던졌다. 1995년에 개설된 아버지학교 1기를 수료하면서 가정 사역의 방향성을 찾았다. '아버지가 변해야 가정이 변한다'는 것을 체험하면서 아버지학교 운동에 헌신했으며, 현재는 두란노아버지학교 국제운동본부 이사장을 맡고 있다. 저서로는 『좋은 남편되기 프로젝트』, 『고슴도치 부부의 사랑』, 『아버지 사랑합니다』, 『그 남자가 원하는 여자 그 여자가 원하는 남자』 등이 있다.

· · ·

아버지가 되는 길

한국 가정이 왜 송두리째 무너지고 있을까요? 저는 가장 큰 원인이 아버지에게 있다고 주장하는 사람입니다. 그동안 아버지들은 돈을 벌어 가정경제를 책임지는 일에만 신경을 써왔습니다. 가정경제를 담당하면 자신이 모든 책임을 다하는 줄 알았습니다. 가정경영은 어떻게 하는지 전혀 몰랐습니다. 그러나 가정경제도 중요하지만 가정경영은 더 중요합니다. 돈만 벌어다주면 아버지의 역할이 끝나는 것이 아닙니다. 자녀들은 아버지를 통해서 사회를 경험해야 합니다. 그래야 아이들의 사회성이 높아지는데 아버지를 만날 시간이 없다는 것입니다.

요즘 한국 사회에는 영어교육 열풍이 일어나고 있습니다. 그 결과 많은 기러기 가정이 생겼습니다. 영어를 잘하면 국제인이 되고 사회에서 성공한 것으로 착각하고 있습니다. 제가 그분들에게 하고 싶은 이야기가 있습니다. 우리는 중요한 사실을 잊어버리고 있습니다. 미국, 호주 등 어느 영어권에 가도 재소자들이 영어를 못해서 문제를 일으키지는 않는다는 것입니다. 바로 감옥에 들어가 있거나 거지가 되거나 반사회적 인물이 된 사람들의 이면을 조사해보면 깨어진 가정 출신들이라는 것입니다. 특별히 아버지와의 관계가 깨져 있는 사람들이 감옥에 들어가 있습니다. 우리는 아버지 없이 아이들을 키우고 있습니다. 이것이 한국 사회를 매우 어렵게 만드는 요소 중의 하나입니다. 이제 아버지들이 가정에 돌아가서 아버지의 자리를 지키지 않으면 안 됩니다.

남자로 태어나서 최고의 자리는 아버지가 되는 것입니다. 여러분은 직장이나 사업장에서 조퇴를 하거나 사표도 낼 수 있습니다. 그러나 사표를 낼 수 없는 자리가 있습니다. 사표를 내도 받아주지 않는 자리가 있습니다. 직장에서는 여러분이 없어도 다른 사람들이 일을 대신할 수 있습니다. 그러나 내가 아니면 할 수 없는 일이 있습니다. 내가 없어서는 안 되는 자리가 있습니다. 그 자리가 바로 아버지라는 자리입니다. 다른 사람이 해서는 절대로 안 되는 자리, 그 자리가 바로 아버지라는 자리입니다. 한 번 아버지는 영원한 아버지, 남자로 태어나서 가장 최고의 영광스러운 자리는 아버지가 되는 것입니다. 아버지가 웃으면 어머니가 웃게 되어 있습니다. 어머니가 웃으면 자녀들이 웃게 됩니다. 그래서 온 가정에 웃음꽃이 핍니다.

그런데 아버지가 되는 길이 있습니다. 그냥 아버지가 되는 것이 아닙니다. 아버지가 되려면 남자로 태어나야 합니다. 남자로 태어나서 바로 아버지가 되는 것이 아니라, 남자다움을 갖춰야 합니다. 남자로 태어나서 남자다움을 갖추었을 때, 그것을 우리는 남성이라고 이야기합니다. 그리고 결혼해서 남편이 되고, 자녀를 낳아서 아버지가 되는 것입니다. 이것이 아버지가 되는 길입니다. 그러니까 역으로 이야기하면 존경받는 아버지, 좋은 아버지가 되기 위해서는 좋은 남편, 존경받는 남편이 되어야 합니다.

남자라면 그림을 다시 그릴 필요가 있습니다. 왕의 모습, 전사의 모습, 스승의 모습, 친구의 모습. 우리는 친구 같은 아버지가 좋은 아버지라고 하지만, 친구 같은 아버지가 좋은 아버지는 아닙니다. 친구 같은 모습은 1/4밖에 안 됩니다. 왕과 같은 권위가 있어야 합니다. 권위는 필요합니다. 그러나 옛날 아버지들은 모두 권위의 아버지가 주였고 친구 같은 모습이 없었습니다. 그래서 아버지는 권위주의에 빠졌다고 했습니다. 요즘 아버지는 모두 친구 같은 아버지입니다. 아버지의 권위가 없습니다. 아버지는 친구 이상이어야 합니다. 친구는 많지만 아버지는 하나입니다. 그런데 우리는 너무나 친구 같은 모습만 강조하고 있습니다. 왕, 전사, 스승, 친구, 이 4가지를 합쳐서 한마디로 요약하면 바로 존경받는 아버지의 모습인 것입니다.

그런데 여기에 문제가 있습니다. 왜 남자다움이 왜곡되어 있을까요? 왜 남자다움이 좋지 않은 쪽으로 가고 있을까요? 문제는 우리가 남자다움을 배우고 경험하는 유일한 모델이 우리 아버지였기 때문입니다. 아버지가 존경받는 아버지였다면, 그래서 이 네 가지 요소를 잘 갖고 있었다면 우리도 남자다움을 갖추었겠지만, 우리 아버지들은 모두 생존을 위해 사셨던 분입니다. 아주 전통적인 남성우월적인 경향 속에서, 가부장적인 권위만 내세웠던 문화 속에서 자라왔던 분들입니다. 그래서 우리의 남성성이 왜곡되어 있습니다.

제가 많은 사람을 만나보면 자기 인생이 아닌 아버지의 인생을 사는 분이 많습니다. 자기 삶을 독촉하는 사람이 아버지인 경우가 참 많습니다. 나는 아버지처럼 살지 않겠다고 하면서 결국 아버지처럼 살아갑니다. 젊은 사람들은 부모님과의 관계를 회복하고 사회 속으로 나가야 합니다. 그리고 새로운 가정을 만들어야 건강합니다. 결혼하신 분들도 마찬가지입니다. 혹시 내 속에 남아 있는 아버지의 관계 속에서 어려운 부분은 무엇이고 아버지에게서 받은 잘못된 영향력은 무엇인지 생각할 필요가 있습니다. 그 상처를 더는 자녀들에게 대물림해서는 안 됩니다. 우리는 무의식적으로 자신이 받은 상처를 그대로 대물림합니다. 그래서 우리 자녀들의 남성성이 왜곡되어 있는 것입니다.

남자는 아들의 삶과 아버지의 삶을 삽니다

남자는 두 번의 삶을 삽니다. 아들의 삶과 아버지의 삶이 그것입니다. 그러나 아들이 아버지와의 관계를 회복해야만 이제 아버지로서 자녀들과의 관계를 회복할 수 있습니다. 그래야 남편과 아내의 관계도 회복됩니다. 아들과 아버지의 관계가 묶이고 문제가 생기면 아버지와 자녀의 관계, 남편과 아내의 관계가 어려워집니다. 그래서 용서가 필요합니다. 그렇게 변화가 일어나야만 우리가 진정한 남자다움을 갖출 수 있는 것입니다. 이제 남편이 되어가는 것입니다.

결혼을 하고 존경받는 남편이 되기 위해서는 어떤 일을 해야 할까요? 가정에는 3가지 체계가 있습니다. 부모, 부부, 자녀가 그것입니다. 이 3가지 체계 중에 가장 중심이 되어야 할 부분은 부부입니다. '부부일심동체'라는 말이 있습니다. 따라서 부부가 하나가 되어 부모를 공경하고 자녀를 양육하는 것이 가장 바람직한 시스템입니다. 한국의 남자들은 대개 부모에게 우선순위를 둡니다. 아내들은 누구에게 두나요? 자녀에게 우선순위를 둡니다. 부부일심동체가 되지 않는 것입니다. 제가 아버지들에게 그 이유를 물어보면 대부분 효를 이야기합니다. 부모 중심의 효도가 아니라 부부 중심의 효가 되어야 합니다. 엄마와 아빠가 하나 되어 부모를 공경하는 모습을 보면서 자녀 양육이 되는 것입니다.

부모 중심의 효에서는 아내가 희생을 당합니다. 많은 한국의 남편이 아내에게 "나한테는 잘 못해도 되니까 우리 엄마에게만 잘하면 돼!" 또는 "나한테 잘못하는 것은 용서할 수 있지만, 우리 엄마에게 잘못하는 것은 절대로 용서할 수 없어!"라는 말도 안 되는 소리를 합니다. 남편이 가장 초점을 맞춰야 할 사람은 아내입니다. 가장 사랑할 사람은 아내입니다. 아내와 하나 되어 부모를 공경해야 부모님이 기뻐하고 자녀들이 건강해집니다. 제가 아버지학교에서 늘 강조하는 것이 있습니다. "아버지 여러분, 여러분이 자녀에게 줄 수 있는 최고의 선물은 자녀들의 어머니인 우리 아내를 사랑하고 존중해주고 배려해주는 것입니다." 사랑, 존중, 배려가 무엇인지 자녀에게 가르쳐주는 것이 자녀에게 줄 수 있는 최고의 선물이라는 것입니다. 그리고 어머니들이 자녀에게 줄 수 있는 최고의 선물은 아버지인 남편의 권위를 긍정적으로 아이들에게 경험시키는 것입니다. 바로 자녀들이 사랑, 존중, 배려, 권위라는 최고의 가치를 경험하고 배우며 자라게 하는 것입니다.

그런데 아버지가 어머니를 사랑하지 않고 존중하지 않고 배려하지 않고 무시하고 함부로 대하고 욕을 하거나 때리면 어떻게 될까요? 어머니가 아버지의 권위를 인정할까요? 겉으로는 돈 때문에, 힘 때문에 할 수 없이 권위에 순종하는 것처럼 보이지만 그 아내는 엄청난 분노를 가지게 됩니다. 그 분노가 누구에게 갈까요? 바로 자식에게, 그것도 아들에게 그대로 가는 것입니다. 어떤 메시지가 갈까요? "너는 이다음에 절대로 저런 인간 닮으면 안 된다. 너는 저런 인간처럼 살면 안 된다"라는 메시지가 아들에게 갑니다. 아들이 어머니를 보면 얼마나 불쌍할까요? 아버지가 부당하다는 것을 알게 됩니다.

자녀들의 꿈은 무엇일까요? 유치원에서도 아버지학교를 하는데 유치원 아이들에게 물어봅니다. "아빠한테 원하는 것이 뭐니?" 유치원 아이들은 솔직하게 거침없이 이야기합니다. 비디오로 찍어서 아빠와 엄마에게 보여주는데, "아빠 일찍 들어와, 아빠 나랑 놀아주세요, 아빠 술 좀 그만 마셔, 아빠 담배 좀 끊어"라는 대답이 많이 나옵니다. 여기서 "술 좀 그만 마셔! 담배 좀 끊어!"라는 말은 누구에게서 많이 들어본 이야기일까요? 바로 엄마입니다. 이 가운데 아이들이 제일 많이 하는 이야기는 바로 "아빠, 엄마와 싸우지 좀 마!"였습니다. 엄마와 아빠가 싸우는 것이 싫다는 것입니다. 엄마와 아빠가 행복해야 자신도 행복하다는 것입니다. 거기에 자신의 미래가 달려 있다는 것입니다.

여성가족부에서 초등학생들이 가장 원하는 것을 조사한 결과가 '가정의 평화'였습니다. 가정의 평화는 누구의 평화인가요? 부부의 평화입니다. 우리 아이들에게는 부부가 가정입니다. 가정이 곧 인류입니다. 가정이 곧 민족입니다. 부모가 갈라져서 싸우는데 민족통일과 인류평화가 무슨 의미가 있겠습니까? 부부가 하나 되는 모습을 보여주는 것이 중요합니다. 부부가 일심동체가 되는 비결이 있습니다. 일심동체라는 말을 전문적인 용어로는 '친밀감을 갖는 것'이라고 표현합니다. 친밀감이란 두 사람이 하나가 되었다는 느낌입니다.

부부의 친밀감

친밀감을 정의할 때는 남자와 여자가 다릅니다. 남자들은 '공간'의 개념으로 이해하지만, 여자들은 '공감'의 개념으로 이해합니다. 아내들이 공감을 원한다는 것을 기억해야 합니다. 남자들은 집에 들어가서 아무 말도 안 하고 TV 보고 밥 먹고 가끔 성생활 하면 전혀 문제없이도 살 수 있습니다. 같은 공간에 살고 있기 때문입니다. 그래서 남자들이 '자신은 매우 가정적이다'라고 말하는 것은 집에서 시간을 많이 보내고 있다는 뜻입니다. 남자들은 아무 일 안 하고 나란히 여자와 같이 있으면 친밀감이 자기도 모르게 쌓인다고 생각합니다. 그런데 여자들은 대화를 통해서 감정과 생각과 느낌을 주고받을 때 친밀감이 생긴다고 생각합니다.

남자들은 이런 성향이 있습니다. 그냥 집에 들어가서 밥 먹고 TV 보면 매우 친밀한 사이라고 생각합니다. 그런데 아내들은 남편이 아무 말도 안 하고 있으면 스트레스가 쌓입니다. '저 인간이 나에게 화가 났나? 저 인간이 무슨 문제가 있나?'라고 생각합니다. 왜 그런 생각이 들까요? 옛날 아버지가 그랬기 때문입니다. 화를 내면 아버지가 말을 안 했기 때문입니다. 지금 남편은 한 공간에 있어서 친밀하다고 생각하고 있으니까 너무 스트레스 받지 마세요. 이것이 안 되면 계속 스트레스 쌓여서 못살겠다고 하는 것입니다. 별것도 아닌데 말입니다. 서로가 서로를 이해하지 못하면 문제가 생깁니다.

친밀감을 쌓는 데 가장 중요한 것은 바로 사랑과 감사를 표현하는 것입니다. 감사는 감사를 낳고 불평은 불평을 낳는다는 말이 있습니다. 서로 고맙다고 표현하세요. 돈을 벌어다주면 고맙다고 꼭 표현하세요. 내 아내도 처음에 월급봉투를 갖다줄 때는 고맙다고 했는데, 통장으로 들어가니까 이제는 말을 안 합니다. 남편들 돈 버는 것 정말 힘듭니다. 얼마를 받든지 정말 고맙고 수고했다고 이야기를 해야 합니다. 남편들 역시 아내와 아이들이 집에 있으면 고맙다고 하세요. 요즘 가출한 아내가 얼마나 많은가요? 좀 늦게 들어와도 화내지 마세요. 집에 들어온 것이 얼마나 감사한가요? 아내들도 남편이 술 먹고 늦게 들어온 것에 감사해야 합니다. 술 먹고 안 들어오는 남편이 얼마나 많은가요?

제가 2002년에 대장암 3기로 수술을 했습니다. 그때 많은 것을 깨달았습니다. 몸이 건강하다는 것은 정말 감사한 일입니다. 대장 50센티미터를 잘라내는 것은 아무것도 아니었습니다. 걷고 눈으로 볼 수 있다는 것이 감사했습니다. 귀로 들을 수 있다는 것도 감사했습니다. 자녀들이 건강하면 감사하세요. 아이들 늦게 들어왔다고 화내지 말고 들어와서 고맙다고 표현하세요. 자꾸만 감사를 표현하세요. 그러면 아이들과 정이 듭니다. 친밀감이 쌓이는 것입니다. 친밀감이 있어야 아버지와 어머니의 말을 듣기 시작합니다. 친밀감이 깨지면 절대 말을 안 듣습니다. 아무리 좋은 가치관을 갖고 이야기할지라도 듣지 않습니다. 자녀들에게 아버지와 어머니가 갖고 있는 최고의 가치를 가르치기 원한다면 먼저 친밀감을 쌓아야 합니다.

그다음 사랑을 표현하세요. 사랑은 반드시 표현해야만 합니다. 그런데 한국 남자들은 사랑을 표현할 줄 모릅니다. 꼭 말로 해야 하냐고 합니다. 그러나 표현되지 않는 사랑은 사랑이 아닙니다. 한국에 유명한 종이 있습니다. 에밀레종입니다. 옛날에 제야의 종소리 할 때 꼭 이 종을 쳤습니다. 그래서 12월 31일이 되면 이 종소리를 들으려고 라디오에 귀를 기울였습니다. 그런데 금이 가서 이제는 이 종을 치지 않습니다. 울리지 않는 종은 그 기능이 끝나고 유물로 남는 것입니다. 사랑은 반드시 표현해야 합니다. 그래서 아버지학교에서는 아이들을 안아주며 사랑한다고 고백하고, 아내를 안아주며 사랑한다고 고백하라는 것이 숙제입니다. 얼마나 간단합니까? 그런데 많은 아버지가 힘들어하는 것이 이것입니다. 아버지학교는 숙제가 많고 힘들어서 못 가겠다고 합니다.

사랑을 표현할 때 상대방이 이해할 수 있는 언어로 표현하는 것이 중요합니다. 상대방이 이해할 수 없는 언어로 표현하면 그것은 헛소리를 하고 있는 것입니다. 많은 부부가 그렇게 살고 있습니다. 만약에 용인을 간다고 가정해보세요. 남편과 아내가 같이 갑니다. 남편이 운전을 하는데 아내가 옆에 탔습니다. 그런데 남편이 길을 잘 몰라서 헤매고 있는 것 같습니다. 아내는 직관이 뛰어나기 때문에 길을 잘 모른다는 것을 바로 압니다. 그때 하는 이야기가 있습니다. "여보, 길 좀 물어보세요!" 그때 길을 물어보는 남편이 있나요? 그냥 수원, 평택, 안성, 오산 등 온 경기도를 헤매고 다닙니다. 길을 물어보면 간단한데 왜 물어보지 않을까요? 자존심 때문입니다.

사랑한다고 말하기

제가 『그 남자가 원하는 여자 그 여자가 원하는 남자』라는 책을 썼는데 남자와 여자의 차이를 다룬 내용입니다. 남자들은 인정과 존중, 칭찬을 받고 싶어 합니다. 물론 여성도 이런 성향이 있지만 남자들이 강합니다. 여자들은 염려, 배려, 관심이 바로 사랑의 코드입니다. 그래서 여성들은 자상한 남자를 좋아합니다. 남자들은 나를 인정해주는 사람에게 목숨을 건다고 합니다. 아내가 "여보, 길 좀 물어보세요!"라고 한 것은 배려와 관심에서 나온 조언입니다. 쉽게 말하면 "여보, 사랑해!"라는 사랑의 고백입니다. 남자는 그것을 자신의 능력을 무시하는 것으로 받아들이게 됩니다. 즉, "여보, 길 좀 물어보세요!"라는 말은 아내에게는 "사랑해요!"라는 사랑의 고백이지만, 남편에게는 "당신은 평생 가야 이 길을 못 찾는 사람이야! 그러니까 빨리 길 물어봐! 이 등신아!"로 해석되는 것입니다. "뭐? 내가 등신이라고? 나도 알아!"라고 하면서 헤매고 다니는 것입니다.

이처럼 여성은 사랑한다고 고백하고 있는데 남성은 자신을 무시한다고 반대로 가니 얼마나 황당한가요? 무식한 것입니다. 맨날 그렇게 자신을 무시한다고 싸웁니다. 그런데 우리가 무식한 것입니다. 남자들은 단순무식합니다. 남자들은 아주 단순하게 다루어야 합니다. 일을 시킬 때도 한 가지만 시켜야지 동시에 이것저것 해달라고 하면 복잡해서 무슨 말인지 모르겠다고 안 합니다. 하나 끝나면 칭찬해주고 당근도 주고 좀 쉬었다가 또 하나 시키세요. 이것이 남자를 다루는 비결입니다.

그렇다면 여자들은 똑똑할까요? 여자들도 무식하기는 마찬가지인데 복잡무식합니다. 결국 단순무식한 사람과 복잡무식한 사람 둘이 만나서 아주 단순하고 유치한 주제를 갖고 아주 비열하고 치열하게 싸우는 것이 부부싸움입니다. 아주 거룩한 주제로 부부싸움을 하나요? 북핵 문제를 어떻게 해결할 것인지를 갖고 부부싸움을 해보신 분 있나요? 사실 쓸데없는 것 가지고 싸웁니다.

남자들은 아내를 염려해주고 배려해주고 관심을 가져주세요. 아내가 아픈지, 밥은 제대로 먹고 있는지 관심을 갖고 배려해주세요. 아내가 아프다고 하면 병원에 모시고 가세요. "어디냐, 이번에는 또? 너는 맨날 아프다고만 하냐?"라는 소리 하지 말고 꼭 병원에 한번 같이 가세요. 아내들은 그렇게 하는 것이 남편이 자기를 사랑한다고 받아들입니다. 아내의 헤어스타일이 바뀌면 예쁘다는 소리도 하세요. "그것을 옷이라고 입었냐?"라고 하지 마세요. 남편들은 꼭 "야! 누가 네 옷만 쳐다보냐? 빨리 가자, 시간 없다!"라고 합니다. 이것을 여자들은 "나는 너한테 관심이 없고 사랑하지 않는다"는 말로 받아들입니다. 남자들은 그것이 무슨 사랑이냐고 하지만 그것이 여성들의 사랑의 코드입니다.

배려라는 것은 어떤 일을 결정할 때 나와 의논해달라는 소리입니다. 반드시 의논하세요. 여자들은 꼭 의논합니다. LG를 살까, 삼성을 살까? 남자들은 아무거나 알아서 사라고 합니다. 그것이 아내들을 매우 힘들게 하는 것입니다. 사표를 낼 때도 꼭 의논하세요. 그런데 남자들은 일단 터뜨리고 봅니다. 남자들에게 왜 아내와 의논하지 않았냐고 물어보면 "아내가 걱정할까봐!" 안 했다고 합니다. 얼마나 갸륵한가요? 사실은 그것이 무식한 말입니다. 아내는 의논하기를 원합니다. 오순도순 살라는 것은 의논하며 살라는 것입니다. 또 하나, 배려한다는 것은 내 이야기를 잘 들어달라는 말입니다. 앞서 말한 공감이 그 말입니다. 공감이란 잘 들어주어야 하는 것인데, 남자들은 대화를 문제가 있을 때 하는 것이라고 생각합니다. 그래서 아내들이 이야기 좀 하자고 하면 무슨 문제 있냐고 묻습니다.

맞벌이를 하는 분들이 있을 것입니다. 직장생활을 하다가 아내가 힘들다는 이야기를 할 것입니다. 그러면 남편은 그만두라고 합니다. 그만두면 되는 것을 누가 모르나요? 그만둘 처지가 아니니까 그러는 것 아니겠어요? 더는 이야기가 안 되니까 그냥 그렇게 또 다닙니다. 그러다 또 힘들면 남편에게 힘들다고 이야기합니다. 그러면 그때는 남편이 "내가 지난번에 그만두라고 했잖아! 왜 그렇게 말을 안 들어!"라고 합니다. 그러면 그 이야기를 안 합니다. 이야기를 안 하면 남자들은 또 말을 안 하니까 문제가 다 해결된 줄 압니다. 그래서 여자들이 답답하고 속 터져서 못살겠다는 말을 자주 합니다. 왜 공감을 안 해주나요? 힘들다고 하면 무슨 일인지, 자상하게 물어보면 아내가 이야기할 것 아닌가요? 그러면 맞장구도 해주고 하면 되는 것인데, 그만두라는 것으로 해결책을 이야기하니까 아내들은 공감이 안 되는 것입니다. 전혀 배려를 받지 못한다고 생각하기 때문에 자신을 사랑하지 않는다고 생각하는 것입니다. 이래서 친밀감이 깨지는 것입니다.

우리는 부부 관계에 신경을 써야 합니다. 문제의 자녀 뒤에는 문제의 부모가 있습니다. 우리가 부부 관계만 아름답게 해도 우리는 자녀들에게 많은 아름다운 가치를 줄 수 있습니다. 아이들은 부모가 말한 것처럼 사는 것이 아니라 부모의 등을 보고 삽니다. 그 속에서 관계를 맺는 훈련을 합니다. 부모가 사는 모습을 보며 아이들이 행복해합니다. 여러분 아버지가 얼마나 힘든지 아세요? 오늘 꼭 아버지에게 사랑한다고 고백하세요. 매우 감동하실 겁니다. 그리고 아버지들은 꼭 자녀들에게 사랑한다고 이야기하세요. 아내에게도 사랑한다고 해주세요. 서로 사랑을 표현하면서 사세요.

제가 아버지학교 하면서 제일 슬펐던 것이 40~50대 아버지들의 이야기입니다. "나는 아버지에게서 사랑한다는 말을 한 번도 들은 적이 없습니다. 그래서 나도 아버지에게 사랑한다는 말을 한 적이 없습니다. 그런데 아버지가 세상을 떠났습니다." 그런 이야기를 할 때 가장 슬픕니다. 그래서 이 순간에 아버지에게 사랑을 고백하라고 하면 마이크에 대고 그분들이 이렇게 이야기합니다. "아버지, 사랑합니다!" 그러고는 자리에 앉아서 웁니다. 그 소리 한 번 그렇게 못하나요? 아버지에게, 자녀에게, 남편에게, 아내에게 사랑한다고, 고맙다고 고백하세요. 그래서 친밀한 가정을 만들어보세요.

7

누구에게나
한 방은 있다

홍수환 | 전 권투선수

1969년 프로 복싱에 입문한 후 1971년 한국 밴텀급 챔피언에 오른 후 1974년 남아프리카공화국에서 열린 세계복싱협회 밴텀급 타이틀전에서 아널드 테일러를 15회 판정으로 누르고 챔피언에 올랐다. 당시 어머니에게 외친 "엄마 나 챔피언 먹었어"라는 말이 유행했다. 1977년에 파나마에서 열린 세계복싱협회 주니어페더급 초대 타이틀 결정전에서 헥토르 카라스키야를 3회 KO로 누르고 챔피언이 되었는데, 당시 홍수환은 2회 4번이나 다운되어 '4전5기' 신화의 주인공이 되었다. 프로 통산 전적은 41승(14KO) 5패 3무다. 2008년 한국권투인협회 회장, 2012년 한국권투위원회 위원장을 역임했다.

• • •

권투와 인생

우리가 정말 노력하며 살았던 시절이 있었습니다. 정말 살기 어려워도 자살하지 않고 용기를 갖고 살았던 그 시절. 그러나 지금은 너무나 풍족하기 때문에 자살하는 사람을 많이 봅니다. 그래서 인생에 관한 이야기를 해볼까 합니다. 아버지를 일찍 여읜 미군부대 식당 아들 홍수환이 세계챔피언이 될 줄 누가 알았을까요? 그 이야기를 해볼까 합니다.

저는 네 번 다운 당하고 KO로 이겼습니다. 그러나 네 번째 다운 당하고 나서 2회전이 끝나는 종이 울릴 때까지 더 많이 맞았습니다. 이게 중요합니다. 그때 그 심판이 왜 시합을 중지시키지 않았을까요? 제가 일어서는 것을 보고 시합을 중지시키지 않은 겁니다. 만약 일어날 때 지렁이처럼 일어났으면 중지시켰겠지만 벌떡벌떡 일어나지 않았겠습니까? 그러니까 차마 중지시키지 못한 것입니다. 이 이야기를 하는 것은 많은 사람이 하는 질문이 있기 때문입니다. 그렇게 많이 맞고 어떻게 일어났느냐는 질문입니다. 저는 육체적으로 일어나서 이기는 것보다도 이놈을 이기기 위해 얼마나 노력했느냐를 생각하면 못 일어날 수가 없었습니다. 우리가 사업을 하다가 실패했을 때, 정말 노력했다면, 여기까지 오는 데 얼마나 노력했나 생각하면 실패할 수가 없습니다.

그러니까 노력을 하는 사람들은 오기가 자연적으로 생기게 되어 있습니다. 그렇게 수도 없이 맞았어도 수많은 훈련으로 단련되어 있으니까요. 그렇게 맞아도 '내가 그동안 너를 이기려고 얼마나 연습했는데……이걸 하나 맞춰야 해. 이걸 하나 맞춰야만 해!' 자세히 보면 저만 맞는 게 아니라 상대도 맞습니다. 그래서 2회전이 끝나고 코너에 들어가니, 코치가 내 이름을 묻더군요. 그래서 "수환이입니다. 저 괜찮습니다, 아직." 그랬더니 암모니아 향을 쐬어주었습니다. 정신을 차리라는 것입니다. 깊이 마시니, 눈물이 쏙 나왔습니다. 보통 우리 권투선수의 녹다운 10초는 짧다고 생각될지 모르겠지만 그 시간은 아주 깁니다. 엄마도 지나가고, 와이프도 지나가고, 친구들도 뭐 하냐고 그러고…… 굉장히 깁니다. 기분도 그렇게 나쁘지 않습니다. 멍멍한 게 구름 위에서 노니는 것 같습니다. 그 암모니아 향을 쐬니까 정신이 바짝 들더군요.

'에라! 내가 네 번 갔는데 다섯 번 못 가냐!' 그 기백으로 각오했을 때 기분은 말로 형용할 수 없이 좋았습니다. 그놈의 왼손이 그렇게 빠른데 그 왼손을 잡으려고, 라이트 훅을 때렸습니다. 그것도 겨냥을 하고 휘두른 것이 아니라 무의식으로 상대의 왼쪽 어깨 뒤로 말입니다. 그러면 녀석의 왼손이 못 나옵니다. 그걸 때렸는데 이게 안 맞은 겁니다. 안 맞은 게 보는 사람들은 "아이쿠, 아깝다!" 할 텐데 실제로 때리는 사람은 안 맞은 게 더 좋았는지도 모릅니다. 왜냐하면 몸이 더 꼬였기 때문입니다. 그래서 이 꼬인 몸을 푸니 더 큰 펀치로 상대를 흔들 수 있었습니다. 그냥 왼손 훅에 맞은 건데 사실은 보고 때린 것은 아닙니다. 권투선수라고 다 일일이 보고 때리는 것은 아닙니다. 권투하고 있는데 갑자기 상대 선수가 없어졌습니다. 그럼 어디 갔나 하고 찾아보면 내 주먹 맞고 쓰러져 있습니다. 얼떨결에 상대가 맞은 것입니다. 그럼 뭐 그렇게 때린 척하고 왼쪽 코너에 가서 폼 잡고 있지만, 속마음은 솔직히 '하나님, 저 새끼 좀 못 일어나게 해주세요'라고 기도합니다.

준비는 자신감입니다. 누구에게나 한 방은 있다는 믿음이고 자신감입니다. 그러니까 누구에게나 한 방은 있습니다. 나에게도 한 방은 있다는, 그래야 체중을 다 실어서 때릴 수 있습니다. 우리 인생도 복싱과 너무 비슷합니다. 여러분은 홍수환을 어떻게 기억하나요? 우리나라 총 29명의 세계챔피언 가운데 홍수환을 어떻게 기억하나요? 쓰러져서 게임 끝난 줄 알고 텔레비전을 껐는데 다시 켜니 이겼지 않았나요? 그때 많은 사람이 돌아섰습니다. 다방에서 나왔는데 뒤에서 "와!" 하기에 다시 한 번 가서 보니까 이기지 않았나요? 그래서 기억하는 것입니다. 우리나라 선수 중 얼마나 유명한 선수가 많은가요? 홍수환을 기억하는 것은 바로 그 역경을 이겼기 때문입니다.

저는 솔직히 이야기해서 "엄마, 나 챔피언 먹었어!"를 더 좋아합니다. 보통은 4전5기를 더 좋아하고 또 알고 있습니다. 여기에는 일화가 있습니다. 때는 바야흐로 1974년 7월 4일. 호랑이띠가 호랑이의 해에 호랑이의 날짜에 남아프리카공화국 링 위에 올라간 것입니다. 그때 기대하지도 않았던 우리나라 원양어선 선원 20여 명이 〈애국가〉를 부르고 난리가 난 것입니다. 그 사람들을 보니 기운이 막 났습니다. 선생님께서 "저 새끼 1회전에 죽여야 해. 1회전에 급습을 해." "알았습니다." 그래서 얌전히 나가다가 갑자기 급습했습니다. 갑자기 쥐어팼습니다. 상대 선수가 안 보였습니다. 제가 아까 이야기하지 않았는가요? 제가 휘두른 주먹에 맞고 쓰러진 겁니다. 그래서 조금 이따가 알았습니다. 그런데 폼 잡는다고 링에 좀 기댔습니다. 카운팅법은 선수가 로프에 기대면 카운팅이 안 됩니다. 다시 셉니다. 그래서 어쩌면 1회전에 이길 수 있었던 것을 45분 동안 뛰었습니다. 아널드 테일러는 지치는데 저는 안 지치겠습니까?

이때 미군부대에서 식당을 하면서 쟁반 나르는 어머니를 생각하니 기운이 났습니다. 이럴 때마다 힘을 주는 것이 어머니였습니다. 10회전 시합이 끝났습니다. 저는 선생님 말씀 듣고 라운드 판도 보지 않았습니다. 고개 숙이고 있었습니다. 그리고 선생님이 말씀하셨습니다. "고개 절대 들지 마라. 저 새끼는 라이트 스트레이트가 세다. 고개 들어서 좋을 것이 뭐 있냐? 라운드 판 보면 너는 지쳐, 인마." 15회전인데 10회전 끝난 거 알고 들어가 앉아 있으면 지칩니다. 힘이 안 납니다. 15회전 끝나는 걸 몰랐습니다. 시합 끝나고 선생님이 "수환아, 네가 이겼어!" 이렇게 말하는데 선생님 눈에는 눈물이 글썽였습니다. 그때 우리나라 국민총생산 70달러, 필리핀 170달러, 태국 220달러, 서울에 있는 장충체육관을 필리핀에서 거져 지어주고 가지 않았나요? 그렇게 우리는 그때 못살았습니다. 그런데 저쪽에서 손 올라가면 어떻게 할까요? 국제적으로 우리가 법으로 고소하겠어요? 저쪽에서 손 올라오면 끝입니다. 그런데 하늘이 도왔습니다.

위기는 또 있었습니다. 1회전에 다운시키고 5회전에 다운시키고 다운 2번을 시켰습니다. 제가 제 단점을 압니다. 까불며 방심을 가끔 합니다. 이러다 보니 갑자기 시커먼 것이 나타났습니다 아차하고 피했는데 귀가 찢어진 것입니다. 그래서 보니까 글러브 안쪽으로 피가 딱 묻어 있었습니다. 1회전 다운시키고 5회전 다운시키고 하다 보니 홍수환이가 이기는 것이 뻔하니까, 11회전에서 시합을 중지시켰습니다. 귀가 찢어진 홍수환을 그냥 TKO패로 만들려고요. 이때 라디오 들으시던 분들이 얼마나 가습이 조마조마했던가요? 그때는 라디오로만 중계했습니다. 이겼기 때문에 텔레비전으로 나중에 중계를 해준 것입니다. 즉, MBC에서 라디오 중계만 따라갔다가 제가 이겼기 때문에, 더반에서 35밀리 필름을 입수해서 홍콩에서 필름을 베타TV방송용으로 바꾸어 만들어 10일 후에야 국민들에게 챔피언 스카우트 시간에 텔레비전에서 방송한 것입니다. 가장 위험했던 순간을 저는 기억합니다.

11회전에 심판이 저를 커미션닥터에게 데려가면서 한쪽 눈을 딱 감더군요. "그냥 중지시키자. 해봐야 안 될 것 같다. 아닐드 테일러는 안 돼." 그런데 그 커미션닥터가 왜 내 편이 되었는지 저도 모릅니다. 그러면서 닥터의 허락 하에 시합은 진행되었고 14회전과 15회전 각각 다운을 더 빼앗고서 제가 판정승으로 이긴 것입니다. 적지에서 판정으로 말입니다. 기뻐서 몇 마디 했는데 갑자기 엄마 목소리가 들리는 겁니다. "엄마! 나 챔피언 먹었어!" 이렇게 신문들이 기사를 작성했는데 사실은 그게 아닙니다. "엄마야? 나 챔피언 먹었어." 그 '야?' 하나로, 제 엄마인지를 확인한다는 말입니다. 제 엄마인지 다른 사람 엄마인지 구별한다는 말입니다. 그래서 엄마인지 확인하고 나서 챔피언 먹었다고 한 것입니다.

그랬더니 어머니가 그렇게 말씀했습니다. "내가 김기수 선수 엄마가 그렇게 부러웠는데 네가 내 일생 소원을 풀었다, 수환아. 귀에 피는?" "피 안 나와. 잘 있어, 금방 갈게." 그래서 어머니가 "오! 됐어, 됐어! 대한민"까지 나왔다가 "대한국민 만세다!"라고 외쳤습니다. '대한민국 만세'보다도 '대한국민 만세'가 훨씬 더 국민의 마음을 움직였습니다. 이렇게 한번 생각해보세요. 그때야말로 약하고 궁한 사람들의 만세였습니다. 대한국민 만세. 맺힐 한恨 자를 써보세요. 큰 한을 품은 국민들의 만세였습니다. 우리 그 정신으로 살아야 합니다. 헝그리 정신이 없어지면 안 됩니다. 때리고 또 때려야 이기는 것입니다. 때리고 나서 쉬면 맞습니다. 시작이 반이지 않습니까? 그러면 반은 끝입니다. 고로 시작은 끝입니다. 그러니까 한번 마음을 먹었으면 믿고 끝까지 가야 합니다. 중단하면 시작하지 않는 것 만 못합니다.

기적은 내 안에 있습니다

사실 저는 기분 나쁘게 살고 있습니다. 이런 말 하면 좀 미안하지만 우리 복싱과 비교할 건 아닙니다. 요즘 여자 골프 하면 얼마나 스폰서가 많이 붙나요? 한국 권투 하면 스폰서도 없이 홍수환이가 가서 "좀 도와주십시오" 해야 합니다. 권투하고 나서 박정희 대통령과 육영수 여사를 만났을 때는 세상이 다 내 것인 줄 알았습니다. 그러니까 바로 깨진 것입니다. 박정희 대통령이 금일봉으로 200만 원을 주었습니다. 그때 당시 200만 원이면 웬만한 집도 살 수 있었습니다. 어머니가 100만 원만 달라고 하셔서 어머니께 100만 원을 드렸습니다. 그다음에 문정호 선수라는 사람이 저와 밴텀급 챔피언전을 하고 나서 다른 선수와 대결을 했는데 KO로 진 후 병원에 입원했습니다. 그런데 혼수상태로 위급한 상태에 있기에 100만 원을 주고 왔습니다. 아무튼 그때 제가 조금 억울한 것 같아도 그때 뿌리니까 거두지 않나요?

세계챔피언이 되어 그 두 분 다 만나고 하니까 정신이 없었습니다. 우리 선생님도 복싱선수 출신인데……. 30만 원짜리 홍수환 선수가 이젠

3,000만 원짜리 선수가 된 것입니다. 그래서 선수가 3,000만 원짜리 시합해서 10퍼센트 트레이너 비용 300만 원만 받아도 집 두 채 살 수 있었습니다. 도전할 때는 남산 계단을 882계단 그냥 한 번에 뛰어오르게끔 저를 연습시키던 그분이 말입니다. 끝까지 정말 좋은 트레이너였다면, "이놈아, 네가 세계챔피언 되려고 남산 계단 뛰었지? 지금 네 자리를 노리는 놈들은 네가 뛴 것 두세 배는 더 뛴다. 운동 왜 그렇게 해?" 했어야 했습니다. 멘토가 멘티가 되어버렸습니다. 이렇게 안주했을 때는 도전자가 생겨도 가장 센 놈이 나타납니다.

1차 방어전에 성공하고 2차 방어전에서 타이틀을 노리는 자가 알폰소 자모라. 이름대로 잠이 옵니다. 여러분이 카라스키야 전적 11전 11승 11KO승에 깜짝 놀라셨는데, 자모라 선수 전적은 18전 18승 18KO승에 뮌헨올림픽에서 은메달을 차지한 선수였습니다. 그래서 저와 붙었습니다. 4회전 KO로 졌습니다. 그래서 일등병 시절에 수도경비사에 다시 들어오니까 "너 인마, 군인정신이 부족해서 졌어!" 이래서 수도경비사 제5호 헌병대 자대유치장에 저를 일주일 동안 집어넣었습니다. 그 당시에는 있을 수 있는 일이었습니다.

여러분, 이순신 장군이 지금 태어났으면 어떻게 장군이 되었겠습니까? 박정희 대통령이 지금 태어났으면 대통령이 되었겠습니까? 손기정이 지금 태어났으면 마라톤 그때 그 기록이 나오겠습니까? 그래서 우리는 윗사람을 존경해야 합니다. 사람은 그 시대에 살아야 합니다. 그 시대에 태어났으니까 대통령이 된 겁니다. 그리고 그 시대의 손기정을 기억합니다. 학교 다닐 때도 존경했고요. 왜 제가 이런 이야기를 하느냐면 섭섭해서 그렇습니다. 지금 어린 사람은 저를 모르기 때문입니다. 저는 아주 어렸을 때도 손기정을 기억했습니다. 그런 사람이니까 세계챔피언이 되는 복을 줍니다. 인간 됨됨이가 되어야 합니다. 그건 어느 나라를 가도 똑같습니다. 사람이 되어야 합니다. 감방에서 이런 생각을 했습니다. '좋다. 내게는 옵션이 있으니까.' 태국 선수와 한 번 시합을 하고 그다음에 저와 다시 시합을 하게 되어 있었습니다. 알폰소 자모라가 제게 약속을 한 게 있습니다. 1년 반 후에 만나자. 홍수환을 KO시키고 세계챔피언이 된 자모라가 8명의 도전자를 모두 KO시켰습니다. 그래서 26전 26승 26KO승입니다. 그와 또 다시 인천 선인체육관에서 붙었습니다.

사실 LA에서 질 때는 꿀 먹고 졌습니다. 빈속에 꿀 먹고 취해서 졌다니까요. 이걸 안 믿습니다. 선생님도 그랬습니다. "이놈아, 오히려 술 먹고 올라가는 게 낫지, 인마." 빈속에 꿀 먹고 미국 애들에게 체중 속아가지고 링에 올라가는 시간도 잘 몰라서 졌습니다. 저는 반드시 시합 5시간 전에 밥을 먹습니다. 그런데 주최 측에서 시합이 오후 5시라는 것입니다. 그런데 오후 12시에 뭘 먹고 소화시킬 것 같지 않았습니다. 그럴 바에는 안 먹는 게 나았습니다. 음식물이 위에 있을 때 배를 맞으면 견디지 못합니다. 그래서 완전히 공복으로 올라가려고 하는데 저의 팬이라고 체육관에 찾아왔던 할아버지께서 "홍수환이 세계챔피언 오래 방어해야 한다"고 진짜 꿀을 주고 가신 것을 미국으로 가져온 것입니다. 가서 잘하고 와라 하고 준 꿀이 가방에 있었던 것입니다. "야, 이걸 먹고 올라가면 되겠다" 해서 두세 숟갈을 먹었습니다. 1회전, 2회전, 그 시합을 보면 제가 잘해나갔습니다. 그런데 3~4회전을 보면 그냥 쓰러집니다.

그래서 그를 다시 부른 것입니다. 당시 LA에서 뺏길 때 8만 달러 받고 졌는데 인천으로 부를 때는 12만 달러를 주었습니다. 그리고 시합을 한 것입니다. '아! 무언가 때렸는데 맞은 것 같았습니다.' 짝 달라붙었습니다. 걸렸다 했는데 안 보였습니다. '어라, 어디 갔지?' 했는데 자모라는 원투를 맞고 뒤로 가서 쓰러지는데 링줄이 받쳐주었습니다. 그래서 안 쓰러졌습니다. 그걸 때리려고 들어가는데 멕시코에서 온 심판이 막아섰습니다. 그걸 못 때렸습니다. 그다음 10회 11회, 코너에 몰려서 조금 맞고 있는데 심판이 단 한 번의 카운팅도 안 세고 그냥 자모라 손을 들어준 것입니다.

그래서 인천 선인체육관에 몰렸던 관중들이 링을 점령하고 심판 패고 우리 큰형은 올라가서 심판 멱살 잡고, 그것이 또 사진에 찍혔습니다. 그래서 우리 큰형은 형무소에서 4개월을 살았습니다. 그리고 또 재미있는 것은 '우리 큰형을 이렇게 처벌했다'고 사건처분 결과서를 멕시코 대사관에 보냈습니다. 나라가 못살면 이런 일이 있는 겁니다. 저는 그때 담당 검사를 찾아갔습니다. 저에게는 두 명의 김기수가 있는데, 권투선수 김기수를 보면서 권투를 했습니다. 그리고 다른 김기수는 나중에 검찰총장이 된 김기수인데, 그 김기수라는 사람이 그때 담당 검사였습니다. 그래서 좀 봐달라고 하려고 찾아갔습니다. 저는 봐줄 줄 알고 찾아갔습니다. 그런데 골치 아프다며 그렇게 하지 않았습니다. "마, 네가 이겼으면 됐잖아?" 그 사람이 아마 살아 계신다면 기억하실 겁니다. "마, 네가 이겼으면 됐잖아?" 그리고 그때 매스컴들은 이렇게 말했습니다. "막 내린 홍수환 시대." 이렇게 표현했습니다.

그래서 검사실을 나오면서 나 자신에게 이야기했습니다. "그래, 저 양반은 관계가 없지. 내가 이겼으면 됐잖아. 심판? 도전자는 비겼어도 진 거야." 만약에 김기수라는 검찰총장이 우리 큰형 좀 내보내주고 선처해주었다면 아마 저는 은퇴했을지도 모릅니다. "마, 네가 이겼으면 됐잖아?" 이 말 한마디가 저를 적지에 나가서 이기게 했습니다. 하와이 가서 이겼고 일본 가서 이겼고 여기서 이겼고, 세 번을 이겼습니다. 그러니까 노력할 때 기적이 나옵니다. 그런데 그 기적이라는 것은 가슴속에 있습니다. 내 안에 있습니다. 이걸 꺼내야 합니다. 남들이 아무리 기적이라고 해도 기적은 사실이고 내 안에 있습니다.

당시 WBA에는 주니어페더급이라는 체급이 없었습니다. WBC에는 슈퍼밴텀급이 있고 WBA에는 슈퍼밴텀급이 없으니 대신 주니어페더급을 만들기로 한 것입니다. 그래서 초대 챔피언 자리를 파나마 출신 카라스키야하고 홍수환이하고 붙이자, 이렇게 되었습니다. 그때 모든 사람은 홍수환이 진다고 했습니다. 카라스키야는 지옥에서 온 악마라고 했습니다. 그런데 저는 이길 수 있다고 생각했습니다. 이름이 카라스키야. '가라, 이 새끼야.' 얘는 이름이 나빠서 나한테 안 된다. 저는 아버지에게 너무 고마웠습니다. 넓을 홍 빼어날 수 빛날 환, 넓을 홍 월드입니다. 빼어날 수, 탤런트가 있습니다. 빛날 환, well known, famous. 이름대로 되는 것입니다.

그런데 같은 홍씨가 이런 기사를 썼습니다. 홍수환이가 카라스키야를 이긴다는 것은 기관총으로 탱크를 부수는 것이다. 그 기자를 찾아갔습니다. "야, 같은 홍씨끼리 이럴 수 있나? 내가 반드시 네 책상 위에다가 기관총으로 탱크 부순 그 부스러기를 가져다놓겠다." 어쩌면 저를 얕잡아보는 사람들 때문에 오히려 더 열심히 할 수 있었습니다. 파나마 시간에 맞추면서 연습을 했습니다. 샌드백을 때리면 샌드백이 기억자로 꺾일 정도였습니다. 그래서 아까 제가 이야기한 것입니다. 다운을 수십 차례 당했어도 나는 너에게 이렇게 질 수는 없다.

그런데 기적이 일어났습니다. 룰이 변경이 된 것입니다. 룰이 무제한으로 변경된 것입니다. '하늘은 스스로 돕는 자를 돕는다! 지성이면 감천이다!' 시합 당일 룰이 변경된 것입니다. 저는 스페인어를 모르니까 통역관에게 물어보았습니다. "얘네들이 왜 그럽니까?" 통역관을 현지에서 구할 걸 그랬습니다. 잘못 번역을 해왔습니다. "죽을 때까지 하자." 이 시합은 땡 하면 죽을 때까지 종 안 치는구나. 이렇게 알았습니다. 그런데 선생님이 딱 내 곁에 왔습니다. "야, 너나 얘나 둘 중에 하나는 오늘 가, 인마." 얼마나 멋있는 이야기인가요? 전기 켜지 않나요? 온on 아니면 오프off입니다. 켜지도 않고 끄지도 않는 중간 지점은 없습니다. 그게 자신감입니다. 제가 이길 줄 알고 열심히 하다가 맞고 KO로 지는 건 박수 받습니다. 못 일어나니까요. 하지만 안 일어나는 사람은 박수 못 받습니다.

시합 사인을 하고 나서 제 방에 올라가는데 이게 무슨 운명의 장난인가요. 심판을 만난 겁니다. "Hey, Soo, good luck, today." 행운을 빈다. 저는 이게 기분 나빴습니다. 지금 같으면 "Thank you, sir" 이렇게 했을 것입니다. 그때는 고등학교 영어 실력이라 기분이 나빴습니다. '이길 순 없지만 좀 운이라도 좋아라.' 이런 뜻 같았습니다. 그래서 "Hey, sir. I'm ready to fight." 그랬더니 "Where did you learn English?" 영어로 그랬습니다. "High school." 고등학교 때. 지금 웃으시지만 그 당시에 엘리베이터 안에서 미국인 심판에게 대한민국 고등학교 영어 실력을 전 세계에 알린 사람입니다.

왜냐하면 하나가 바꿉니다. 김기수란 사람이 바꾸었습니다. 그다음에 8년 동안 세계챔피언이 없었습니다. 그다음 홍수환이라는 사람이 바꾸었습니다. 그리고 나서 유명호, 장정구 시대까지 왔지 않습니까? 쭉 인기 없었습니다. 그런데 또 한 사람이 바꾸었습니다. 이시영이 바꾸었습니다. 영화배우 이시영이 바꾸었습니다. 인정할 건 인정해야 합니다. 하나가 바꾸는 겁니다. "너는 바꿀 수 있다. 아! 내 아들은 바꾸지. 그럼. 네가 해냈다!" 이런 사람들이 우리는 지금 필요할 때입니다. 자신감이 없습니다. 제가 애당초 말씀드렸지 않습니까? 그렇게 우리가 못살아서 친구네 가서 자면 천장에서 쥐들이 민족 대이동을 하고 그랬습니다. 정말 엄마하고 할머니가 머리 잘라서 외국에 수출하고, 누나뻘 되는 사람들이 외국으로 간호원으로 가고, 우리 형뻘 되는 사람이 이상하게 동네에서 연탄을 막 때렸습니다. 그래서 왜 그러냐고 물었더니 "야 인마, 손이 좀 험해야 일 잘하는 줄 알고 취직이 되지." 그런 시절에도 우리는 살았습니다.

마지막 한 방

세상이 참 재미있습니다. 왜 재미있는지 아세요? 럭비공 강의. 이게 어디로 튈지 모릅니다. 그리고 또 권투선수가 강의를 하는데 잔단 말인가요? 이건 말도 안 되는 소리입니다. 그 심판이 저를 잘본 것이 제 시합 때 많은 도움을 주었습니다. 탈의실에서 우리 붕대 감지요? 이때 얼마나 떨리는지 아세요? 영화 〈로키〉 보셨죠? 권투선수가 제일 떨릴 때가 붕대 감을 때입니다. 그건 선수 출신 아니면 모릅니다. 링에 오를 준비하고 있는데 탈의실에 아나운서 박병학 씨가 들어왔습니다. "야, 수환아. 네가 오늘 이겨, 인마." "아이, 또 놀려?" "야, 수환아. 주먹이 센 놈은 턱이 약해,

인마. 너는 주먹이 약한 대신 맷집이 세잖아." 그 사람 딱 한 사람이 이긴 다는 말을 했습니다. 그러면서 저 보고 자모라가 LA에서 KO로 졌다고 했습니다. 호르헤 루한이라는 파나마 선수에게 KO로 졌다는 겁니다.

저는 시합 일주일 전부터는 아무것도 보지도 듣지도 않습니다. 진짜로 힘드니까요. 그저 보지도 듣지도 말하지도 않는 것이 최선입니다. 이 몸에서 55.250킬로그램을 만들려면 진짜 힘듭니다. 그러니까 괴롭습니다. 그런데 자모라가 KO로 졌다니! 맞습니다. 진짜 펀치가 센 놈은 KO로 지더군요. 기분 좋게 링 위에 올라갔습니다. 땀이 조금 나려고 할 때 링 위에 올라갔는데, 우리나라 〈애국가〉는 너무 느렸습니다. 땀이 막 식으려고 했습니다. 그런데 파나마의 〈애국가〉는 빨랐습니다. 땀을 안 식히려고 노력하고 있는데 선생님이 오셨습니다. "수환아, 5회전까지만 버티면 네가 이긴다. 저놈은 5회전 이상 뛰어본 적이 없어." 신이 나서 1회전에 나갔습니다. 때리다 보면 서로 하나씩 주고받고 하지 않나요? 딱 하고 상대 주먹이 제 얼굴에 맞았는데, 순간 한국 떠나올 때 의사 선생님이 해준 흑인 선수에 대한 이야기가 떠올랐습니다.

흑인은 수영선수가 없습니다. 왜? 골다공증 환자가 없으니까요. 뼈의 밀도가 아주 높기 때문에 딱 맞으니까 그냥 제 얼굴을 통과하는 것 같았습니다. 아무리 설명해봐야 안 맞아보았으니 어떻게 알겠어요. 이창길 선배 선수 생각났습니다. 바로 옆 동네의 콜롬비아 선수에게 KO로 졌습니다. 그래서 찾아가서 "형, 좀 이기고 오지 왜 졌어?" 그랬더니 좀 짜증을 내면서 "야 인마, 딱 맞아서 쓰러졌는데 일어나서 또 맞으면 죽을 것 같아서 안 일어났어." 그 생각이 났습니다. 그러니까 실질적으로 동양 선수들은 그냥 동양의 링으로만 만족해야 했습니다.

이 말이 맞습니다. 그래서 빨리 알아차렸습니다. "야, 이거는 5회전까지 갈 주먹이 아니다." 그래서 같이 쳤습니다. 쓰러진 것은 제가 먼저입니다. 제가 일어날 땐 잘도 일어났지만 얼마나 씩씩하게 일어납니까? 그때 카운팅 얼마나 느린가요? 아침에 엘리베이터 안에서 보았다고, 원 투 쓰리 포~ 빨리 세는 것 같지만 미국 사람들 기가 막힙니다. 유튜브를 통해서 다시 한 번 보면 1회전부터 3회전까지 그대로 나옵니다. 진짜 심판이 저를 봐주는 것이 나옵니다. 세 번째 맞고 쓰러졌습니다. 링줄이 없었으면 다운인데 마침 링줄에 걸렸습니다. 그때 심판이 저한테 다가왔습니다. 땀 다 닦아주고 말 시키고, 이게 노력한 사람들에게 하늘이 주는 그 복입니다. 그대로 네 번째 쓰러졌을 때 진짜 걱정이 되었는지, "You ok?" "Slippery." '야, 이놈이 이 상황에서도 영어 단어가 나오는구나. 이놈이 완전히 안 갔구나.' 제가 코너에 몰려 2회전 끝나는 종이 울릴 때까지, 얼마나 많이 맞았는지 아세요? 땡 소리에 코너 찾아들어갈 때 제 다리는 꼬였습니다. 심판이 제 코너로 오더니 이렇게 이야기했습니다. "야, 요번엔 3회전이다."

아까 이야기했듯 그냥 믿고 맡기고 들어가서 때리면 그 어느 누구도 당해낼 수 없습니다. 맨 마지막에 옆구리를 때린 주먹은 30센티미터 복부로 파고들어갔습니다. 그때는 영어, 한국어 다 필요가 없습니다. "으윽!" 하는 겁니다. 그 소리가 들립니다. '너는 기는구나.' 세로로 링줄 잡아주는 줄에 걸쳐서 쓰러지고 싶어도 못 쓰러질 때 그때 또 한 대 더 때렸습니다. 심판이 넷부터 세었습니다. 일어날까봐! 제 손을 들어주었습니다. 이런 시합이 세상에 어디 있나요? 이런 시합은 기네스북을 찾아봐도 없습니다. 가장 많이 다운 당하고 가장 빨리 이긴 시합에 제가 나옵니다.

바로 여기서 마지막 한 대 때린 것은 바로 1년 전 인천 선인체육관에서 자모라에게 9회전에서 때리고 싶어도 못 때린 그 한 방입니다. 코너까지 똑같습니다. 제가 가장 비참하게 쓰러졌을 때, 4전5기의 씨는 그때 뿌려진 것입니다. 그러니까, 결국 포기할 이유가 있냐는 겁니다. 자식들 제일 시키기 싫은 운동이 바로 권투 아닌가요? 야구도 있고 골프도 있고 축구도 있는데, 맞고 때리고 못 먹고 체중 빼는 그 운동을 왜 하냐고 자식들 안 시킬 것 아닌가요? 그럼 저는 가장 자식들에게 시키기 싫은 스포츠 선수 출신입니다. 그런 나도 이렇게 열심히 사는데, 저는 포기하고 중도하차하는 사람들을 보면 이해가 안 간다는 것입니다.

김기수 선수가 이탈리아의 니노 벤베누티를 이겼을 때 그는 박정희 대통령에게 사정했습니다. "벤베누티와 시합 한 번만 시켜주십시오." 그때 포항제철 박태준 회장이 대한중석 사장으로 있었습니다. "한번 시켜봐." 그래서 대통령의 명을 받고 실천에 옮겼습니다. 그때 김기수 선수가 뭐라고 했는지 아세요? "로마올림픽 때 제가 졌습니다. 그런데 사실 제가 진 것이 아닙니다. 그러니 한 번만 불러주십시오." 그리고 니노 벤베누티가 왔습니다. 5만 달러 파이트머니. 당시 세계에서 가장 비싼 파이트머니입니다. 그때 니노 벤베누티가 전적이 66전 65승 1무승부였습니다. 그걸 김기수 선수가 이겨버린 것입니다. 그 카퍼레이드를 제가 보았습니다.

제 아버지가 그렇게 권투를 좋아했으니까 저도 김기수 선수처럼 아버지 묘지에 챔피언벨트를 가져다놓아야지 하고 마음을 먹었습니다. 그렇게 권투를 시작한 것입니다. 김기수 선수가 카퍼레이드 할 때 홍수환이 볼 것이다 하고 권투를 한 건가요? 아니면 그 사람 스스로가 복싱이 좋아서 노력하고 챔피언이 되어 성공한 모습을 홍수환이가 본 것인가요? 중앙고 1학년 때 김기수 선수의 카퍼레이드를 본 것입니다. 여러분 각자 분야에서 자기가 할 수 있는 것에 대해 최선을 다할 때 주위에 후손들이 그 모습을 보고 닮아간다고 생각해보세요. 그거야말로 살아 있는 교육입니다.

8

인생을
음악처럼 사는 법

●

윤항기 | 목사, 가수

1959년 대한민국 최초의 록 밴드 키보이스로 가요계에 데뷔했다. 1960년대는 한국 대중음악의 주류 장르가 트로트였는데, 윤항기는 생소한 음악 스타일인 그룹 사운드로 대중을 사로잡았다. 1970년 록 밴드 '키브라더스'를 만들어 그룹 사운드 생활을 하다가 1974년 솔로 가수로 데뷔했다. 〈여러분〉, 〈별이 빛나는 밤에〉, 〈장밋빛 스카프〉, 〈이거야 정말〉, 〈나는 행복합니다〉, 〈나는 어떡하라고〉 등의 히트곡을 발표했다. 여동생은 가수 겸 뮤지컬 배우 윤복희다. 미국 트리니티 신학대학교 신학대학원 신학과와 교회음악학과, 미국 미드웨스트 신학대학교 신학과, 연세대학교 종교음악학과를 졸업했다. 현재 한국기독교총연합회 명예회장이자 예음 예술종합신학교 총장이다.

• • •

진실된 삶은 정직하게 사는 것입니다

　조용필이 제 후배입니다. 제가 선배도 한참 선배입니다. 제가 한창 그룹사운드 할 때 조용필이 중학교 때인가, 초등학교 때인가 공연을 하게 되면 극장 앞에 떼거리로 와서 죽치고 서 있다가 우리가 들어가게 되면 "아저씨 우리도 데리고 들어가주세요!"라고 했던 게 엊그저께 같은데 지금은 같이 늙어가고 있습니다. 그거 보면 세월이 정말 유수와 같은 게 아니라 쏜살도 아니고 광속 같습니다. 우리가 10대, 20대, 30대, 40대까지는 시간이 더디 가는 것 같은데……. 40대 지나 50대 지나가니까 조금 빨리 지나가는 것 같습니다. 거기다 60대 들어서니까 정신이 없습니다. 자고 일어나면 한 달이 후딱 지나가 버립니다.

　70대 들어가니까 한 달이 아니라 하루가 어떻게 지나가는지 모르겠습니다. 제 마음 같아서는 옛날처럼 평생 오빠로 있고 싶은데, 세월이라는 게 우리를 가만히 붙잡아두지 않습니다. 오늘 강의 주제가 '진실된 삶을 위하여'라고 되어 있는데, 조금 딱딱합니다. 누군들 진실된 삶을 살지 않으려고 하나요? 누가 가장假裝되고 거짓된 삶을 살고 싶어 하겠어요? 다 진실된 삶을 살고 싶어 합니다. 진실된 삶을 산다는 것은 정직하게 사는 것입니다. 거짓 없이, 꾸미지 않고 정직하게 사는 겁니다. 자연 그대로, 있는 그대로, 내 모습 그대로, 내 형편 그대로 산다는 것입니다.

옛날의 윤항기와 지금 윤항기의 모습은 겉만 달라졌지 속은 그대로입니다. 아직도 제 속에는 20~30대 마음이 그대로 있습니다. 우리 마음은 항상 젊습니다. 누구나 다 진실된 삶을 살고 싶지만 누가 불행하게 살고 싶은 사람이 있나요? 누구나 다 행복한 삶을 살고 싶어 합니다. 행복이라는 단어는 너무너무 아름다운 겁니다. 가장 아름다운 단어 중에서 하나를 꼽으라면 저는 행복이 아닐까 생각합니다. 둘을 꼽으라고 하면 사랑입니다. 사랑과 행복.

제가 호적에는 1943년생이라고 되어 있는데 그것보다 사실 두 살 정도 나이가 많습니다. MBC 예능 프로그램 〈세바퀴〉에 출연한 적이 있는데, 제 자리를 안내 받아 앉았는데 그 자리에 이름만 있는 게 아니라 이름 밑에 나이까지 나와 있었습니다. 그것도 나이가 만으로 나와 있었습니다. 사람들이 그것을 보고서 다들 뭐라고 하냐면, "아니, 세상에! 그러면 한국 나이로 몇 살인가? 73세라는 말인가?" 사람들이 윤항기는 늙지 않고 늘 오빠로만 있는 줄 압니다.

젊은 윤항기로 살았던 삶보다는 오히려 지금 나이 먹어가면서 지금의 삶이 얼마나 행복한지 모릅니다. 돈? 아닙니다. 옛날에 돈 많이 벌어보았습니다. 요즘도 제가 돈 벌려면 많이 벌 수 있습니다. 오히려 연예인 중에서도 제 또래도 그렇고 제 선배도 그렇고 진짜 활동을 왕성하게 하는 분이 많이 있습니다. 그런데 그분들이 왜 젊은 친구들보다 개런티가 적은 거냐 하면 '내가 뭐 나이 먹었는데…… 늙었는데 뭐…….' 이렇게 자포자기하는 겁니다. 자기 삶을 포기하게 되는 겁니다. 행복을 포기하게 되는 겁니다.

한국 최초 록 그룹, 키보이스

제가 한국의 K팝을 만들었습니다. 제가 데뷔한 지 벌써 55년이 되었습니다. 55년 전에 미8군에서 데뷔를 했습니다. 어려서부터 저는 팝송을 했습니다. 1959년 미8군에서 데뷔해서 활동하다가 1963년에 대한민국 최초의 록 그룹을 만듭니다. 1963년에 대한민국 최초의, 지금의 K팝의 시조입니다. 대한민국 최초의 보컬 그룹, 록 그룹인 키보이스입니다. 키보이스의 노래가 많이 있지 않습니다. 왜냐하면 우리가 외국인들 앞에서, 미8군에서 처음 태동되었기 때문입니다. 가끔 일반 무대에 출연하거나 동양방송TBC의 〈쇼쇼쇼〉 같은 무대에서 매주 공연을 했습니다.

키보이스는 1963년에 창단되어 1970년에 해산됩니다. 7년 동안 가요가 3곡이 있습니다. 키보이스 활동할 때는 그냥 키보이스였습니다. 윤항기와 키보이스가 아니었습니다. 제가 데뷔를 굉장히 일찍 했는데도 윤항기라는 이름은 알려지지 않았습니다. 그룹으로 활동을 하다 보니 윤항기라는 이름을 사람들이 알지 못했습니다. 거기에 대한 불만을 갖고 키보이스에서 뛰쳐나간 친구가 있습니다. 그런데 일찍 세상을 떠났습니다. 그 친구 이름이 '낙엽 따라 가버린 사람' 차중락입니다. 차중락이 키보이스 초창기 때 같이 활동하다가 그룹으로 활동하다 보니 자기가 스타가 될 수 있는 기회가 없어 뛰쳐나가서 솔로로 활동했습니다. 그래서 "외로워~ 외로워서 못살겠어요~" 그러더니 그냥 가버렸습니다. 〈낙엽 따라 가버린 사람〉은 키보이스로 활동할 때 부른 노래입니다.

저도 7년 동안 그룹에서 활동하다가 나중에 개인적인 이름을, 스타가 돼서 알려야겠다고 해서 나와 만든 그룹이 '윤항기와 키브라더스'입니다.

데뷔곡이 〈별이 빛나는 밤에〉인데, 굉장히 잘 만든 노래입니다. 그 노래를 제가 만들었습니다. 키보이스에서 활동할 때 히트곡 3곡인 〈바닷가의 추억〉, 〈정든 배〉, 〈해변으로 가요〉도 제가 만들었습니다. 3곡 다 너무 아름답습니다. 그런데 희한하게 우리가 비치 보이스도 아닌데, 3곡 다 바닷가를 소재로 한 노래입니다. 지금 이렇게 생각해보면 이제는 세계적인 한국의 K팝이 전 세계에 나가서 활동을 하고 그러니까 너무 뿌듯합니다.

우리가 젊었을 때, 나이가 40세 이후 되신 분들은 어린 시절의 추억을 한 번 저를 통해서 더듬어보세요. 얼마나 좋은가요? 가장 아름다운 추억을 간직할 수 있는 게 뭐라고 생각하세요? 바로 음악입니다. 예전에 제가 불렀던 노래 중에서 정말 너무너무 아끼고 사랑했던 노래인데, 이것은 세월을 노래하는 노랫말입니다. 제가 1974년에 만든 곡인데, 그때 당시만 해도 나이가 30대 초중반이었습니다. 인생에 대해서 세월에 대해서 논할 수 있는 그런 때는 아니었는데 그때 이 노래를 만들었습니다. 제가 이 노래를 불러서 히트가 안 되었는데, 나중에 후배가 불러서 대박이 났습니다. 인생을 노래한 것인데, 여러분이 너무나 잘 아는 〈가는 세월〉입니다.

긍정적인 사고

나이 70 넘어서 이렇게 노래 잘하는 사람은 흔치 않습니다. 제가 이 나이에 KBS 〈콘서트 7080〉, 〈열린음악회〉에 왜 자주 나오는지 아세요? 그 프로그램은 노래 못하면 출연할 수 없는데, 툭하면 나오라고 해서 귀찮아

죽겠습니다. 이렇게 보니까 정말 행복한 게 과거의 제가 금송아지 100마리를 갖고 있으면 무슨 소용이 있나요? 돈, 명예, 권력, 인기? 아닙니다. 옛날에 윤항기가 다 가져갔습니다. 윤항기 리사이틀 하면 난리가 났습니다. 평생 오빠인 줄 알았습니다. 그런데 사실 어떻게 보면 인기와 돈, 명예 이런 것이 전혀 저를 전혀 행복하게 하지 못했습니다. 나이가 먹어가니 제가 뭐 성직자라고, 목회자라고 그래서 행복한가요? 전혀 그것을 내세우는 게 아닙니다. 제가 목회자가 아니고 성직자가 아니더라도 지금의 제 삶이, 나이 먹은 제 삶이 얼마나 행복한지 모릅니다. 왜 그럴까요?

제 삶의 긍정적인 사고는 가장 먼저 제가 그것을 인정하는 겁니다. 그러니까 그렇게 행복할 수 없습니다. 행복한 삶을 살기 위해서는 내가 나자신을 행복하다고 해야 합니다. 남이 나를 행복하게 해준다? 그것은 거짓말입니다. 누가 나를 행복하게 해주나요? 돈으로? 권력으로? 사랑으로? 사랑은 서로 주고받을 때가 행복한 겁니다. 행복한 삶이라고 하는 것은 내가 진실되게 정말 내가 나에게 "윤항기 너는 정말 행복한 놈이야"라고 했기 때문에 행복한 겁니다.

제가 그냥 하루아침에 이렇게 행복해진 게 아니라고 했습니다. 옛날에 아무리 많은 돈을 벌고, 인기 있고, 많은 사람한테 사랑을 받고 존경을 받아도 행복하지 못했습니다. 왜 그랬을까요? 요즘 사람들에게 행복의 조건은 무엇일까요? 돈을 많이 벌면 행복해질 겁니다. 돈이 있으면 못하는 게 없습니다. 권력도 돈이 있으면 다 됩니다. 대통령도 돈이 있으면 합니다. 그런데 돈만 있다고 대통령이 되는 것이 아닙니다. 저는 정주영의 열렬한 팬이었습니다. 그분의 18번이 제가 만든 〈가는 세월〉과 〈이거야 정말〉입니다. 저를 아껴주었던 사람인데, 그 양반이 욕심이 있었습니다. 욕

심은 죄를 낳습니다. 죄의 삯은 무얼까요? 『성경』의 말을 빌리지 않더라도 사람이 욕심이 많으면 그 대가를 받습니다.

어쨌든 제가 그렇게 인기 있고 돈 많이 벌고 해도 행복하지 못했습니다. 많은 사람이 그렇습니다. 그 욕심 때문에 자신을 파멸로 이끌고 갑니다. 마이클 잭슨이 진짜 세계적인, 세기에 지금까지 그만한 스타가 없었습니다. 그만한 사람이 앞으로 나올까 말까 한 제대로 실력 있는 가수이고 스타인데……. 마이클 잭슨이 그 모습 그대로 활동을 했으면 50대 때 죽지 않았을 겁니다. 사람이 돈 많이 벌고 인기 있고 막 그렇게 하다 보니 뭔가 욕심이 생기는 겁니다. 검은색의 피부는 태어날 때부터 그 색깔을 갖고 태어난 겁니다. 백인이 되겠다고 약물 주사를 해서 자기 피부를 희게 만들었습니다. 그것이 화근이 되어 거기에 대한 통증과 고통 때문에 계속해서 진통제를 맞아 약물 중독이 된 겁니다.

저도 마찬가지였습니다. 아무리 돈을 많이 벌고 인기가 있어도 행복하지 못했던 것은 그걸로 만족하지 못했기 때문입니다. 나 자신에 대해 만족하지 못했습니다. 이 세상의 모든 것을 다 준다고 해도 윤항기가 둘일까요, 하나일까요? 윤항기를 100개씩 만들 수 있을까요? 온 천하를 다 준다고 해도 여러분은 하나입니다. 즉, 저도 하나입니다. 그것을 천하와 바꿀 수 있을까요? 바꿀 수가 없습니다. 나 자신이 얼마나 소중한가요? 저 한 사람이 얼마나 소중한가요? 여러분이 이것을 인정한다면 그 순간부터 행복해집니다.

행복은 서로 아껴주고 사랑하는 것입니다

저는 히트곡이 무지하게 많습니다. 그 많은 히트곡을 거의 다 제가 작곡·작사했습니다. 그렇게 하다가 나중에 〈여러분〉이라는 곡을 만들 때 제 삶에 큰 변화가 오게 되었습니다. 1977년 연말에 MBC에서 10대 가수 시상식을 했는데, 그때 제가 최고 인기상을 받았습니다. 그 상을 받게 된 노래가 〈장밋빛 스카프〉입니다. 서울 장충체육관에서 수많은 방청객 앞에서 하얀 양복에 하얀 스카프 꽂고 폼을 잡아가며 노래를 했습니다. 그 때 전국에 생방송으로 나가고 있었는데, 제가 "내가 왜 이럴까" 하고 노래를 하는데 기침이 나왔습니다. 그래서 기침을 참느라 켁켁 하는데 행커치프를 뽑아 입에다 갖다댔는데 시뻘건 핏덩어리가 나온 겁니다. 그러고 나서 쓰러져서 기절해 버렸습니다.

병원에 실려 가서 검사해보았더니 폐병 말기였습니다. 그 당시 6개월을 생존하기 어렵다는 사형선고를 받게 됩니다. 세상에 이런 쇼가 어디 있나요? 인기 최고, 대한민국 최고 가수의 영예를 차지하게 되었는데, 그 젊은 나이에 그것도 6개월밖에 못 산다고 하는 겁니다. 아무리 돈을 벌고 인기가 많다고 해도 그 병을 당시에는 고칠 수가 없었습니다. 한국 의술로는 치료할 수가 없었습니다.

제가 어려서부터 고생을 많이 했습니다. 저와 동생인 윤복희는 부모님이 일찍 돌아가셔서 고생을 엄청 했습니다. 우리 남매가 깡통 차고 청계천 다리 밑에서 구걸하기도 하고, 고아원에서도 자랐습니다. 시골에 내려와서 남의 집 머슴도 해보았습니다. 군밤팔이, 땅콩팔이, 신문팔이, 껌팔이……. 못해보고 안 해본 게 없습니다. 세상에 별걸 다 해보았습니다.

그렇게 해서 정말 자수성가한 겁니다. 그렇게 살아왔는데 30대 중반에 대한민국 최고의 가수가 되고 인기스타가 되었는데, 6개월밖에 못 살고 죽는다는데 얼마나 억울합니까? 결국은 그렇게 해서 폐결핵으로 사망선고를 받게 됩니다.

그때 저희 집사람이 신실한 기독교인이었습니다. 그때까지만 해도 집사람이 교회에 가자고 하면 이런저런 핑계를 대면서 나가지 않았습니다. 그러다가 결국은 물에 빠진 사람이 지푸라기라도 잡는 심정으로 하나님을 믿기 시작한 겁니다. 믿는 게 아니라 저를 살려달라고, 살려만 주면 정말 내 남은 인생 헛되이 살지 않겠다고 다짐하고 다짐을 하면서 신앙인이 된 겁니다. 그러면서 그때 정말 저를 다시 태어나게 해주신다면 단 하루를 살더라도 저를 위해서는 살지 않고 오직 당신만을 위해서 살겠다고 맹세했습니다. 시키는 대로 뭐든지 하겠다고 매달린 겁니다. 세상에서 우리가 의학적으로 치료할 수 없는 폐병을 믿음으로, 신앙으로 고쳐주신 겁니다.

1978년, 투병생활하면서 저도 힘든데 엎친 데 덮친 격으로 윤복희도 가정적으로 큰 아픔이 있었습니다. 그래서 동생하고 나하고 서로가 아픔이 있어 같이 기도하면서 위로했습니다. 동생의 아픔을 위로하고 달래주기 위해서 그때 노래를 만든 겁니다. 구약성경 「이사야」 42장 10절에 "두려워 말라. 너와 함께함이니라. 참으로 내가 너를 도와주리라" 하는 구절이 있다. 그 구절을 생각하면서 동생을 위로하는 마음으로 노래를 만들었습니다. 그 노래가 완성되었을 때 MBC에서 1979년 6월에 대한민국 최초의 국제가요제인 World song festival이 열렸습니다. 우리 남매가 대한민국 대표로 나갔습니다. 대한민국 최초로 국제가요제에 나가서 그랑프리 대상을 받았습니다. 그게 바로 〈여러분〉입니다.

그때 당시 생방송으로 중계되었는데 시청률이 어마어마했습니다. 당시로서는 시청률이 한 50퍼센트 정도 되었습니다. 35년 전 그 노래가 나왔을 때 정말 대단했습니다. 그게 세월이 흐르고 나니 젊은 사람들은 그 노래를 몰랐습니다. 20~30대는 그 노래를 몰랐습니다. 그런데 후배 가수가 MBC 〈나는 가수다〉라는 프로그램에 나와서 그 노래를 불러 국민들이 거의 알게 되었습니다. 또 싸이가 언젠가 서울시청 앞 광장에서 공연하면서 마지막에 〈여러분〉을 불렀습니다. 그게 세계로 나갔습니다. 유튜브로 전부 다 생중계로. 제가 그 노래를 만든 사람입니다.

행복이라고 하는 것은, 행복한 삶이라고 하는 것은 서로가 이해하고 사랑하고 감싸주고 안아주고, 함께 아픔과 기쁨과 슬픔을 나누는 겁니다. 우리는 혼자가 아닙니다. 우리 모두가 다 하나입니다. 우리가 한세상 살아가다 보면 기쁘고 슬프고 많은 아픔과 설움과 고통이 따를 수밖에 없습니다. 그것이 우리 인생입니다. 그것을 누가 부인할 수 있을까요? 그러나 잠시 머물다 가는 인생, 나그네와 같은 인생인데 후회하거나 원망하거나 누구 탓을 하지 말고 내가 사랑하고 이해하고 우리 모두 하나가 된다는 그런 마음을 갖고 살기를 간절히 소망합니다.

남이 나를 행복하게 해주는 것이 아니라 나 자신이 나를 행복하다고 확신할 때 행복할 수 있습니다. 행복은 내 안에 있습니다. 멀리 있는 것이 아닙니다. 누가 나를 행복하게 해줄까요? 남이? 권력이? 물질이? 아닙니다. 절대 아닙니다. 아무리 많은 것을 갖고 많은 것을 누리고 지배하고 소유한다고 해도, 내가 행복하지 못하면 절대 행복할 수 없습니다. 그러나 가난하고 병들고 내가 그렇게 그런 삶을, 비록 환경이 그럴지라도 환경을 탓하거나 남 탓하지 말고 내 삶이, 나에게 주어진 삶이 지금 이거라면 그 것으로 만족해야 합니다. 그게 긍정적인 삶입니다. 제가 기아대책 홍보대사로 있어서 음반과 CD의 모든 판매 수익금을 기아 아이들을 위해 사용하고 있습니다. 여러분도 좋은 일에 동참해주세요. 선한 일에 쓰시고 아름다운 추억을 간직하길 바랍니다.

9

인생에
변명하지 마라

이영석 | 총각네야채가게 대표

대한민국 농산물 대표 브랜드 '총각네야채가게'를 만들어 '맨주먹 성공 신화'를 일으킨 주인 공이다. 자신을 "야채 파는 이영석입니다"라고 소개하며, 명함에는 '야채장수'라고 적어놓는 대한민국 최고의 장사꾼이다. 대학 졸업 후 이벤트 회사에 취직했으나 능력보다는 편법이 판 치는 기업 문화에 상처를 받은 후 무일푼으로 오징어 트럭 행상을 따라다니며 장사를 배웠 다. 1998년 18평짜리 '총각네야채가게'를 개업했으며, 이제는 전국 40여 개의 점포를 가진 대규모 농산물 판매 기업으로 성장했다. 저서로는 『인생에 변명하지 마라』, 『총각네 야채가 게』 등이 있다.

모범이 되는 사람을 옆에 둡니다

저는 야채 파는 총각 이영석입니다. 저는 어릴 때부터 인사를 잘했습니다. 인사만 잘해도 먹고사는 데 지장이 없는데 조금 더 발전하려면 잘해야 하는 게 있습니다. '청결'입니다. 이게 청소를 잘하는 것도 있지만 인간관계를 청소하는 게 굉장히 중요합니다. 여기 온 우리 학생들은 혹시 공부 잘하고 싶은 마음이 있습니까? 내가 공부 잘하는 비법을 알려주겠습니다. 오늘부터 공부 제일 잘하는 아이들과 어울려 다니세요. 처음엔 불편한데 익숙해집니다. 예뻐지고 싶습니까? 그럼 가장 예쁜 친구와 어울리십시오.

왜 그들을 가까이 둬야 하냐면 주변에 옷을 못 입는 여성들을 보면 알 수 있습니다. 그들이 놀라운 건 뭐냐면, 자기들끼리 어울립니다. 또 엄청난 사실은 서로 옷을 골라줍니다. 그리고 더 엄청난 사실은 멘트를 하나씩 날립니다. "야, 너한테 이런 일이 다 있었어? 진짜 잘 어울린다." 이게 가장 중요한 청결입니다. 발전하고 싶은 방향이 있다면 모범이 되는 사람을 곁에 두고 방해가 되는 사람을 멀리하는 것이 인간관계의 청결을 유지하는 것입니다.

또 자영업 잘하고 싶으신 분이 있습니까? 제가 아는 후배 중 애견훈련소를 운영하는 이가 있습니다. 애견훈련소 잘하고 싶으면 오늘부터 우리나라에서 애견훈련소 제일 잘하는 사람하고 어울리십시오. 제 후배는 애견을 전부 다 사랑으로 다스립니다. 그래서 이 친구가 자신의 애견훈련 과정을 동영상으로 판매하는데 10주 과정을 300만 원, 1년 과정은 1,000만 원에 판매합니다. 여기서 놀라운 게 뭐냐면 애견 기르는 사람들은 이 친구를 모두 만나고 싶어 한다는 것입니다.

어떤 분야에 있든 마찬가지입니다. 내가 시장님이 되고 싶으면 시장님하고 어울려야 합니다. 안 어울려줄 때는 어찌할까요? 왜 그 사람이 나와 안 어울려주는지 고민해야 합니다. 나와 어울리게 만들어야 합니다. 야채를 파는 사람도 마찬가지입니다. 가장 장사 잘하고 싶으면 야채를 제일 잘 파는 사람을 만나야 합니다. 대한민국에서 수박을 두들기지 않고 어디서 땄는지 며칠 만에 땄는지 아는 사람이 몇 명이나 있을 것 같나요? 알기론 3명입니다. 여러분은 그중에 한 사람을 지금 만나고 있습니다. 선생님도 학생들 표정만 봐도 이 아이가 긍정적인 아이인지 부정적인 아이인지 알지 않나요? 저는 수박장사를 23년 했기 때문에 수박만 봐도 부모가 누군지 딱 압니다. 물론 여기서 부모란 수박을 재배한 이를 말합니다. 그런 것처럼 제일 잘하고 싶으면 제일 잘하는 사람과 어울려야 합니다.

우리를 바꾸는 것들

이것보다 조금 더 성장하면 중요한 게 있습니다. 바로 '인심'입니다. 학생들도 마찬가지입니다. 학생들 중에 선생님 마음을 얻은 친구가 있지 않나요? 그런 친구는 가끔 잘못해도 용서됩니다. 반면 선생님 마음을 못 얻은 친구가 있습니다. 이 친구는 뭘 해도 미워합니다. 선생님 역시 사람이지 않습니까? 조직도 마찬가지입니다. 제빵을 전문적으로 하는 회사가 있습니다. 그런데 한 친구가 빵을 만들다 실수합니다. 그런데 마음을 얻은 친구는 그래도 예쁩니다. '아, 실수했구나. 다음부턴 더 잘하겠지.' 그런데 마음을 못 얻은 친구는 '쟤는 빵을 만들어도 어떻게 이렇게 만들까?'라는 평가를 받습니다. 세상을 사는 것도 마찬가지입니다.

제 위에 형님이 4급 서기관입니다. 형님이 이르길 일하다 보면 예쁜 사람 있고 안 예쁜 사람 있다고 합니다. 그렇게 사심이 섞인 평가는 좋지 않다고들 하고 또 형님 역시 그걸 알고 있습니다. 그런데 자기도 모르게 마음이 간다는 것입니다. 자기도 안 그러고 싶은데 꼭 그렇게 된다는 것입니다. 그게 다 뭐냐면 마음을 얻었기 때문입니다. 모두가 객관적일 수 있다면 어떻게 인심이란 단어가 생겼겠습니까? 사람은 다 똑같습니다. 그렇기 때문에 인심을 얻기 위한 노력은 필수입니다.

제가 선창을 하겠습니다. "나는 최고다." 따라 해보세요. 이번엔 "아! 좋다." 이번에는 "아! 행복하다." 다시, 하늘 보면서 "세상은 넓다." 마지막으로 앞으로 쭉 내미시길 바랍니다. 눈을 살짝 감아보세요. 내가 살아 있음에 행복해야 합니다. 내가 어떤 직위를 가졌든 빚이 있든 공부를 잘하든 중요한 게 아니라 살아 있음에 행복해야 합니다. 눈을 감고 얼굴이 발개지신 분들은 복부 비만이십니다. 이런 분들은 라면이나 과자류를 조금만 드시길 권하고 싶습니다. 이제 눈을 뜨길 바랍니다. 자, 좋습니다. 이제 박수 칠 준비가 되셨습니까?

"안녕하세요. 야채 파는 잘생긴 총각 이영석입니다." 보통 다른 곳에 가서 인사 하면 5분간 박수를 쳐줍니다. 물론 농담이지만 이런 열렬한 호응은 매우 좋은 것 같습니다. 박수 소리를 듣고 저는 제가 최선을 다해서 야채 판 이야기를 하는데, 마음속으로 '어쩌라고?' 이런 표정으로 저를 바라보면 그런 사람들은 앞에 자리를 마련해 그 사람들의 이야기를 듣도록 하겠습니다. 그 사람들의 자신감을 믿고 그 이야기에 귀 기울여보는 것도 나쁘지 않을 것 같습니다. 기분 나쁘라고 한 소리는 아닙니다. 혹시 나중에 언젠가 커피도 좋고, 소주도 좋고 한 잔 마실 수 있는 시간 있으신 분 손 한번 들어보길 바랍니다. 미리 말하지만 만나면 제가 삽니다. 저는 오늘 돈을 써도 내일 부담이 없습니다. 왜냐면 내일 야채 값 조금 올리면 됩니다. 소비자는 모릅니다. 그냥 날씨가 더워서 야채 값이 오른 줄 압니다.

외국에 야채를 팔러 가면 외국 바이어들은 그렇습니다. 얼굴을 보고 상대방을 칭찬합니다. 잘생겼다, 멋있다, 예쁘다 등등. 그럼 우리나라 사람들은 어떨까요? 만나러 가서 쳐다보면 싸움이 납니다. 불렀으면 말을 해야지요. 우리나라는 어떻게 합니까? 가르쳐드리겠습니다. 심리학을 보면 7세 아이들은 언어의 25퍼센트가 질문입니다. 우리 중고등학생 아이들을 이렇게 만든 건 성인들입니다. 아이들의 잘못이 하나도 없습니다. 기성세대들은 반성해야 합니다. 요즘 아이들이 나약하다고 합니다. 옛날에는 운동을 많이 시키면 사춘기를 짧게 해결합니다. 왜냐면 사춘기를 이겨낼 수 있는 힘이 운동할 때 나옵니다. 요즘은 체육시간이 줄어들고 전부 똑같은 스펙을 만들어냅니다.

질문이라는 것이 얼마나 중요하냐면 성장하는 데 꼭 필요합니다. 사람들이 성장할 수 있는 유일한 방법은 질문입니다. 제가 이 자리에 설 수 있었던 이유는 187권의 질문 때문입니다. 야채장사를 처음 시작할 때 '내가 200권의 노트를 다 쓰면 대한민국에서 제일 훌륭한 야채장사다'라고 생각했고 정확히 187권을 작성했습니다. 그래서 선생님들 앞에 설 수 있었던 것입니다. 제가 설 수 있었던 것은 13평짜리 야채가게에서 1년에 87억 원을 벌었기 때문입니다.

그런데 남들이 할 수 없다고 할 때 할 수 있었던 이유는 질문이었습니다. 제가 야채장사를 잘하려고 보니 질문하지 않으면 성공할 수 없겠다고 생각했습니다. 그래서 질문이 왜 중요한지 그때부터 알게 된 것입니다. 물이 담긴 이 컵을 '구조'라고 가정하겠습니다. 이 안에 담겨 있는 물을 '상태'라고 하겠습니다. 구조는 바꿀 수 없습니다. 하지만 상태는 바꿀 수 있습니다. 하기 나름입니다. 경주에서 이렇게 멋진 화백 포럼을 열어주었습니다. 이게 구조입니다. 그런데 여기서 어떻게 담아가냐 이건 누구 하기 나름인가요? "강사 하기 나름이죠!" 그럴 수도 있습니다. 세상은 자신이 보고 싶은 대로 봅니다.

똑같은 세상을 보지만 자기가 보고 싶은 대로 봅니다. 그래서 이것을 전문적인 용어로 '사람은 전부 프레임이 다르다'고 말합니다. 제가 대학원에서 마케팅을 똑같이 공부하는데 "이걸 어떻게 마케팅 할래?"라고 물어보면 수업 듣는 28명이 다른 생각을 하고 있습니다. 그런데 중요한 건 뭐냐면 우리가 태어난 건 구조라는 겁니다. 어떻게 살아가느냐는 상태입니다. 이 시간도 마찬가지입니다. 이 시간은 구조입니다. 이 안에 담아가는 건 상태입니다. 어떤 사람은 이 시간이 끝나고 나면 많은 것을 채워갈 것이고 어떤 사람은 채워가지 못할 것입니다. 그래서 지금부터 구조와 상태를 통해, 질문과 답변을 통해 진행하겠습니다.

아홉 가지의 질문, 인생이란 무엇인가요?

첫 번째 Q&A

강사 _ 본인 소개 부탁드리겠습니다.

시민 _ 안녕하세요. 경주에 살고 나이는 31세입니다.

강사 _ 나에게 일이란?

시민 _ 생명입니다.

강사 _ 결혼하셨습니까?

시민 _ 2년 되었습니다.

강사 _ 와이프에 대해 설명 좀 부탁드립니다.

시민 _ 착하고 사랑스럽습니다.

강사 _ 저를 만나면 어떤 것이 궁금하세요?

시민 _ 끈기에 대해 궁금한 점이 있습니다.

끈기는 바로 중심입니다. 내가 중심을 딱 잡으면 누구를 만나도 흔들리지 않습니다. 중심이 없으면 사람들을 만날 때 흔들립니다. 제가 대학 졸업했을 때 친구들이 말렸습니다. "야, 인마, 왜 야채장사를 해?" 우리 어머니가 6년 동안 저를 무시했습니다. 그런데 포기하지 않았던 이유는 간단합니다. 저는 야채장사를 해도 내 인생이 야채장사가 아니라 내 직업이 야채장사라고 생각했습니다. 그래서 흔들리지 않았습니다. 저는 새벽 1시에 일어나는 일을 17년 했습니다. 지금은 새벽 3시에 일어납니다. 7년째 하고 있습니다.

새벽 1시에 배가 고플 때 먹는 과일은 다 맛있습니다. 배가 부를 때 먹는 과일은 정말 맛있는 과일만 맛있습니다. 총각네 과일을 차별화할 수 있는 유일한 방법은 구매 방법을 달리하는 것이었습니다. 남들이 허기질 때 먹은 과일이 아닌, 내가 배부를 때 먹어서 맛있는 과일이어야 합니다. 우리 집이 옥상에 있습니다. 29층입니다. 남들은 엘리베이터 탈 때 저는 걸어서 내려가면서 오늘이 마지막이라고 말을 합니다. '나에게 미래는 없다. 내일은 존재하지 않는다. 오늘 하루만 최선을 다하게 해달라.' 이것을 다르게 이야기하면 연습을 시합처럼, 오늘 하루 최선을 다하면 내일 하루도 최선을 다하는 것입니다. 내일 하루도 최선을 다하는 사람은 오늘도 최선을 다합니다. 그래서 저는 항상 사람들을 대할 때 마음이 수십 번씩 교차합니다. 때려치울까, 말까? 제가 지금도 할 수 있는 유일한 방법은 제 마음속에 있는 일을 끌어올리는 것입니다.

두 번째 Q&A

강사 _ 본인 소개 부탁드리겠습니다.

시민 _ 저는 대학교 4학년이고 공인중개사 관련 일을 5년 정도 하고 있고 앞으로 한 달 후면 개인 사업장을 낼 예정입니다.

강사 _ 경주에서 가장 좋은 곳이 어디에요?

시민 _ 저는 경주에서 안 해서 잘은 모르겠어요.

강사 _ 그럼 어디에요?

시민 _ 서울 강남이요.

강사 _ 여러분, 강남에 투자하세요. 계속해서 질문을 이어가도록 하겠습니다. 나에게 대학이란?

시민 _ 전공보다도 교양을 배우고 수많은 교수님의 각자 다른 학문을 배우면서 많은 경험을 할 수 있는 좋은 곳이라고 생각합니다.

강사 _ 나에게 부모님이란?

시민 _ 가장 사랑하면서도 무섭고 잘은 몰랐지만 나이가 들어가면서 존경스럽고 또 울컥하기도 한 그런 분들입니다.

강사 _ 나에게 부동산이란?

시민 _ 하루하루가 전쟁이고 너무너무 힘들면서도 돌아보면 한 건이 좋은 것 같습니다.

강사 _ 나에게 한 건이란?

시민 _ 그날의 모든 행복을 있게 하는 것.

강사 _ 나에게 행복이란?

시민 _ 한 건이요.

강사 _ 나에게 한 건이란?

시민 _ 두 건이 될 수 있는 밑거름이요.

저는 누구를 만나도 30분만 질문하면 그 사람의 정체성을 다 읽어냅니다. 그리고 그 사람에게 당신이 지금까지 뭘 하고 싶었는지 고르기 앞서 뭘 하고 싶은지 정확히 나타내지 않았다는 걸 알려줍니다. 제가 지금은 짧게 이야기했지만 이 학생하고 10분만 이야기한다면 다 알아낼 수 있습니다.

강사 _ 왜 돈을 벌고 싶으세요?

시민 _ 자세히 이야기하긴 힘들지만 주변 또래보다 많은 돈을 버는 일을 하고 싶습니다. 그 일은 집안 사정으로 보탬이 되고 싶어서요.

강사 _ 얼마를 벌고 싶으세요?

시민 _ 연 2억 정도요.

강사 _ 집에 연 2억 버는 사람 있어요, 없어요?

시민 _ 그 정도까진 아니지만 하고 있어요.

강사 _ 여기 직장 생활하는 사람들한테 알려줄게요. 내가 어울리는 사
람 5명의 연봉 나누기 2 하면 내 5년 뒤 연봉이에요. 내가 2억
벌고 싶으면 오늘부터 2억 버는 사람하고 어울리세요. 그들 생
각이 달라요. 그런데 더 엄청난 사실은 한 달에 20억 버는 사람
하고 어울리잖아요? 그들의 생각은 더 깊습니다. 그래서 여러
분, 어울리는 사람을 바꾸세요.

시민 _ 다음 달에 사업장을 내려는데, 가장 고민인 게 창업 전략에서
관련 사업을 시작하려다 보니깐, 자신이 있으면서도 잘 지속될
까? 이런 많은 고민을 갖고 결국 창업을 선택한 것인지 자신한
테 묻고 있는 심정이 드니까요. 그런 것부터 시작해서 창업이
잘 안 되었을 경우를 자꾸 생각하게 되는데 이럴 땐 어떠한 마
음가짐을 가져야 할까요?

"걱정해서 걱정하면 걱정이 없겠네." 이런 말이 있습니다. 그 걱정할 시
간에 오늘 내가 해야 할 일이 무엇인지 생각하세요. 그렇게 걱정할 시간
에 내가 지금 하고 있는 건 어떻게 해야 잘할지 생각하세요. 내가 무엇인
가 도전할 때 잘될 수도 있고 안될 수도 있습니다. 하지만 내가 쓸 수 있
는 시간과 에너지는 정해져 있습니다. 그러면 그 에너지를 긍정적으로
쓰세요. 내가 누구와 계약을 하게 되었다면, 망설이지 말고 "무조건 해.

무조건 돼. 무조건 할 거야"라고 생각하길 바랍니다. 걱정해서 걱정이 없어지면 걱정이 없을까요? 앞으로 걱정하지 말길 바랍니다.

세 번째 Q&A

시민 _ 안녕하세요. 항상 용기 있고 영리하고 혜안이 밝은 여자가 되고 싶은 윤영기입니다.

강사 _ 나에게 삶이란?

시민 _ 행복입니다.

강사 _ 살면서 꼭 지켜야 할 3가지가 있다면요?

시민 _ 사회에 꼭 필요한 사람, 성실한 사람, 거짓말 하지 않는 사람.

강사 _ 버려야 할 사람이 있다면요?

시민 _ 욕심이 있는 사람, 자식이나 남편에 대한 욕심을 가진 사람, 재물에 대한 욕심이 있는 사람입니다.

강사 _ 살면서 가장 중요한 5가지 단어는?

시민 _ 가족, 친구, 주변 사람, 경주 시민, 제 인생에 도움을 주신 분.

강사 _ 인생을 사시지만, 남한테 질문은 별로 받아보지 않아요. 질문이 얼마나 중요한 거냐면요, 내가 살면서 지금까지 내 인생에 중요한 5가지 단어도 생각하지 못했구나, 내가 살면서 버려야 할 것, 지켜야 할 것을 정하지 못했구나. 무엇이 궁금하세요?

시민 _ 열정에 대해서요.

사람들이 왜 열정이 없는지 아세요? 뚜렷한 목표가 없어서입니다. 제가 사람들에게 물어봅니다. 한번 물어볼까요? 우리 학생 목표가 무엇인가요? 또 다른 학생은요? 좋은 곳에 취업하는 것? 삼성 회장님? 제 목표는 작년까지 181가지였습니다. 첫 번째 목표가 뭐였냐면 제가 대회에 나가려고 13킬로그램을 뺐습니다. 그리고 두 번째 목표는 제가 결혼을 늦게 했는데 7세 아들이 있습니다. 제가 아들하고 단둘이 3박 4일 여행을 갔습니다. 네 번째는 나한테 선물하기. 그런데 결혼을 했기 때문에 다섯 번째는 부인한테도 선물하기. 여섯 번째, 일곱 번째, 이렇게 181개가 있었습니다. 이 시간이 끝나면 또 하나 생길 수 있습니다. 우리 어머님들이랑 식사하기. 그다음은 어머님들한테 선물하기.

이렇게 우리는 목표를 구체화·수치화할 수 있어야 합니다. 정확하게 하고 싶은 것을 적는 것입니다. 수치화란 이 회사를 가려면 어떻게 해야 하는지 정확히 알아야 한다는 겁니다. 예를 들면 엑셀 자격증을 따는데 몇 월 며칠까지 딸 건지, 영어라면 몇 점을 따야 하는지. 마지막으로 메모한 것을 시각화해보세요. 텔레비전과 현관문에도 붙여놓고 내가 보는 모든 곳에 붙여놓아야 합니다. 그래서 여러분 이성친구 생기면 사진을 스마트폰에 넣어놓는 것입니다. 자꾸 눈에 넣는 것입니다. 다시 한 번 해볼까요? "목표는 구체화, 수치화, 시각화한다!" 내가 장사를 하고 싶다면 어떤 장사를 할 것인지 정확히 알아야 합니다.

마중물이 필요한데 얼마나 필요한지 정확히 기록하고 그걸 모으기 위해 얼마나 저축해야 할지 정해야 합니다. 그런데 우리는 그런 생활을 안 합니다. 우리는 그냥 우리가 만든 메모 안에서만 생각합니다. 의지가 없습니다. 제가 새벽에 일어날 수 있었던 것은 목표가 저를 깨웠기 때문입니다. 오늘부터 집에 가면 가족끼리 A4 용지에 30분 시간을 주고 적어보라고 하세요. 선생님들도 아이들한테 꿈을 갖는 방법, 목표를 이루는 방법을 알려주세요. 제가 학교 다닐 때도 그랬지만, 선생님은 맞을 만한 애를 때립니다. 요즘 아이들은 맞을 만한 아이들이 맞지 않는 게 문제가 되는 것입니다. 인권은 자기 자신이 인권을 지킬 수 있는 사람에게만 줍니다.

우리 학생들한테 인권이 필요하다? 그렇지 않습니다. 인권은 학교 규칙을 준수하는 친구한테만 주는 것입니다. 교육제도가 잘못되면 기성세대가 잘못한 것입니다. 요즘은 국민이 주권을 가져 민원을 넣을 수 있습니다. 우리는 어쩌냐면 민원 같지 않은 민원을 해결하는 데 너무 많은 에너지를 쏟습니다. 우리 선생님들 오늘부터 30분씩 가족들하고 목표를 정해보세요. 놀라운 건, 부모가 목표가 뭔지 못 정합니다. 아버지는 담배를 피우시면 몇 월 며칠까지, 두 번째 술 안 마시기, 세 번째 매일 사랑한다고 포옹해주기. 아이들에게 자존감을 높일 수 있는 방법은 하루에 5분만 포옹해주는 것입니다. 엄마아빠가 아이들에게 해줄 건 어려운 게 아닙니다. "야, 너 잘못된 거야." 일단은 그렇습니다.

하지만 "목걸이가 너무 예쁜데? 아빠가 도와줄 거 없어? 그런데 아빠가 제안 하나 할까? 화장했을 때 모습이랑 순수한 모습이랑 뭐가 더 예쁠까?"라고 질문을 해서 혼자 생각하게 해야 합니다. 그랬을 때 "화장했을 때 모습이 더 예뻐." 이런 아이들은 화장을 계속하게 해줘야 합니다. 그 아이들은 화장을 했을 때 자존감이 높아지기 때문입니다. 그래서 다시 한 번 말하겠습니다. 오늘부터 목표를 가져야 합니다.

네 번째 Q&A

시민 _ 안녕하십니까? 경주에서 창업하는 31세입니다. 어머니는 치킨집 하시고 지금 금정에서 보쌈 팔고 있습니다.

강사 _ 우리 매점의 장점은?

시민 _ 맛이 있습니다. 이색적인 보쌈입니다.

강사 _ 자신의 가게가 잘되려면 입구에 차별화를 보여줘야 해요. 그런데 첫 번째 맛있습니다. 두 번째 이색적입니다. 세 번째 아직 답변을 못하셨죠? 고민 한번 해보세요. 그럼 나에게 돈이란?

시민 _ 성공입니다.

강사 _ 또 다른 내가 한 명 더 있다면 뭐라고 해주시겠습니까?

시민 _ 힘내.

강사 _ 저를 만나면 뭐가 궁금하고 무엇을 질문하고 싶습니까?

시민 _ 성공하고 싶은데 어떻게 하죠?

성공하려 하지 마십시오. 매일매일 발전하려 하십시오. 어제와 또 다른 내가 되는 것이 진정한 성공입니다. 우리 학생들도 마찬가지입니다. 꼴등을 했습니다. 다음 시험에서 한 명만 제치세요. 그리고 한 명만 더! 시험을 보면서 성장한 친구는 성취감이 있습니다. 우리 선생님도 마찬가지입니다. 성공하려 하지 마십시오. 성장하려 하십시오.

다섯 번째 Q&A

시민 _ 영덕대학교병원 간호사입니다.

강사 _ 나에게 병원이란?

시민 _ 직장? 희망.

강사 _ 나에게 가족이란?

시민 _ 안식처입니다.

강사 _ 아들에게 어떤 엄마가 되고 싶으세요?

시민 _ 친구 같은 엄마입니다.

강사 _ 아들은 엄마를 어떻게 생각한다고 생각하세요?

시민 _ 대마왕?

강사 _ 왜 친구 같은 엄마가 못 된다고 생각하세요?

시민 _ 강압을 많이 하고요, 아들은 엄마가 자기 말을 안 들어준다고 생각해요. 대화가 잘 안 통해요.

강사 _ 오늘부터 아들의 모든 말을 존중해주시고 꼭 안아주시고 "아들, 사랑해. 엄마는 너를 믿어. 사랑해"라고 해주세요. 이어서 질문 드리죠. 저를 만나면 뭐가 궁금하세요?

시민 _ 포기하고 싶을 때 다시 일어나는 방법?

열정이 식었을 때 열정이 있는 사람을 만나세요. 저는 그럴 때 열정이 많은 사람을 만납니다. 전화를 해서 "형님, 오늘 뭐 하세요? 제가 열정이 식었는데 식사 한번 대접하고 싶습니다"라고 합니다. 요즘에 제가 자주 만나는 사람은 야구선수 이종범입니다. 스마트폰 연락처에 7,800명이 있습니다. 대한민국 모든 사람이 다 연락처에 있습니다. 21세부터 만나고 싶은 사람을 다 정해서 한 달에 한 명씩 만나보았습니다. 제일 오랜 시간이 걸린 사람은 3년 6개월, 1,200통의 메일을 보냈습니다. 그다음은 이종범 선수입니다. 2년 동안 문자를 보냈는데 한 모임에서 만나게 되었습니다. "이종범 선수, 왜 답장 안 해주셨어요?" "전화를 해, 이 새끼야!" 내가 그 선수를 어떻게 알게 되었냐면 KBS-2 〈이야기쇼 두드림〉이라는 프로그램에서 프로의식에 대해 말하는데 너무나 멋진 겁니다. 저 사람은 꼭 만나야겠다고 해서 방법과 수단을 가리지 않았던 것입니다.

책을 읽으면 책을 쓴 저자를 만나보세요. 저자가 전하고자 하는 걸 정확히 알아야 합니다. 그것을 알 수 있는 유일한 방법은 저자를 만나는 것입니다. 이렇게 해서 포기하고 싶을 때 열정 있는 사람을 만나세요. 간호사를 포기하고 싶은가요? 그러면 선생님보다 오래 병원에서 근무한 사람들을 만나세요. 그들과 소통하세요. 사람은 프레임 안에 갇히게 마련입니다. 부모의 역할은 아이에게 넓은 세상을 보여주는 것입니다. 오늘부터 나보다 병원에 오래 계신 사람들에게 여쭤보세요. "선생님, 포기하고 싶으실 때 어떻게 하셨나요?"라고 물으면 분명히 "포기할 용기가 없어서 못했어요"라고 할 것입니다. 포기할 용기가 있으면 때려치워도 됩니다. 하지만 용기가 없으면 열심히 하세요.

여섯 번째 Q&A

시민 _ 안녕하세요. 경주시 주민센터에서 근무하는 최은정입니다.

강사 _ 나에게 공직이란?

시민 _ 보람되고 힘들지만 생계수단입니다.

강사 _ 우리 시장님 자랑 2가지만 해주세요.

시민 _ 사적으로 만난 적은 없지만 청렴하신 이미지, 공정하실 것 같습니다.

강사 _ 무엇이 궁금하세요?

시민 _ 강사님이 추구하는 나의 모습이 있다면?

저는 척추분리증이라는 병이 있습니다. 척추가 붙어 있지 않습니다. 척추뼈가 분리되어서 앞으로 빠집니다. 정말 고통스럽습니다. 제가 몸을 아까 왜 꼬았는지 아세요? 아픔을 잠시 잊으려고 그랬습니다. 제가 일을 너무 많이 해서 오른쪽 무릎 연골이 없습니다. 제가 서 있을 때 왼쪽 다리로 서 있습니다. 왜냐면 항상 "고객님, 안녕하세요. 오늘 너무 아름다우세요!" 이걸 24년 동안 했습니다. 제가 작년엔 심장수술을 12시간 동안 했습니다. 제가 수술 들어가기 전에 페이스북에 사진을 올렸습니다. 우리 마누라가 "좋냐, 이 또라이야? 죽을지도 모르는데?"라고 했습니다.

저는 이렇게 했습니다. "죽는 것도 경험이야. 죽는 걸 두려워하면 사는 건 이유가 없다." 선생님들, 지금 아프지만 아프지 않습니다. 그냥 이것도 경험입니다. 즐기면 됩니다. 저는 아침 9시에 심장약을 먹습니다. 저번 주에 병원을 갔는데 의사 선생님이 재발했다고 했습니다. 와이프한테 "축하해. 수술 또 한대." 남들은 1번도 못하는 걸 2번이나 했습니다. 얼마나 좋은가요? 몸에 힘이 6개월 동안 없었습니다. 인생을 두려워하지 마십시오. 오늘 하루는 최선을 다하십시오. 이 시간은 또 오지 않기 때문에 최선을 다하는 것입니다.

일곱 번째 Q&A

시민 _ 안녕하십니까? 대표님 강의 들으러 회사 째고 온 사람입니다. 제가 여쭤보고 싶은 게 앞서 말씀해주신 것들이 그런 실행이라든가 행동에 대해, 모두가 알고는 있지만 행할 수 없었던 걸 행할 수 있었던 것은 무엇입니까?

왜 못했는지 아십니까? 변화의 시작은 과거를 버리는 것입니다. 사람들은 과거를 버리지 못해서 그러는 것입니다. 오늘부터 운동하고 싶으면 친구한테 하루 빠질 때마다 얼마씩, 놀라운 건 뭐냐면, 그래야 몸을 만듭니다. 저는 그동안 실행력을 강하게 실천해온 적이 없습니다. 저는 삶에 후회가 없습니다. 왜? 이 시간은 또 오지 않기 때문에 실행해야 합니다. 실행하지 않는 한 세상은 변하지 않습니다. 세상은 변하지 않기에 내가 변해야 합니다. 내가 변하지 않기 때문에 세상이 변하지 않는 것입니다. 『일본전산 이야기』라는 책이 있습니다. 시간 되시면, 오늘 꼭 가서 자기 전에 읽으시길 바랍니다.

책은 목차를 펼쳐서 내가 읽고 싶은 부분만 읽으시면 됩니다. 그것을 100번 읽어보세요. 한 번 읽을 때마다 느낀 점, 보고 깨우친 것을 페이스북 메시지로 보내보세요. 본 것 10가지, 깨우친 것 10가지, 적용할 것 10가지. 놀라운 건 뭐냐면 보낼 때마다 생각이 달라집니다. 『일본전산 이야기』는 뭐든지 즉시 될 때까지 합니다. '밥을 빨리 먹는다, 목소리를 크게 낸다.' 꼭 읽어보길 바랍니다.

여덟 번째 Q&A

시민 _ 반갑습니다. 반포초등학교 교사입니다.

강사 _ 나에게 학생들이란?

시민 _ 나를 깨닫게 해주는 대상입니다.

강사 _ 제가 학교에서 가르칠 때 당당히 들어오는 순서대로 앉게 했어요. 늦게 오는 아이한테는 항상 질문을 했더니 질문받기 싫어서 앞에 오려 해요. 그래서 제 수업은 늦게 오는 친구가 없었어요. 우리 선생님, 적용 한번 해보세요.

시민 _ 두려운 감정, 부정적인 감정이 떠오를 때 어떻게 처리하세요?

강사 _ "생각 정지!"라고 외치세요. 그동안이라도 잠시 멈춰요.

아홉 번째 Q&A

시민 _ 안녕하세요. 동국대학교 학생입니다.

강사 _ 나에게 대학이란?

시민 _ 학업을 증진하는 곳.

강사 _ 대학의 자랑 2가지는?

시민 _ 저는 호텔경영학과 재학 중인데 그것이 자랑스럽고요. 큰 캠퍼
　　　스에서 낭만을 즐길 수 있는 것도요.

강사 _ 무엇이 궁금하세요?

시민 _ 선생님은 직업을 정할 때 현실적으로 흔들리지 않고 뚝심을 갖
　　　고 계속 가실 수 있었던 것은 무엇인가요?

　예수님 말씀에 이런 말이 있습니다. "지금의 내 모습은 예전의 내가 뿌
린 씨앗이다." 그래서 어른들이 말합니다. "콩 심은 데 콩 나고 팥 심은
데 팥 난다." 사람이 딱 그만큼만 사는 이유가 뭐냐면 뿌린 씨앗 때문입
니다. 우리도 마찬가지입니다. 내가 지금이라도 나를 깨우쳐 '내가 학교
는 동국대학교지만 생각은 하버드대학보다 훌륭하게 만들 기야' 그리면
놀랍게도 내가 세상을 이끈다고 소문이 납니다. 왜 우리가 세계적인 명
문대를 존중하냐면 그 아이들이 세상을 이끌기 때문입니다. 하지만 내가
지금부터 세상을 이끄는 사람이 될 것입니다. 세상을 이끈 사람들을 흉
내낼 것입니다. 그럼 놀랍게도 학교에서 우리 학생을 불러서 초청강연을

들습니다. 오늘부터 주제 파악을 해보세요. 세상이 넓어지고 아름다워집니다.

10

인생은
기다림이다

이현세 ┃ 만화가

1973년 만화계에 입문해 1978년 『저 강은 알고 있다』로 데뷔했다. 1983년 『공포의 외인구단』을 출간한 이후 『지옥의 링』, 『고교외인부대』, 『사자여 새벽을 노래하라』, 『며느리 밥풀꽃에 대한 보고서』, 『아마게돈』, 『블루엔젤』, 『카론의 새벽』, 『남벌』, 『황금의 꽃』, 『천국의 신화』, 『만화 한국사 바로 보기』, 『만화 세계사 넓게 보기』, 『만화 삼국지』 등을 펴냈다. 1994년 한국만화문화상 공로상, 2002년 고바우만화상, 2005년 대한민국문화예술상, 2007년 대한민국만화대상 만화부문 대통령상 등을 수상했다. 현재는 세종대학교 만화애니메이션학과 교수이자 부천만화정보센터 이사장으로 재직하고 있다.

• • •

『삼국지』를 집필한 이유

제가 『삼국지』를 집필하게 된 이유는 어느 날 갑자기 궁금해져서입니다. 왜 『삼국지』에서 유비라는 인물이 주인공일까라는 의문이 생겼습니다. 삼국 세력 중 가장 약세였던 유비가 대체 왜 조조와 손권을 제치고 주인공이 되었을까요? 그런 의문에서 시작되었습니다. 『삼국지』는 지금까지 내려오는 것이 두 종류가 있습니다. 위나라 진수라는 사람이 쓴 『삼국지』가 있는데 이것은 역사서이며, 또 주인공이 조조입니다. 그리고 한참 세월이 흐른 후 원나라 때 『삼국지연의』라는 책이 나옵니다. 모두가 알다시피 나관중이라는 작가가 쓴 허구소설입니다. 굉장히 과장이 많고 가장 중심이 되는 나라가 촉나라입니다. 촉은 삼국 중 가장 먼저 망한 나라입니다.

그렇지만 중국 15억 인구의 중심이 되는 사상을 가진 나라가 촉나라이고, 중국이 가장 사랑하는 『삼국지』 인물로 유비를 꼽는 데는 무언가 이유가 있을 것입니다. 그러한 생각에서 접근했습니다. 일단 영웅에는 두 종류가 있습니다. 영웅인 경우가 있고 패자인 경우가 있습니다. 이기든 지든 역사에서 패자로 보는 경우도 있습니다. 그 차이는 얼마나 신의를 지켰고 정의로웠는지에 대한 가치관의 평가인 것 같습니다.

그런 측면에서 보면 위의 조조, 오의 손권, 촉의 유비 3명 모두 영웅이라 평가해도 좋을 것입니다. 왜냐하면 이 세 사람이 갖고 있는 대의명분이 무엇인가 하면 '이 세상에 전쟁이 없는 나라를 만들고 싶다'였습니다. 그러한 소명을 갖고 있었기에 다른 수많은 장수를 제치고 영웅으로 자리매김한 것입니다. 그 시기는 한나라가 세워지고 300년이 지난 뒤였습니다. 이 당시에는 군국제로 인해 수도 가까이는 직접 다스리고 멀리 변방은 제후국을 임명해 다스립니다. 한나라 도성을 벗어나면 어마어마한 제후들이 패권을 다투고 있었습니다. 그때의 이야기입니다.

이 시기 한반도는 신라가 4~5대쯤 되었습니다. 기원후 100년 정도의 시기입니다. 우리는 우리대로 앞으로 다가올 삼국시대를 준비하고 있었습니다. 고구려 신봉설을 갖고 있는 사람들은 신라 통일을 두고 국토가 좁아졌다는 둥 이야기를 합니다. 하지만 개인적 가치관으로 살펴보았을 때 고조선의 영토를 얼마나 회복하느냐보다는 전쟁이 없는 세상을 만들겠다는 뜻이 더 컸다고 봅니다. 김춘추와 김유신이 그랬으며, 김춘추의 아들 문무왕은 사후 용왕이 되어서까지 그 뜻을 관철시키고자 했습니다. 그런 면에서 보면 지금부터 할 이야기가 조금 더 의미가 있을 것이라 봅니다. 삼국을 끌고 가던 영웅이 어떤 사람이었고, 촉은 어떤 나라였는지, 영웅이 남긴 메시지가 무엇이었는지 살펴보도록 하겠습니다.

삼국시대와 삼국 군주

남자들은 성장하면서 『삼국지』를 접하는 경우가 많을 겁니다. 『삼국지』의 세계는 남자들에게 재미와 흥미를 유발시킵니다. 반면 여자가 보기에는 다소 재미없을 것입니다. 『삼국지』가 쓰였던 한나라 시대의 가치관이 문제입니다. 그 당시에는 여자와 자식을 재물로 보았습니다. 유비라는 인물 역시 지금의 가치관으로 살펴보았을 때 여자들에겐 기피될 만한 성향을 갖고 있었습니다. 그것을 단적으로 보여주는 예가 바로 10만대군에 맞서 유비의 아들 유선을 구해낸 조자룡과의 일화입니다. 이 일화에서 유비가 조자룡에게 이런 말을 했다고 합니다. "아내와 아이는 또 결혼해서 만들면 되지만 너 같은 영웅은 한 번 지나가면 다시 오지 않는다. 왜 그리도 무모한 짓을 했는가?" 조자룡을 꾸짖는 유비의 모습은 현대 여성들에게 원성을 살 만합니다.

이 당시에 농경사회였던 한나라는 그렇습니다. 거의 정략결혼이었고 부인뿐만 아니라 여동생도 국가와 영화를 위해서 희생과 헌신을 강요하던 시대였던 것입니다. 그리고 유비와 반대되는 인물로 남자들이 싫어하는 여포라는 인물이 있습니다. 소탐대실의 대명사이며 비겁하고 개인의 영달을 추구하는 여포는 남성들에게 종종 혐오의 대상이 되기도 합니다. 아이러니하게도 여포라는 인물은 여성들에게 인기가 있습니다. 지금까지 기록으로 여포는 동이족으로 여겨지고 있습니다. 경극을 보면 긴 깃털을 달고 있는데 그게 동이족이라는 표시입니다. 옛날 화랑들이 깃털을 꽂듯 여포도 그랬을 것이라는 설입니다. 그런데 여포는 배신을 전부 여자 때문에 하고, 자신의 딸이 원소에게 시집가던 중 원소에게 죽을 위험이 있자 동맹을 깨고 배신을 합니다. 그래서 현대적으로 해석하면 여성들에게 가장 박수를 받아야 하는 인물이 여포가 아닌가 싶습니다. 여포는 죽을 때도 부인이 밖에 나가서 싸우려고 하는 것을 위험할까 염려하여 수성守城으로 바꾸는 바람에 부하들에게 배신당해 죽었습니다.

통일신라의 지도자들을 생각하며 『삼국지』에 대한 이야기를 시작하겠습니다. 먼저 이 당시의 통치체제를 설명하겠습니다. 주나라 때는 봉건제를 고수했습니다. 왕이 자신의 혈족들을 제후로 봉해 그 세금을 걷는 체제였습니다. 그런데 100년쯤 지나니 피가 묽어져서 반란이 일어나게 됩니다. 다음으로 진시황이 진나라를 세웠을 때 이러한 봉건제의 문제점을 인식하고 군현제를 실시합니다. 워낙 넓은 영토를 얻었기에 진시황은 자신이 통일한 영토를 돌아보던 중 병사하고 맙니다. 그 다음으로는 항우와 유방입니다. 유방이 선택한 제도는 군국제입니다. 군국제는 중앙정부는 황제가 다스리고 나머지는 제후가 다스리는 것입니다. 이 또한 300년쯤 지나니 중앙 도성 외에는 황제의 힘이 미치지 못하게 되었습니다. 지방에서 힘을 얻은 제후들의 군웅할거가 시작된 것입니다.

그때 『삼국지』의 배경이 되는 세 제후국이 생겼습니다. 한나라라는 제국은 분명히 존재하지만 실제로는 북쪽에 조조가 다스리는 위나라가 있었고 동쪽에는 손권이 다스리는 오나라, 서쪽에는 유비가 다스리는 촉나라가 있었습니다. 그래서 북위, 동오, 서촉이라고 합니다.

먼저 조조라는 인물입니다. 조조는 『삼국지』에서 가장 강한 인물로 일반적으로 '치세의 리더십'이라고 표현합니다. 세상의 이치를 잘 알고 정책 판단과 용병술이 굉장히 뛰어났습니다. 또한 감수성이 뛰어나 문학에도 소질이 있었습니다.

건안문학의 삼조라고 해서 당대의 뛰어난 문필가를 꼽을 때 조조와 두 아들이 뽑힙니다. 그래서 건안문학이라고 해서 그 시대에 만든 시의 유형을 따로 연구할 정도로 문학적 소질이 뛰어났습니다. 조조는 신분 차별을 하지 않으며 유능한 사람을 기용할 정도로 실리 위주였습니다. 그는 젊은 시절부터 대단한 야망을 갖고 있었습니다. "내가 천하를 버릴지라도 천하가 나를 버리게 하지 않겠다"라는 유명한 말을 남기기도 했습니다. 이 말을 들은 부하는 조조를 두려워해 멀리하고 평생 원수가 되었다고 합니다.

또 하나의 일화로 조조의 뛰어남을 알아본 조조의 아버지가 유명한 점술가에게 조조를 보입니다. 그 점술가가 태평성세에는 충신이 될 상이고, 난세에는 간웅이 될 상이라고 말했다고 합니다.

조조는 위대한 정치가이자 뛰어난 전술가입니다. 전쟁터에서도 『손자병법』을 갖고 다녔습니다. 그에게 문제가 있다면 바로 의심이 많은 것입니다. 그가 얼마나 의심이 많은가 하면 조조가 형주라는 땅을 차지하러 갔을 때 여실히 드러납니다. 막상 와보니 저항이 너무 심했고 그냥 두자니 체면이 문제였습니다. 그때 조조에게는 하후돈이라는 충신이 있었습니다. 그가 조조에게 물어 암호를 정하고자 하니 이에 대한 조조의 답이 '계륵'이란 단어였습니다.

계륵이란 조조가 형주를 비유해 말한 것입니다. 우직한 하후돈은 그 말을 곧이곧대로 들었지만 문무를 겸전한 양수라는 인물은 그 말을 전해 듣고 자신이 지휘하는 부대의 짐을 싸도록 했다고 합니다. 그러한 양수의 행동을 이상하게 여겨 조조가 물으니 계륵이란 말에 철군을 할 것이라 예상했다고 답했습니다. 조조는 이에 자신의 마음속을 이렇게 빨리 꿰뚫는 이는 위험하다고 여겨 양수를 죽였다고 합니다.

조조와 정반대 인물이 손권입니다. 손권은 중국 양자강 오른쪽에 가장 비옥한 땅을 차지한 제후였습니다. 그는 굉장히 호탕했고, '처세의 리더십'이라고 표현합니다. 부하들과 소통도 잘하고 부하들의 말도 잘 듣고 호쾌한 남자로 호랑이 사냥을 즐겨서 가끔씩 상처를 입고 오기도 했습니다. 또 손권은 선정善政을 베풀어서 백성들을 가장 평안하게 다스린 왕이기도 합니다. 장소라는 장수가 호랑이 사냥을 다녀온 손권을 보고 말했습니다. "주군은 어찌 경망되게 호랑이를 잡으러 다닙니까? 그러다 다치기라도 하면 백성들은 어찌합니까?"라고 꾸짖으니 그 꾸짖음을 받아들였습니다. 조조는 책사들이 자신의 속내를 눈치 채면 그들을 내쳤지만 손권은 수용했습니다. 그런데 손권의 문제는 주사였습니다. 부하 중 술을 못 마셔 목이 날아간 이들도 있었습니다. 손권은 유비가 미래에 위험한 인물이 될 거라 생각해서 유비를 잡아두고 죽일 기회를 엿보았습니다. 그러나 유비는 탈출을 시도합니다. 그런 유비를 못 잡은 이유도 술에 취해서 자고 있었기 때문입니다.

그 다음이 유비입니다. 그는 정말 문제가 많은 사람입니다. 그는 한나라의 후손이기도 하지만 잘 도망가고 잘 웁니다. 또 눈치가 없습니다. 급한 일이 있으면 언제든지 부인과 아들을 다 버리고 도망을 칩니다. 그러면 부하들이 유비의 아내와 아들을 구출합니다. 책을 싫어하고 주색을 너무 좋아합니다. 그런데 이 유비를 '화합과 통합의 리더십'이라고 표현합니다. 유비는 자기에게 부하가 오겠다고 하면 받아들이고 자신을 떠나가겠다는 이들을 울며 붙잡습니다. 다른 이들처럼 처단하거나 하는 일은 없습니다. 그래서 유비에게 한번 잡히면 떠나가지 못한 이가 많습니다.

유비가 처음 크게 울었던 것은 서서라는 책사가 자신을 떠나간 때였습니다. 황건적을 토벌할 당시만 해도 전략이라는 것을 전혀 몰랐던 유비였지만, 서서가 등장해 전략이란 것을 처음 접해보았습니다. 그런 서서가 조조의 모략에 의해 떠나게 됩니다. 서서가 떠나는 모습을 유비가 울며 지켜보다가 느티나무가 그의 모습을 가리자 장비를 시켜 느티나무를 베도록 합니다. 그런 유비의 모습에 감화 받은 서서가 자신보다 뛰어난 책사로 제갈공명을 천거합니다. 유비의 매력은 바로 거기에 있습니다. 그래서 유비를 두고 통합과 화합의 리더십 또는 감성의 카리스마라고 합니다.

유비는 어려서부터 가마니 짜고 짚신을 짜서 겨우겨우 먹고살던 동네 건달이었습니다. 그리고 장비는 푸줏간 주인이었습니다. 관우는 고향에서 관리를 때려죽이고 도망쳤습니다. 그러다 우연히 셋이 만났고, 황건적을 토벌하고 만백성이 평안하도록 하자는 결의를 다집니다. 바로 복숭아나무 아래의 맹세, 도원결의라고 합니다. 이 셋은 제갈공명을 만나기 전까지만 해도 그냥 동네의 건달에 불과했습니다. 『삼국지』에는 수많은 영웅이 나오지만 천재는 제갈공명 하나라고 볼 수 있습니다. 99명의 수재와 1명의 천재가 만들어낸 역사라고 할 수 있습니다. 제갈공명이 얼마나 천재인가 하면 그가 살아 있을 때 전면전을 벌여서 이긴 사람이 1명도 없었습니다. 그 유명한 주유도 제갈공명과 함께 적벽대전을 펼쳐 조조를 이겼지만, 제갈공명에게서 형주 땅을 뺏으려다가 실패하고 급사하게 됩니다.

그는 몇 가지 유명한 말을 남겼습니다. 사마의를 잡아서 기어코 죽이려고 할 때 하늘이 사마의를 살려주는 것을 보고, 일은 사람이 도모할 수 있지만 이루어짐은 하늘에 달렸다는 걸 깨달았습니다. 그때 남긴 "진인사대천명"이라는 말은 지금도 많이 사용됩니다. 그리고 또 하나 남긴 말이 있습니다. "지도자는 희망을 파는 장사꾼"이라고 이야기했습니다.

불세출의 천재, 제갈공명

유비는 제갈공명이 있었기에 촉이라는 나라를 세우고 황제에 올라갈 수 있었습니다. 그리고 중국인이 최고의 사상가로 뽑는 사람이 제갈공명입니다. 성도에 가면 유비의 묘가 있는데 그 묘를 '무후사'라 칭합니다. 그곳은 참 구조가 묘하게 되어 있습니다. 보통의 절에는 사천왕상이 있고 그다음에 부처님상이 있지 않습니까? 그런데 무후사의 대문을 지나면 유비의 양옆에 장비와 관우가 있고 더 안으로 들어가면 제갈공명의 사당이 있습니다. 이것은 역모에 가까운 것입니다. 왕을 제치고 그 위에 승상이 있는 형국입니다.

그만큼 중국인들은 세 사람보다도 제갈공명을 정신적 지주로 숭상합니다. 그런데 중국 사람들이 정말 현명합니다. 보통 사당이라고 하면 계단을 올라가야 하는데, 제갈공명의 사당은 계단을 내려가야 합니다. 이것으로 신하의 예는 갖춰놓은 것입니다. 절묘한 조합이라 할 수 있습니다. 그리고 제갈공명 사당의 지붕에는 신선 7명이 있습니다. 한 번의 전략으로 수많은 사람을 죽인 제갈공명이기에 원혼들의 습격을 당하지 않도록 조치를 취한 것입니다.

제갈공명은 유비가 처음 그를 찾아왔을 때 그가 천하를 통일할 인물이 아님을 직감했습니다. 그래서 첫 번째 찾아왔을 때도 거절했고 두 번째 방문에도 만남을 거절했습니다. 그가 세 번째 찾아왔을 때 북으로는 조조가 강성하고 동으로는 손권이 득세했으니 이곳에서는 세력을 키우기가 힘들다고 조언합니다. 그 때문에 당시 쓸모없고 척박한 땅이었던 사천지방을 차지해 천하를 삼분하는 전략을 내놓게 됩니다. 이에 유비는 자신을 도와 사천지방을 도모해달라고 간청하지만 제갈공명은 스스로 천하에 나가기에는 이르다 표현하며 거절합니다. 이토록 그는 유비와 얽히는 것을 꺼렸습니다. 그러나 이때 유비의 감성의 카리스마가 발휘됩니다. 당시는 남자가 무릎을 꿇고 매달린다는 것은 상상조차 힘든 시대였습니다. 그런데 유비가 제갈공명의 팔을 붙잡고 "그대가 도와주지 않으면 전쟁에 시달리고 있는 만백성을 내가 어찌 구한단 말인가!" 하며 울며 매달리자 이에 감복한 제갈공명이 세상으로 나오게 됩니다. 그러나 제갈공명은 천하통일은 어렵다고 보고 천하를 삼분해 서쪽지방을 다스릴 수 있도록 해줘야겠다고 마음먹었습니다. 이렇게 제갈공명이 나옴으로써 중국 천하는 삼등분이 됩니다.

그리고 그것을 이루어낸 어마어마한 전쟁이 적벽대전입니다. 그 당시 북쪽에 원소라는 이가 득세하고 있었는데, 그를 대파한 조조가 100만 대군을 이끌고 병사가 10만밖에 없는 오와 촉으로 쳐들어오게 됩니다. 이게 『삼국지』에서 가장 큰 전쟁입니다. 이 적벽대전에서 가장 큰 역할을 하는 인물이 주유와 제갈공명입니다. 두 사람이 모여 조조의 100만 대군을 상대할 계책을 논의하는데, 서로의 전략을 손에 적어서 보여주기로 합니다. 그리고 두 사람의 손에는 똑같이 불 화 자가 적혀 있었습니다. 100만 대 10만이었던 전투에서 결국 오와 촉이 이기게 됩니다.

거기에는 또 하나의 책략이 있었는데 '고육지책'이라는 전략입니다. 황개라는 주유의 충신을 곤장 100대 이상 때려 반죽음을 만들어놓고 황개로 하여금 거짓 투항을 하게 만드는 책략입니다. 그 의심 많은 조조조차 배를 가지고 투항하겠다는 황개에게 속아넘어갑니다. 그래서 황개가 조조군을 향해 배를 끌고 가 항복을 하게 되었습니다. 그리고 마지막 전략이 하나 더 있습니다. 중국에는 두 마리 용이 있는데 바로 제갈공명과 봉추입니다. 봉추가 연환계라는 전략을 씁니다. 100만 대군의 배가 정박해 있는데 조조에게 봉추가 찾아갑니다. 병사들의 뱃멀미를 염려하고 있던 조조에게 배들을 쇠사슬로 묶어 연결할 것을 제안합니다. 과연 실효가 있어 병사들이 뱃멀미를 멈추자 조조는 크게 흡족해하지만 이를 향해 오는 황개의 배는 기름과 마른장작을 가득 실은 배였습니다. 그런 배를 이끌고 가서 그대로 박치기를 해버립니다. 그렇게 되니 대선단을 돌릴 방법이 없었던 것입니다.

조조가 바보라 이러한 화공을 당한 것이 아닙니다. 그 역시 화공을 염려하긴 했으나 적벽에서는 북동풍이 불지 남동풍이 불진 않았던 것입니다. 북동풍의 반대편에 있던 조조에게 화공을 펼치기란 어려운 일이었습니다. 그런데 제갈공명이 제단을 모셔놓고 기원하는데 배가 출발하는 날 남동풍이 불기 시작했습니다. 화공이 대성공해 100만 대 10만의 전투를 승리로 이끌었지만 바람까지 조종하는 제갈공명의 모습에 두려움을 느낀 주유가 그를 죽이려 합니다. 하지만 이를 눈치챈 제갈공명이 일찌감치 도망간 뒤였습니다. 현대의 시각으로 보자면 제갈공명이 바람을 다스린 것은 아닙니다. 적벽의 겨울 시기에 바람이 사흘 정도 남동풍으로 바뀌는 시기가 있었을 따름입니다. 제갈공명은 천기를 연구한 사람이기 때문에 남동풍으로 바뀌는 것을 미리 알고 있었으나 그것을 자신이 기원한 것처럼 꾸민 것입니다.

이렇게 적벽대전에는 크게 3가지 전략이 있었습니다. 그리고 실질적으로 적벽대전 이후로 큰 전쟁은 끝이 납니다. 조조도 더는 오와 촉을 도모할 힘을 잃은 것입니다. 그 뒤로 유비는 촉이라는 나라를 굳건하게 세울 수 있었습니다.

여기서 알고 가야 할 것이 세 사람이 아직 황제에 오르지 못했다는 것입니다. 도성에 헌제라는 허수아비 황제가 있었습니다. 제후 세 사람의 실질적인 지배자라고 볼 수 있습니다. 유비가 세운 나라는 정말 험한 사천성입니다. 사천성으로 들어가는 촉도라는 곳이 있었는데 촉으로 가는 길이라는 뜻으로, 한 10킬로미터쯤 계속되는 수직절벽을 지나가야 합니다. 그 당시에는 그 땅을 건너갈 수 없었습니다. 촉도에 나무판자를 박아서 길을 만드는 대공사를 하고서야 촉에 들어가 나라를 세울 수 있었습니다.

다른 영웅들에게도 책사가 한 명씩 있었습니다. 조조에게는 곽가라는 탁월한 책사가 있었습니다. 그는 조조가 중국을 통일해서 하나의 나라를 만들어야 민심이 안정되고 만백성이 평화롭게 살 수 있다고 생각했습니다. 이것을 '천하일국지계'라고 부릅니다. 다음으로는 노숙이라는 손권의 책사입니다. 노숙은 북으로는 위나라가 남으로는 오나라가 통일해 중국을 상하로 나눠야 한다고 생각했습니다. 이것이 '천하이분지계'입니다. 그리고 마지막은 제갈공명의 '천하삼분지계'입니다. 그래서 제갈공명은 살아생전 위나라를 6번 공격합니다. 그것은 천하통일을 위한 공격이 아닌 위나라의 위세를 줄이기 위한 공격이었습니다. 물론 전부 실패했습니다. 제갈공명의 삼국의 뜻은 사실 관우 때문에 이루지 못했다고도 볼 수 있습니다. 제갈공명의 말을 무조건 따르는 유비, 장비와는 다르게 관우는 무조건적으로 그를 따르지 않았습니다. 문무겸전이었던 관우는 굳이 제갈공명의 전략을 따르지 않아도 된다고 생각했습니다. 그 때문에 사사건건 시비가 붙었습니다.

기다림의 미학, 사마의

그렇다면 『삼국지』 최후의 승자는 누구인가요? 『삼국지』 1세대 전쟁에서 보면 승자는 조조라고 보아야 합니다. 제갈공명 사후 촉나라를 무너뜨렸으며 이어 오나라를 제압하고 통일을 이룩합니다. 하지만 조조의 위나라는 몇 년을 가지 못했습니다. 위나라를 집어삼키는 사람이 등장하기 때문입니다. 많은 이가 이 사람을 『삼국지』 최후의 승자라고 평가합니다. 바로 사마의입니다. 사마의는 조조 집안의 몇 대째 가신으로 대단한 명문가 출신이었습니다. 사마의는 제갈공명을 이기는 전략으로 제갈공명과의 전쟁을 피하는 전략을 사용했습니다. 제갈공명이 죽기를 기다린 전략입니다. 그게 어느 정도였느냐면 자신에게 제갈공명과 전쟁을 벌이라고 하는 자는 지휘고하를 막론하고 목을 치겠다고 말했을 정도였습니다. 우스워 보이지만 적이 유리한 전장에서는 싸우지 않는 것이 상책입니다.

처음에는 사마의도 진법으로 제갈공명과 겨루기도 했습니다. 그러다 첫 번째로 제갈공명에게 크게 당한 사건이 있습니다. 제갈공명이 타이밍을 놓쳐 수성 병력이 1,000명밖에 없는데 사마의의 10만 대군이 당도한 것입니다. 그때 제갈공명은 성문을 활짝 열고 노비 2명에게 성문 앞을 쓸게 했습니다. 그리고 제갈공명은 위에서 거문고를 치며 노래를 **불렀습니다**. 그 모습을 본 사마의가 고민을 하다가 병사를 돌려 회군합니다. 이때 사마의는 회군을 만류하는 아들에게 이런 말을 남기기도 했습니다. "백에 하나의 가능성이라도 나는 내 목숨을 걸 수 없다. 병사들은 다시 모으면 되지만 내 목숨은 하나뿐이지 않느냐." 그것이 바로 사마의였습니다.

두 번째는 호로곡이라는 계곡에서였습니다. 호리병처럼 생긴 계곡인데 제갈공명이 여기에 함정을 팠습니다. 안에 병사를 주둔시켜놓고 자신과 또 다른 병사들은 절벽에 숨어 사마의를 기다린 것입니다. 사마의가 계곡에 들어서길 기다린 제갈공명은 매복 병사들에게 좁은 입구를 봉쇄하라고 지시했습니다. 그리고 절벽 위에서 화살을 쏴서 호로곡 안을 불바다로 만들어버렸습니다. 사마의는 그때 죽음을 예감했습니다. 그런데 갑자기 천둥번개와 함께 소나기가 쏟아집니다. 화공이 무용지물이 되니 좁은 입구를 어떻게든 뚫어서 결국 사마의가 살아남았습니다. 그때부터 사마의가 제갈공명과의 전쟁을 피하기 시작했습니다. 이 전투에서 '진인사대천명盡人事待天命'이라는 제갈공명의 말이 나온 것입니다.

제갈공명이 6번이나 북벌에 나섰다고 했습니다. 그때마다 사마의는 제갈공명과의 전투를 회피합니다. 그가 천기를 읽기에 제갈공명은 자신보다 수명이 짧으니 그때까지만 버티면 된다고 생각했습니다. 그리고 제갈공명은 자신이 죽기 전에 북벌에 나섰던 촉의 병사들이 회군할 수 있도록 자신의 모습을 본뜬 인형을 만듭니다. 사마의가 별을 보았을 때 제갈공명의 별이 떨어지니 그가 죽었다고 짐작한 사마의가 공격을 감행했습니다. 그런데 제갈공명의 목각인형을 보고 또 함정일 것이라 짐작해 다시 퇴각하고 맙니다. 이후 소문으로 제갈공명이 죽었음을 안 사마의가 이렇게 한탄했다고 합니다. "죽은 공명이 산 중달을 이기는구나!"

아까 말했던 유비는 70만 대군을 육손에게 몰살당한 후 도망가다 명을 달리합니다. 그런데 이 전투에 나서기 전 유비가 제갈공명을 불러놓고 이렇게 말했다고 합니다. "아들 유선은 부족하니 내가 죽거든 제갈공명 그대가 황제의 자리에 올라 백성들을 평화롭게 하라." 제갈공명은 그 말을 따르지 않았습니다. 유선은 유비의 좋은 점은 하나도 갖고 있지 않았습니다. 사마의의 공작에 넘어가 제갈공명을 의심하고 전투를 번번이 방해합니다. 그때 유선을 설득하기 위해 제갈공명이 내민 것이 출사표였습니다. 결국 제갈공명은 무능한 왕을 모시고 고생을 하다가 생을 마감합니다.

손권은 90세 가까이 살면서 치매에 걸려 제대로 나라를 다스리지 못했습니다. 손권의 손자는 굉장한 폭군이었고 무능했습니다. 그러다 보니 위나라의 상대가 되지 않았습니다. 위나라에서는 조비가 왕권을 잡는데 아버지를 닮아 굉장히 의심이 많았습니다. 의심이 많은 황제를 사마의가 모시고 있었는데, 그는 기다림의 미학이라 평가할 수 있습니다. 자신의 아들을 모아놓고 절대 황권을 넘보지 마라, 절대 권력다툼을 하지 마라고 유언을 합니다. 그렇게 황제보다 더한 권력을 아들 대에서 잡아놓고 손자 대에 이르러 황제를 죽이고 황제에 즉위합니다. 그래서 『삼국지』 최후의 승자는 사마의입니다.

전쟁이 없는 세상을 바라며

중국인들 마음의 고향이 촉나라라고 말한 것에 대해 설명하겠습니다. 유비는 오호장군을 갖고 있었습니다. 조조는 관우 한 사람을 붙집기 위해 매달렸습니다. 관우만 있어도 소원이 없겠다고 표현할 정도였습니다. 그런데 유비는 관우, 장비, 황충, 마초, 조자룡 등 가장 위대한 오호장군을 거느리고 있었습니다. 이것으로 유비가 어떤 인물인지 알 수가 있습니다. 유비는 죽으면서 제갈공명에게 황제가 되어 만백성을 위하라 말하고 조자룡이 유선을 구출해왔을 때 조자룡을 아들 유선보다 위합니다. 또 장비가 수성에 실패해 유비의 두 아내와 아들을 두고 도망쳐왔을 때도 장비가 자결하려고 하자 만류합니다. 무능한 유비지만 덕으로서 신하를 대하니 신하들은 충절로 되갚았습니다. 그리고 모든 백성이 유비의 백성이 되길 원했습니다. 그는 전쟁 없는 평화로운 정치를 했습니다.

유선이 얼마나 이상한 왕이었는가 하면, 위나라가 쳐들어오는데 무당을 불러 굿을 할 정도였습니다. 그만큼 전쟁을 무서워했습니다. 그리고 기록에 보면 유선이 항복해 위나라로 끌려가 신하들과 술대접을 받습니다. 그때 너무 즐겁게 놀아 그 모습을 본 사마소가 물었습니다. "황제께서는 나라가 패망했는데 어찌 그리도 즐겁게 노십니까?" 그랬더니 유선이 "이렇게 극진한 대접을 해주고 노래를 부를 수 있는데 내가 무엇이 부족하리요?"라고 말했습니다. 유선은 절망을 빚는 지도자였습니다. 그리고 강유는 촉의 마지막 충신입니다. 유선이 궁에서 술에 취해 있을 때 강유가 간언합니다. 금각이라는 성만 지키면 촉은 절대로 멸망하지 않으니 그곳을 꼭 지켜야 한다고 말했습니다. 그런데 그것을 포기하고 유선은 투항해버립니다. 그리고 마지막까지 강유는 촉이라는 나라를 지키기 위해 고군분투하다가 자결합니다.

그러니까 지금까지 말한 것처럼 촉의 덕과 충절 때문에 모든 권력자가 촉의 충절을 배우라 권유하는 것입니다. 위나 오는 더 대단한 나라였지만 많은 사람이 배신을 합니다. 그런데 촉은 오호장군을 비롯해 강유까지 단 한 명의 변절자도 나오지 않았습니다. 그러니 원나라가 한족을 정복했을 때도 핵심이 되는 가치관을 촉나라로 둔 것입니다. 나관중이 『삼국지』를 집필하며 유비를 주인공으로 삼은 이유는 바로 여기에 있습니다.

최근에 「영웅」(2014년)이라는 영화를 보았습니다. 천하를 통일한 진시황을 암살하기 위한 자객들의 이야기를 그린 영화인데, 여기서 무명(이연걸 분)이 천하제일 검객으로 나옵니다. 10보 안에 들어서면 누구라도 죽일 수 있는 실력을 가진 그가 진시황과 독대를 하게 됩니다. 그런데 그 전에 진시황을 죽이기 위해 모의를 하던 중 파검(양조위 분)이 진시황을 죽이자는 무명의 권유에 말없이 '천하'라는 두 글자를 바닥에 새깁니다. 그 당시 무명은 그 뜻을 이해하지 못했으나 진시황과의 문답 도중 그 의미를 깨닫습니다. 진시황이 폭군이긴 하지만 그가 없다면 다시 나라는 열국으로 분열되어 수많은 전쟁을 치러야 합니다. 그것을 깨달은 무명은 진시황제와의 독대를 허락받지만 암살을 포기하고 돌아섭니다. 나라를 생각하는 마음을 본다면 통일신라의 세 사람 역시 다른 것을 떠나서 영웅이 아닐까 생각합니다.

제2부

인생을
풍요롭게
사는 방법

11

생활 속
법률 이야기

이인철 | 변호사

연세대학교 법대를 졸업하고 사법시험에 합격한 후 변호사가 되었다. 미국 노스웨스턴대학 로스쿨을 졸업하고, 고려대학교 대학원 법학 박사과정을 수료했다. 서울 중앙지방법원과 서부지방검찰청에서 실무연수를 했으며, 서울변호사협회 청소년지킴이 변호사단 부단장, 대한 변호사협회 대의원, 서울가정법원 국선보조인을 역임했다. 현재는 법무법인 윈의 대표 변호사다. MBC, KBS, SBS, 채널A, TV조선, MBN 등 다양한 방송에서 활약 중이며 재치 있는 입담과 소신 있는 발언으로 방송가에서 많은 인기를 얻고 있다. 저서로는 『상큼한 연애 달콤한 결혼』, 『여자들은 매일 이혼을 꿈꾼다』 등이 있다.

···

혼인 관련 법률

결혼은 인생에서 중요합니다. 특히 여성분들은 더 중요합니다. 결혼 잘 못하면 인생이 힘듭니다. 남자도 중요하지만 여성분들은 결혼을 아주 잘 해야 합니다. 결혼은 법률혼과 사실혼이라는 두 종류가 있습니다. 일반적으로 결혼해서 사는 사람은 법률혼이고, 혼인신고를 하지 않고 사는 사람은 사실혼입니다.

두 부류의 사람들이 혼인신고를 하지 않고 사는데, 첫 번째는 신혼부부입니다. 요즘 혼인신고를 하지 않고 사는 분이 아주 많습니다. 혹시 모르니까 나중에 무르려고 그렇게 합니다. 부득이하게 아이를 낳아 출생신고를 할 때가 되어서야 혼인신고를 하기도 합니다. 두 번째는 황혼 재혼하는 경우입니다. 재산 문제 때문입니다. 사실혼 관계에서 상속은 한 푼도 받을 수 없고, 이혼을 할 경우에 위자료나 재산분할은 가능합니다. 현대 자본주의 사회에서 강력한 무기가 2가지 있습니다. 더 많으면 3가지가 있습니다. 돈, 건강, 법률·정보·지식입니다. 이런 걸 아느냐 모르느냐에 따라 내가 그동안 벌어놓은 돈을 다 받을 수도 잃을 수도 있습니다. 그러니까 법을 잘 이용해야 하고 잘 알아야 합니다.

요즘 국제결혼을 많이 합니다. 가끔 대한민국이 잘사니까 대한민국의 국적을 취득하기 위해 가짜로 결혼하는 분이 있습니다. 국적만 취득하고 결혼생활을 하지 않는 분들에게는 혼인 무효 소송을 할 수 있습니다. 혼인 취소도 있습니다. 사기 결혼을 하게 되는 경우도 많습니다. 그런 사기꾼을 만나지 않으려면 학력을 확인하는 방법이 있습니다. 졸업증명서도 위조할 수 있으므로 평일 학교 근무시간에 자신이 직접 성적증명서를 떼게 합니다. 직업도 확인해보아야 합니다. 의사, 변호사도 가짜가 많습니다. 인터넷에 들어가 의사협회, 변호사협회에서 그 사람의 신상정보를 알 수 있습니다. 그냥 회사원일 때 확인하는 방법은 재직증명서는 위조할 수 있기 때문에 좋지 않고 전화해서 바꿔달라고 하거나 회사로 찾아가는 것입니다. 사원증 들고 회사에서 나오면 진짜이고 밖에서 허둥지둥 나오면 가짜일 것입니다.

집을 확인하는 방법은 등기부등본을 보는 것입니다. 등기부등본은 누구나 인터넷으로 5분이면 뗄 수 있습니다. 그것만 보면 그 사람의 소유인지 대출이 얼마인지 알 수 있습니다. 이런 말이 있습니다. '결혼하기 전에는 두 눈을 똑바로 뜨고 그 사람을 잘 살펴보고 다만 결혼하고 나서는 한 눈 감아줘라.' 이래야 행복하게 살 수 있습니다. 우리나라의 이혼율이 높은데 그 이유 중의 하나가 집이라고 생각합니다. 솔직히 젊은 사람들이 열심히 일해서 그 돈을 벌 수 없습니다. 대출을 받거나 부모님이 도와주는 것입니다. 부모님이 도와주면 며느리한테 요구하는 혼수 예단이 많아서 문제가 됩니다. 그래서 모든 결혼 비용을 반반 하면 좋겠다는 것이 제 주장입니다. 그럼 분쟁이 없어질 것 같습니다.

주택 관련 법률

　전세를 얻을 때 전세금을 떼이지 않도록 확인하는 방법이 있습니다. 등기부등본을 확인하는 것입니다. 등기부등본은 3개의 카테고리로 되어 있습니다. 일단 표제부는 이 부동산이 대지 용도, 아파트이면 몇 층인지 나옵니다. 집은 중요하지 않지만, 토지는 중요합니다. 두 번째 분류는 갑구인데 소유권을 나타냅니다. 이 집의 소유권자가 누구인지 나타납니다. 부동산의 갑구에 보면 이름, 주소, 주민등록번호가 나와 있으니까 그 등기부등본을 뗀 다음 그 사람의 신분증을 확인하면 됩니다. 그럼 그 사람이 진짜 집주인인지 아닌지 알 수 있습니다. 그런데 집주인이 안 나오고 대리인이 나오는 경우가 있습니다. 가급적 대리인과 계약하지 않는 것이 좋습니다. 거기서 사건 사고가 터집니다. 가급적 집주인과 계약하는 것이 좋습니다.

　두 번째 위험한 일이 있습니다. 계약을 위해 등기부등본을 확인한 이후에 집주인이 집을 담보로 대출을 많이 받아 피해를 볼 수 있습니다. 대출이 많을 때 집주인이 갚으면 아무 문제가 없습니다. 그런데 집주인이 안 갚으면 집이 경매에 넘어갑니다. 그러면 유찰이 됩니다. 3억 원짜리 집이 경기가 안 좋으면 반값인 1억 5,000만 원에 낙찰이 됩니다. 그러면 그 돈을 은행이 다 가져가니까 세입자는 한 푼도 못 받습니다. 그럼 집주인을 상대로 소송하면 되지만 집주인이 도망가면 소용이 없습니다. 집주인이 대출을 받았는지 확인하기 위해서는 등기부등본을 보아야 합니다.

　처음에는 계약할 때 집주인이 진짜 집주인인지 확인하기 위해서, 두 번째는 대출이 있는지 없는지 알아보기 위해서 잔금 주기 직전에 등기부등본을 다시 확인해야 합니다. 등기부등본의 을구에 농협에 근저당권이 있으면 그게 대출입니다. 그걸 확인해야 합니다. 그런데 확인해보니 전날에도 없던 대출이 있을 경우 여러분이 세입자이면 어떻게 하겠습니까? 불안한데 돌려달라고 하면 집주인이 돌려줄까요? 그럴 때 특약을 쓰면 됩니다. 모든 계약을 할 때 계약서 말미의 여백에 특약이라고 쓰고 여러분이 원하는 내용을 쓰면 됩니다. 법률적인 용어가 아닌 쉬운 말로 쓰면 됩니다. '이 집은 대출이 없는 깨끗한 집으로 알고 이사를 왔다. 내가 이사 갈 때까지 추가 대출 받지 마라. 만약에 추가 대출이 있으면 계약을 파기할 테니 계약금 돌려 달라.' 이렇게 특약을 쓰고 도장을 찍고 집주인 도장 찍으면 계약이 되는 것입니다. 특약은 모든 계약에서 유용합니다.

그렇게 확인을 하고도 세입자는 할 일이 많습니다. 동사무소에 가서 확정일자를 받아야 합니다. 기본적으로 그전에 전입신고를 하는데 전입신고를 하면 대항력이 생기고 확정일자를 받으면 우선변제권이 있습니다. 대항력은 대항한다, 집주인과 싸워서 이긴다는 것입니다. 집주인이 바뀌어도 새 집주인과 싸워도 이깁니다. 경매가 되어도 낙찰자와 싸워서 이깁니다. 내가 2년 동안 이 집에서 거주할 수 있게 되는 것입니다. 그래서 전입신고는 꼭 해야 합니다. 그런데 2년이 다 지났는데 다음 사람이 안 들어왔다고 집주인이 보증금을 안 주는 경우가 있는데, 무조건 줘야 합니다. 그런데 여러분이 새로 이사 갈 집을 미련했으니 거기로 주민등록을 옮겨야 하는데 옮기면 대항력이 없어져서 보호를 못 받습니다. 그래서 돈을 받을 때까지는 버티고 있어야 합니다.

그런데 부득이하게 이사를 가야 할 경우 법원에 임차권등기명령 신청을 하면 법원이 바로 해줍니다. 등기부등본에 임차권등기가 찍히면 이사를 가도 됩니다. 확정일자는 왜 받을까요? 확정일자는 경주해서 이기는 것입니다. 세입자가 은행과 싸우는 것입니다. 등기부등본 을구라고 한 건 경매에서 중요한 것입니다. 날짜가 앞선 사람이 이깁니다. 예를 들어 여러분이 4월 10일에 이사를 왔습니다. 그런데 집주인이 4월 8일에 농협에서 3억 원 정도 대출을 받았습니다. 그럼 농협이 이깁니다. 날짜가 앞서기 때문에 여러분은 돈을 빼앗길 수 있습니다. 여러분이 4월 8일에 확정일자를 받았는데 농협에서 4월 10일에 10억 원을 대출을 받았으면 여러분이 이기는 것입니다. 날짜가 앞서면 그 후순위로 대출이 얼마가 있든 전혀 신경 안 써도 됩니다. 하루라도 빨리 확정일자를 받아야 보호를 받을 수 있습니다.

임대차 계약을 할 때는 보호를 받기 때문에 2년 동안 존속 기간이 됩니다. 전세 갱신을 할 수 있고, 아무 말 안 하면 갱신이 됩니다. 집주인이 갱신을 원하지 않으면 내용증명을 보내 나가라고 하면 되고 세입자는 내용증명을 보내서 더 연장하겠다고 하면 됩니다. 현재 서울은 전세난이 심각한데, 전세가 없고 월세로 바뀌고 그나마 보증금은 폭등하고 있습니다. 세를 갱신할 때 그 기간 중에는 5퍼센트를 넘겨 올릴 수 없습니다. 집주인이면 계약을 갱신하지 말고 계약을 종료하고 재계약을 하면 얼마든지 올려도 됩니다. 세입자는 갱신하면 됩니다. 그러면 5퍼센트를 못 넘기기 때문입니다. 법을 이용하면 됩니다.

상가 건물도 마찬가지입니다. 상가를 소유하고 있는 분들도 있고 상가에서 장사하는 분들도 알아두면 좋은 법률인데, 소규모 상인에게는 '상가건물임대차보호법'이라고 해서 법에서 보호를 해줍니다. 서울은 3억 원, 지방은 1억 5,000만 원을 넘기지 않는 소규모 상인은 보호를 하고 있습니다. 계약 기간도 5년을 인정해주고 있습니다. 또 차임은 9퍼센트를 넘기지 못하게 하고 있습니다. 이것은 동사무소가 아니고 세무서에 가야 하는데 사업자등록을 하고 확정일자를 받으면 보호를 받을 수 있습니다. 권리금은 보호받을 수 있을까요? 권리금은 보호받을 수 없습니다. 그건 세입자 간의 문제입니다. 세입자가 다음 세입자한테 권리금을 받고 나가면 다행이지만 권리금을 못 받으면 상가 주인한테는 한 푼도 못 받는 것입니다. 받을 수 있는 방법도 있는데, 특약에 잘 명시하면 됩니다.

교통사고 관련 법률

경주에는 교통사고가 별로 없겠지만 운전하는 분들이 주의할 내용입니다. 운전하고 길을 가는데 갑자기 어린아이가 뛰쳐나와서 어린아이의 팔을 살짝 부딪쳤습니다. 아무 데도 안 다쳤습니다. 어린아이가 "저, 그냥 집에 갈래요. 괜찮아요" 한다고 해서 아이를 집에 보내면 여러분은 뺑소니라서 바로 교도소에 가게 됩니다. 경찰과 119에 신고해서 아이를 병원에 데려가야 하고 보험회사를 불러야 합니다.

그럼 성인인데 살짝 부딪쳤다면 어떻게 하면 될까요? 성인인데 아까와 똑같은 상황일 경우 그냥 보내면 고소당합니다. 그럴 경우에는 즉석 대응 방법이 있습니다. 그 사람과는 합의서를 쓰면 됩니다. '몇 월 며칠 홍길동 생가 앞 건널목에서 사고가 났는데 합의를 했으니까, 그 친구가 다쳤으면 돈을 좀 주고 더는 민·형사 소송을 제기하지 않겠습니다. 후유증이 발생해도 일체 청구하지 않겠습니다'라고 쓰고 도장을 받으면 됩니다. 필기구가 없으면 스마트폰에 녹음을 하면 됩니다.

금전 관련 법률

친구한테 돈 꾸어주고 못 받으신 경우 있나요? 친구나 다른 사람에게 돈을 꾸어주면 받아야 하는 서류가 있습니다. 차용증입니다. 차용증에는 채권자, 채무자, 채무자의 주민등록번호, 주소, 변제게, 이율, 이자 등을 쓰고 돈을 빌리는 사람의 도장을 찍어야 합니다. 인감도 위조하는 시대이므로 사인을 받고 지장을 찍는 것이 가장 안전합니다. 녹음을 하는 것도 좋은 방법인데 앞의 내용이 다 들어가게 해야 합니다. 채무입증에서 통장입금증은 증거가 될 수도 있고 안 될 수도 있습니다. 통장입금증은 통장에서 통장으로 돈이 갔다는 것만 입증이 됩니다. 하지만 그 돈을 꾸어주었는지 증여했는지 투자했는지 확인할 수가 없어 별로 좋은 증거가 아닙니다. 좋은 것은 녹음과 차용증이 좋습니다.

법률적으로 상대방에게 돈을 준 것을 증여라고 합니다. 증여한 것은 한 번 그 사람에게 가면 다시 받아올 수가 없습니다. 부모님이 자녀들에게 돈을 주었어도 나중에 받을 수가 없습니다. 부모님들이 열심히 일해서 만든 재산을 노후에 자녀들이 달라고 합니다. 돈을 주고 나면 일부 몰지각한 자녀는 그때부터 불효막심한 사람이 됩니다. 그래서 부모님이 자녀들을 상대로 한 소송이 늘어나고 있습니다. 그게 바로 효도 소송입니다. 그럴 경우에 누가 이길까요? 부모님이 자녀한테 준 것은 다시 받아올 수 없습니다. 남녀 간에도 마찬가지입니다. 한 번 증여한 것은 다시 받아올 수 없습니다.

투자도 조심해야 합니다. 착한 사람이 투자 사기를 많이 당하는데 투자는 자기 책임 원칙입니다. 친구가 투자하라고 해서 투자한 경우 투자가 잘되면 대박이지만 안되면 쪽박일 때 친구한테 책임을 물을 수가 있을까요? 원칙적으로 자기 책임이기 때문에 친구에게는 책임이 없습니다.

이혼 관련 법률

우리나라는 1년에 33만 쌍이 결혼하는데, 11만 쌍이 이혼을 합니다. 확률적으로 1/3이 이혼합니다. 부부간에 싸울 때 쓴 각서는 법원에서는 잘 인정해주지 않습니다. 각서가 도움이 되는 경우는 이혼재판을 할 때 잘못했다는 것을 입증하는 중요한 증거입니다. 녹음을 해도 됩니다. 주의할 점은 각서를 1장만 갖고 있으면 안 되고 꼭 2장을 갖고 있어야 한다는 것입니다. 판사님 앞에 제출해야 하니까 각서를 2장 받아서 1장은 자신이 갖고 있고 1장은 안전한 곳에 보관해야 합니다. 녹음도 마찬가지입니다. 녹음은 꼭 파일로 복사해서 하나는 내가 하나는 안전한 곳에 보관해야 합니다.

우리나라는 이혼하기가 어려운 나라입니다. 협의가 되면 3개월이면 되지만 재판까지 하면 어렵습니다. 미국은 1년만 별거하면 1명만 이혼하고 싶으면 이혼이 됩니다. 파탄주의라고 하는데 우리나라는 유책주의이기 때문에 민법 제847조에 의해 6가지 사유가 있어야 법원에서 인정해줍니다. 외도, 폭행, 시어머니 학대, 가출, 기타 혼인을 지속할 수 없는 중대한 사유입니다. 나머지는 분명한데 6호가 문제가 됩니다. 아내가 임신이 안된다고 이혼을 주장하는 남편도 많은데 아내의 임신 불능이 이혼 사유가되지 않습니다. 그건 조선시대 이야기입니다. 게임 중독, 알코올 중독은이혼 사유가 됩니다. 그러면 게임 중독, 도박 중독, 알코올 중독은 미리다 알아보아야 합니다.

게임 중독을 알아보려면 PC방에 같이 가봐야 합니다. 도박 중독은 카지노에 같이 가봐야 알 수 있습니다. 알코올 중독도 만취할 때까지 술을 먹어봐야 알 수 있습니다. 평상시에 얌전한 사람도 술 마시면 맛이 가는 사람이 있습니다. 잠재의식이 나와서 그렇습니다. 그 사람의 진면목을 보아야 합니다. 결혼에는 예행연습이 필요합니다. 예행연습을 안 하고 섣불리 하면 실패합니다. 꼭 부부가 할 수 있는 건 다 해봐야 합니다.많은 것을 같이 체험하고 결혼해야 합니다. 배우자의 지나친 의처증, 의부증도 이혼 사유가 됩니다. 의처증, 의부증은 자기 자신에 대해 자신이없어서 생기는 것입니다. 상대방을 의심하고 매달리는 사람은 그 시간에자기 자신을 업그레이드하는 게 더 중요합니다.

최근에는 종교 강요도 이혼 사유가 됩니다. 엽기적인 이혼 사유가 있는데 외모 비하입니다. 잠자리 거부가 이혼 사유가 될까요? 나이에 따라다릅니다. 20대 신혼부부가 1년 동안 한 쪽에서 잠자리를 거부하면 이혼사유가 됩니다. 실제 있었던 사건인데 68세 된 할머니가 81세 된 할아버지가 잠자리를 20년 동안 거부했다고 소송을 했습니다. 젊은 판사들이많은 1심에서는 이혼하라고 했습니다. 그러나 연세가 드신 판사님들이많은 2심에서는 이혼하지 말라고 했습니다. 나이에 따라 다릅니다. 재산내용을 숨기는 것도 이혼 사유가 됩니다. 황혼이혼도 많이 늘어나고 있습니다. 이혼할 때 중요한 건 위자료보다 재산분할입니다. 위자료는 금액이 적기 때문에 재산분할이 더 중요합니다. 아내가 내조를 잘한 경우 남편 재산의 50퍼센트를 받을 수 있습니다. 그러나 재산분할에는 기여도가 있어야 합니다. 기여도가 없으면 받을 수 없습니다.

채무가 많으면 재산분할을 받을 수 없습니다. 받을 게 있어야 받는 것입니다. 더 황당한 것은 남편 사업을 위해 아내 이름으로 대출을 받았다가 남편이 도망가면 그 돈을 아내가 갚아야 합니다. 계약했으니 계약한 사람이 갚아야 하는 것입니다. 그러니까 혹시 남편이 여러분 명의로 대출을 받아달라고 하면 잘 생각해야 합니다. 대법원 판례가 이럴 때는 너무 억울하니까 구체적인 사실과 맞지 않기 때문에 남편이 어느 정도 채무를 떠안으라고 했지만 대출은 신중하게 해야 합니다.

이혼 소송이나 민사 소송에서 가장 먼저 해야 할 것이 있습니다. 가압류·가처분입니다. 이건 재산을 묶어두는 것입니다. 이것을 하지 않으면 재판에서 이겨도 돈을 받기 어려울 수 있습니다. 전세금이라든지 자동차라든지 재산가치가 있는 건 다 묶어두고 재판해야만 나중에 받을 수 있습니다. 양육비는 이혼을 하든 안 하든 꼭 주어야 합니다.

상속 관련 법률

일생에 한 번은 꼭 부딪치고 가야 할 문제가 상속입니다. 부모님이 돌아가시든 내가 죽든 항상 상속 문제는 발생할 수밖에 없습니다. 재산이 있든 없든 상속은 문제가 되는데 부모님이 재산이 있으면 자녀들과 배우자에게 상속됩니다. 배우자가 5할을 더 가져갑니다. 자녀가 없으면 직계 존속 부모님이 2순위, 부모님도 안 계시면 형제자매 3순위, 마지막에 사촌까지 갑니다. 사촌의 재산도 상속받을 수 있습니다. 빚도 상속될 수 있습니다. 그럴 경우에 자녀들은 상속을 포기하면 됩니다. 그러면 부모님의 빚을 한 푼도 안 갚아도 됩니다. 상속포기는 꼭 3개월 안에 해야 합니다. 변호사나 법무사 사무실에 가면 상속포기를 대행해줍니다. 상속포기는 자녀가 여럿이면 모두 해야 합니다.

빚도 해당자가 없을 경우 사촌에게 상속되니 사촌까지도 도장을 다 찍어야 합니다. 도장 안 찍은 사람이 책임지게 됩니다. '한정승인'이라는 법이 있습니다. 한정승인은 내가 부모님의 빚을 승인하는데 다만 부모님이 물려준 재산에 한정해서만 갚겠다는 것입니다. 일반적으로 상속된 빚은 상속받고 싶지 않은 사람도 모두가 도장을 찍어야 합니다. 그러나 한정승인은 그럴 필요가 없습니다. 1명만 하면 됩니다. 1순위자 자녀 중에 1명, 큰아들만 한정승인하고 둘째와 셋째는 상속을 포기하면 2·3·4순위자까지 안 넘어옵니다. 사촌까지 안 가도 됩니다.

유언 관련 법률

요즘에는 유언도 많은 문제가 되고 있습니다. 이 자녀에게는 좀더 해주고 싶고 많이 주고 싶고 이 자녀는 괘씸하니까 주기 싫다. 그럴 경우에 이용할 수 있는 것이 유언입니다. '이 재산을 큰아들에게 얼마 주고 작은아들에게 얼마 주겠다.' 이렇게 쓰면 되는데 아무렇게나 쓰면 안 되고 유언장을 잘 써야 합니다. 하나라도 빠지면 무효가 될 수 있습니다. 특히 인적 사항, 주소, 날짜, 마지막에 도장을 찍어야 합니다. 도장을 안 찍으면 무효가 될 수 있습니다. 요즘 치매에 걸린 어르신이 많습니다. 그런 분들이 재산이 없으면 서로 안 모시려고 하는데, 재산이 많으면 서로 모시려고 합니다. 그래서 큰아들이 모셨는데 돌아가신 후 유언장을 보니까 할머니의 재산을 모두 큰아들에게 준다고 되어 있습니다. 큰아들이 속닥속닥해서 유언장을 만들었을 경우라도 고인의 뜻이기 때문에 원칙적으로 유언장은 유효합니다. 그런데 작은아들과 여동생이 너무 억울할 때 이에 대비하는 것이 유류분입니다. 원래 상속인들, 자녀들이 상속을 많이 받은 큰아들에게 원래 받을 수 있었던 금액의 절반을 청구할 수 있습니다. 이런 유류분 제도를 잘 이용하면 됩니다.

12

피부 노화와
건강 이야기

함익병 | 의사

연세대학교 의학과를 졸업하고, 1994년 미용피부과의 시작을 알린 '이지함피부과'의 창업자 중 한 명이다. 대한민국 최초로 '피부과 스케일링'이라는 아이템을 창안했다. 지난 20여 년간 10만 명 이상의 임상 경험을 가진 대한민국 대표 피부과 전문의다. 현재는 함익병 앤 에스더 클리닉 원장이다. 큰 키와 준수한 외모, 뛰어난 언변으로 각종 방송계를 누비고 있다. 피부에 대한 잘못된 인식을 바꿔놓고자 듣기 불편한 진실을 입 아프게 떠드는 직설적인 의사이기도 하다. 미국피부과학회 정회원, 대한피부병리학회 정회원, 대한피부과학회 정회원이다. 저서로는 『피부에 헛돈 쓰지 마라』, 『여드름 뿌리뽑기』 등이 있다.

•••

건강하게 오래 사는 법

어떻게 하면 깨끗한 피부를 가질 수 있을까요? 여러 가지 시술을 생각할 텐데, 실제로 좋은 피부를 유지하는 데는 많은 돈이 필요하지 않습니다. 약간의 공부와 건강한 상식만 있으면 됩니다. 중요한 것은 아는 것이 아니라 행동을 바꾸는 것입니다. 얼굴 살을 집어보세요. 눈꺼풀도 한번 잡아보면 잡히는 두께가 피부의 두께입니다. 그런데 그 구조를 현미경으로 보면 똑같습니다. 표피, 진피, 피하지방 등 이것은 똑같습니다.

무슨 이야기냐면 두께는 서로 다르지만 기본 구조는 같다는 것입니다. 눈꺼풀의 두께가 옆구리의 두께와 똑같다면 어떨까요? 실제로 눈꺼풀은 이렇게 두꺼울 이유가 전혀 없습니다. 눈꺼풀이 왜 존재할까요? 눈을 보호하기 위해서입니다. 얇고 신경은 무척 많습니다. 반대로 얼굴 살은 어떤가요? 두껍습니다. 우리가 서서 다니는 동물이기 때문에 피부가 버텨줘야 합니다. 피부가 두터워야 체중의 일부를 막아줄 수 있습니다. 우리가 체중을 버티는 데 가장 중요한 곳이 어디인가요? 허리뼈, 등심, 안심입니다. 등심, 안심이 무엇이냐면 허리 옆을 둘러싸고 있는 근육입니다. 그 다음이 피부입니다.

그래서 척추를 덮고 있는 피부는 두꺼워야 합니다. 허리 아플 때 정형외과에서 하는 이야기가 허리근육을 강화시켜주고 복근을 강화시키는 운동을 하라고 합니다. 운동을 하지 않으면 복근도 약해지고 허리근육도 약해집니다. 그래서 운동을 안 하면 체중을 척추가 다 받아줘야 합니다. 체중의 상당 부분(40퍼센트 정도)을 근육이 받아줄 수 있습니다. 그렇게 되면 척추가 망가져도 어느 정도 버틸 수 있습니다.

그런데 허리가 아프면 어떻게 합니까? 병원에 가서 약을 받아먹습니다. 허리가 아프면 가장 먼저 해야 할 것은 운동입니다. 허리가 아프면 쉬라고 배우지 않나요? 아주 아프지 않은 이상 운동을 해주는 것이 중요합니다. 그런데 이런 이야기를 의사들에게 충분히 들어야 하는데 자꾸 진통제만 먹으니까 점점 허리가 나빠지는 것입니다. 모든 병은 가장 중요한 것이 유전입니다. 여러분에게 아픈 이유가 무엇이냐 물으면 모든 병은 유전이라고 말합니다.

아픈 것은 모든 것이 여러분의 책임입니다. 내가 아프면 내 책임입니다. 아플 만한 이유를 자신이 만든다는 것입니다. 건강은 다 자기 책임입니다. 그런데 요즘 세상은 너무나 이상해져서 남 탓을 많이 합니다. 심지어 사람을 죽여놓고도 남 탓을 합니다. 일부 무책임한 판사들은 그런 사람들에게 환경이 불행하니 감형을 해준다고 합니다. 요즘 사람을 죽이면 7년이라고 합니다. 우리나라 판결 수준이 이 정도입니다. 건강도 마찬가지입니다. 여러분도 건강보험료를 내보면 알겠지만 굉장히 많이 지출되지 않나요? 그런데 대부분 일을 하는 사람들은 별로 아프지 않습니다. 건강을 돌보려는 노력은 하지 않고 아프면 항상 병원에 갑니다. 병원에 가면 다 고쳐주길 기대하는 것입니다. 여러분이 건강하게 살기 위해서는 공부를 하고 정확한 정보를 알아야 합니다. 그래서 행동으로 옮겨야 합니다.

대부분은 햄버거가 안 좋은 음식이라고만 알고 있습니다. 대체 그런 인식을 누가 만들었을까요? 무엇을 먹었을 때 절대 좋다, 나쁘다는 없습니다. 음식을 먹고 그냥 자면 나쁜 식사를 한 것이고, 식사를 한 뒤에 적당한 운동을 했다면 좋은 식사를 한 것입니다. 이게 가장 중요한 핵심입니다. 제가 보건복지부 장관이 된다면 건강보험료를 많이 사용하는 사람들에게 할증을 붙일 것입니다. 전국의 산에 도장을 가져다놓고 도장을 찍어오는 사람들에게 보험료를 낮춰줄 것입니다. 극단적으로 이야기한다고 생각되겠지만 그런 책임감도 없이 모두가 행복할 수 있겠어요? 아주 어려운 사람을 도와줄 수 있는 게 제도지만 너무나 지나치게 방만하게 모두가 잘살게 할 수는 없습니다. 아무리 의사가 붙어다녀도 건강하게 살 수는 없다는 것입니다.

제가 서울 대치동에서 병원을 하는데 아이가 엄마와 함께 병원을 왔습니다. 아이 얼굴이 엉망이 되어서야 병원에 옵니다. 병원 다녀와서 학원에 가야 돼서 엄마 손에 햄버거가 들려 있습니다. 그러면 제가 어머니에게 정말 바쁘냐고 물어봅니다. 너무 바쁘다고 대답합니다. 제가 이런 이야기를 합니다. "아드님이 나중에 정말 훌륭하게 돼서 스티브 잡스 같은 사람이 되겠다고 합니다. 스티브 잡스는 56세에 죽었습니다."

여러분의 자녀가 여러분보다 먼저 죽으면 좋겠습니까? 김정일이 돈과 권력이 없어서 70세가 되자마자 죽었습니까? 오래 사는 것이 최고인가요? 저는 오래 사는 것이 최고라고 생각합니다. 특히나 건강하게 오래 사는 것은 정말 최고입니다. 모든 생물의 본능은 오래 사는 것입니다. 우리나라 평균 수명이 남자는 80세, 여자는 85세입니다. 그런데 특별한 사고가 없으면 평균수명보다 오래 삽니다. 100세 전에 돌아가시기 힘든 사람이 많습니다. 100세까지 살아야 하는데 내 몸이 건강하지 않다면 어떨까요? 아프면서 10년을 산다고 생각하면 어떤가요? 여기서 건강에 대한 개념을 정확히 갖고 가야 할 것이, 건강 수명은 평균 수명에서 9년을 빼야 한다는 것입니다. 대부분 죽기 전 9년 정도는 병원을 왔다 갔다 하며 삽니다.

건강의 유전적 요인과 건강관리법

피부도 여러 가지 구조가 있습니다. 표피, 진피, 피하지방이 있는데 이 구조를 이해해야 피부를 어떻게 하면 건강하게 할 수 있는지 알 수 있습니다. 표피는 글자 그대로 껍질입니다. 그 아래쪽에 진짜 피부인 진피가 있습니다. 그 아래쪽에 피하조직이라고 하는 지방이 있습니다. 옆구리를 잡았을 때 두툼하신 분들은 지방이 많은 것이고 복근이 있는 분들은 정상입니다. 진피라는 곳에 무엇이 있냐면 땀샘, 피지선, 모공이 있습니다. 우리 피부에 진짜 중요한 것은 진피에 다 있습니다. 그래서 땀샘에서는 땀을 만들어 피부 밖으로 내보내면서 체온을 조절합니다. 피지선은 모근 옆에 붙어 있으면서 피부에 기름기를 발라주는 역할을 합니다.

피부에 구멍이 있지 않나요? 이게 무슨 구멍일 것 같습니까? 모공입니다. 여러분 얼굴을 보았을 때 귤껍질처럼 구멍이 뚫려 있으면 전부 모공입니다. 그런데 왜 어떤 사람은 모공이 넓고 어떤 사람은 모공이 좁은 것일까요? 피지선에서 기름기를 많이 만들어내는 지성피부인 사람들은 모공이 넓고, 그렇지 않은 중성이나 건성피부인 사람들은 모공이 좁습니다. 지성피부와 중성피부, 건성피부는 누가 결정해주는 걸까요? 유전입니다. 여러분이 화장품 광고에 대단히 민감하지 않나요? 무엇을 바르면 피부가 좋을까요? 유전적으로 정해진 것입니다. 김태희 피부는 화장품을 잘 발라서가 아니라 부모님을 잘 만나서 그런 피부가 된 것입니다.

그래서 건강 문제에서 유전이란 것이 얼마나 중요한지 봐야 합니다. 그중에서 털 부분만 확대해서 보여주겠습니다. 털의 모근 부분인데 주례사 할 때 무슨 이야기를 하나요? 검은 머리 파뿌리 되도록 오래 사시라고 합니다. 그러면 한 보름만 살면 됩니다. 파뿌리는 금방 죽습니다. 실제로 보면 파뿌리와 비슷하게 생겼습니다. 파뿌리가 모근입니다. 그다음에 머리가 나오는 부분입니다. 우리가 머리털을 깎아도 머리털이 나옵니다. 손주 본 사람들 보면 아이가 100일 정도 되면 어떻게 하나요? 머리털을 깎아줍니다. 왜 깎아줄까요? 굵은 털 난다고 깎아줍니다. 그 말이 맞을까요? 틀립니다. 그냥 놔두어도 때 되면 다 빠지고 굵은 머리털이 나옵니다.

모근 옆에 있는 것이 피지선인데, 이 피지선에서 만드는 기름의 양이 유전적으로 정해져 있습니다. 엄마 아빠가 지성인 사람은 자신도 지성입니다. 피지선의 개수는 거의 동일한데 피지선에서 기름을 만드는 양은 유전적으로 정해져 있습니다. 그다음에 이것은 성장기에 있는 모근입니다. 우리 머리털은 몇 개쯤 될 것 같나요? 참고로 우리 몸에는 털이 100만 개가 있습니다. 머리털은 얼마나 될 것 같나요? 10만 개입니다. 그런데 이 머리털이 늘 그대로 있는 것이 아니라 성장을 하다가 퇴행기를 거쳐서 휴지 기간을 거쳐 다시 납니다. 이렇게 사이클로 돌아갑니다. 그래서 3년 정도 자라다가 빠집니다. 길게 자라는 사람은 5년 정도 됩니다. 그런데 누구는 대머리이고 누구는 머리털이 안 빠집니다.

왜 그럴까요? 유전입니다. 성인이 머리털이 빠지면 대머리입니다. 대머리도 먹는 약이 있습니다. 약을 처방 받아서 먹으면 훨씬 덜 빠집니다. 대머리가 왜 생기냐면 이 사이클이 다르기 때문입니다. 보통 정상적인 모발을 가진 사람들은 일생 동안 20번을 돕니다. 대머리는 6번 돌면 빠지기 시작하는 대머리가 있습니다. 10번 돌고 빠지는 대머리가 있습니다. 이게 유전적으로 정해져 있습니다. 대머리는 모발이 도는 주기가 남들보다 적습니다. 이런 이야기를 하면 여자들은 대머리는 남자들 이야기라고 생각하는 분들이 있습니다. 남녀 대머리는 똑같습니다. 다만 빠지는 모양이 다를 뿐입니다.

이것은 표피 부분만 그림을 그려놓은 것입니다. 왜 그런가 하면, 아까 화백 포럼 관계자를 만났는데 뭐만 먹으면 피부가 안 좋아진다고 합니다. 답변해주기로 했는데 지금 하겠습니다. 목욕할 때 5분 안에 하는 사람 있습니까? 때수건 쓰는 사람 있습니까? 우리 피부 중에 제일 더러운 부분이 어디일까요? 손? 발? 머리? 대개 그 정도입니다. 제일 더러운 곳이 손입니다. 소변 볼 때 손 닦고 보는 사람 있습니까? 손 닦고 보는 것이 정상입니다. 여러분이 합리적으로 생각한다면 소변을 보기 전에 손을 깨끗이 닦고 소변을 보는 게 좋습니다. 여러분이 습관적으로 하고 있는 행위가 비합리적인 행위입니다. 대부분 소변을 본 뒤에 손을 깨끗이 씻고 나옵니다. 소변에는 균이 하나도 없습니다. 냄새가 날 뿐이지 더럽진 않습니다.

목욕도 마찬가지입니다. 목욕할 때 무언가로 자꾸 문지릅니다. 보통 때수건입니다. 이것은 잘못된 습관입니다. 옛날에 목욕은 겨울 기준으로 한 달에 한 번 목욕탕 가서 목욕하면 꽤 잘사는 집이었습니다. 대개는 명절에나 한 번 갔습니다. 그래서 목욕탕에 갈 때 옷을 갈아입고 가든지 갈

아입을 옷을 챙겨갑니다. 그때 하던 습관을 지금도 하고 있습니다. 지금 명절에나 한 번씩 목욕하는 사람이 있나요? 하루에 한 번씩 합니다. 때가 낄 틈이 없습니다. 그런데 왜 때가 낀 사람처럼 행동을 할까요? 잘못된 것입니다. 그게 무슨 이야기냐면, 표피는 기저세포부터 올라와서 각질로 변해 차곡차곡 떨어져나갑니다. 우리가 말하는 때는 각질의 가장 바깥쪽에 있는 외부의 먼지입니다. 피부는 이 각질이 한층만 매일매일 떨어져나가고 맨 밑에서 차곡차곡 올라옵니다. 기저세포부터 각질층까지 올라오는 데 28일이 걸립니다.

여러분은 매일 세수하지 않나요? 세수를 하면 한 층씩 떨어져나갑니다. 각질이라고 하면 보통 제거해야 한다고 생각합니다. 저는 각질이라고 하면 보험이라고 생각합니다. 각질의 가장 바깥 부분은 떨어져나가야 하지만 밑에 있는 각질은 그대로 붙어 있어야 합니다. 그래야 피부를 보호할 수 있습니다. 여러분이 목욕할 때 지금처럼 하면 어떻게 될까요? 각질의 한 부분이 떨어지는 것이 아니라 표피의 대부분이 떨어져나갑니다. 그렇게 되면 피부가 쉽게 말라버립니다. 건조해지면서 가려워지는 것입니다. 그것이 바로 건성피부염입니다. 피부가 건강하려면 세수하듯 목욕을 하면 됩니다. 세수는 얼마 동안 합니까? 5분 정도 하지 않나요? 목욕도 그 정도만 하면 됩니다. 부드러운 타월로 씻는 것도 좋지 않습니다. 부드러운 타월이라고 그걸로 얼굴을 씻지는 않지 않나요? 그렇게 해야만 피부가 망가지지 않습니다. 우리 피부는 아무리 관리를 잘해도 때가 되면 늙습니다.

피부도 늙습니다

몸이 늙는 것과 피부가 늙는 것은 조금 다릅니다. 우리 몸은 때가 되면 하나하나 늙어가지만, 피부는 자외선과 햇볕 때문에 늙습니다. 피부가 오래오래 가려면 자외선 차단제를 발라줘야 합니다. 제가 친구들과 비교해서 좀 젊어 보입니다. 저는 운동을 좋아해서 등산도 많이 합니다. 그런데도 왜 젊어 보일까요? 밖에 나갈 때 눈사람처럼 자외선 차단제를 바릅니다. 자외선 차단제를 잘 발라줘야 합니다. 외출을 하면 자외선 차단제를 2시간마다 발라줘야 합니다. 자외선을 너무 안 쬐면 비타민이 부족해진다고 합니다. 그런데 그것을 보도하는 기자가 무식한 겁니다. 왜 그런가 하니, 그 이론의 논문이 나온 곳이 스웨덴입니다. 스웨덴은 해가 짧고 햇볕을 쬐기 힘든 나라입니다. 그런 나라에서 나온 논문을 우리나라에 적용해선 안 됩니다. 여러분은 자외선 차단제를 얼굴에 바르지 온몸에 바르지는 않잖아요?

우리 피부가 점점 노화가 되면 주름살이 나타납니다. 주름의 종류는 굉장히 많습니다. 주름의 종류 중 하나가 뭐냐면 표정을 짓다 보면 잡히는 주름입니다. 대표적으로 미간 주름입니다. 또 하나는 무엇이냐면 나이가 들면 피하지방이 없어지면서 생기는 팔자 주름입니다. 나이가 들면 피부가 조글조글해져서 주름이 생깁니다. 그래서 그 원인이 다르기 때문에 치료법이 다릅니다. 보톡스는 표정 때문에 생기는 주름에 맞으면 좋습니다. 보톡스를 맞으면 근육이 마비되어 표정을 못 짓게 돼서 얼굴에 주름선이 없어져 젊게 보이는 것입니다. 그다음에 잔주름은 레이저로 다림질하듯 펴주면 좀 적어집니다. 우리 피부가 주로 물로 이루어져 있지만 성분 자체로 따지면 단백질이 가장 중요합니다. 여러분이 입고 있는 바지의 주 구성 성분이 양털이지 않나요? 양털도 단백질입니다. 바지가 구겨지면 다림질을 하지 않나요? 피부도 마찬가지입니다. 레이저를 쏘아서 다림질을 하면 좀 펴집니다. 이런 식으로 열을 가해서 단백질이 오그라붙는 것입니다. 다만 무식하게 열을 가하면 화상을 입습니다. 그다음에 어떤 레이저가 있냐면 모공을 좁혀주고 피부를 젊게 해주는 레이저가 있습니다. 이걸 해주면 이런 것들이 좋아집니다. 여러 가지 방법으로 피부는 조금씩 좋아질 수 있습니다.

제일 중요한 것은 피부를 보호하는 자외선 차단제를 발라주는 것입니다. 그런 이야기를 하면 어떻게 바르는지 묻는 분들이 있습니다. 두 가지를 보셔야 합니다. SPF라고 적혀 있는 것이 있고 PA라고 적혀 있는 것이 있습니다. SPF는 숫자로 적혀 있는데 자외선 B를 막아주는 수치입니다. 일상생활 할 때는 20~30이면 되고 바닷가 같은 곳을 놀러갈 때 50 정도를 발라주면 됩니다. 그리고 자외선이 정말 강한 나라를 갈 때는 70 정도를 발라주면 됩니다. PA라는 것이 뭐냐면 자외선 A를 막아주는 것입니다. 이것은 더하기로 표시되어 있는데 최소한 더하기 2개 이상을 발라줘야 합니다. 그런 걸 내 상황에 맞게 야외에 나가 있으면 주기적으로 발라주고 야외에 나갈 일이 없으면 아침 점심 두 번을 바르면 됩니다. 그렇게 하면 수술을 받을 일이 거의 없습니다.

그뿐만 아니라 우리 피부에는 여러 가지 문제가 생기는데 가장 흔한 것이 기미입니다. 기미는 왜 생기는 것일까요? 유전입니다. 자외선은 기미를 악화시키는 요인이고 유전적으로 기미가 생기는 인자를 가진 사람만 생깁니다. 여성호르몬이 작용하면 기미가 생깁니다. 할머니 얼굴에 기미

있는 것을 보신 적 있나요? 할머니들은 기미가 없습니다. 왜냐하면 폐경이 되면 여성호르몬이 안 나오기 때문입니다. 아마 검버섯이 생길 것입니다. 그래서 기미가 생기면 무엇을 제일 먼저 해야 할까요? 유전적인 요인은 못 바꿉니다. 월경도 못 막습니다. 근본적인 요인을 못 막으니까요. 자외선을 열심히 차단해주어야 합니다.

그다음 치료법이 뭐냐면 바르는 미백 연고가 있습니다. 그걸 쓰게 되면 이렇게 좋아집니다. 햇빛을 보면 또 생깁니다. 그래서 기미 치료를 위해선 자외선 차단제를 잘 발라주어야 합니다. 기미와 비슷하게 생긴 점도 있습니다. 이 점은 모양이 기미와 비슷해 보입니다. 이걸 보면 대개 사람들은 기미구나 생각하는데 아닙니다. 이건 정말 레이저로 치료를 해야 합니다. 치료를 하면 완전히 없어지고 재발이 없습니다.

그다음에 주근깨입니다. 이것 역시 유전적인 요인입니다. 보통 학생들이 주근깨를 없애기 위해 많이 찾아오는데 주근깨는 치료를 해도 2년 정도 지나면 재발합니다. 잡티는 왜 생길까요? 이건 예외적으로 유전적 요인이 아닙니다. 햇빛을 많이 보면 생깁니다. 피부가 노화되는 정도는 유전적 요인 외에는 자외선이 가장 많이 영향을 줍니다. 남자들은 자외선 차단제를 바르라고 하면 자꾸 문지르는데, 자외선 차단제는 두드려야 합니다. 문질러 바른 후에 하얀 부분을 없애려면 두드려 바르면 됩니다. 귀도 바르셔야 합니다. 왜냐하면 여기에 피부암이 잘 생깁니다. 100세까지 사신다고 말씀드렸는데 그 나이까지 햇볕을 쬐다 보면 피부암이 잘 생깁니다. 수술해야 합니다. 자외선 차단제는 화학물질이기 때문에 눈에 들어가면 정말 따갑습니다. 눈 아래만 발라주는 것이 좋습니다.

피부과 의사들이 가장 반가워하는 것이 검버섯 환자입니다. 잡티는 10명

중 7명은 좋아지는데 3명 정도는 나빠지는 경우도 있습니다. 사람마다 타입이 다릅니다. 피부가 탈 때 빨개지는 사람과 검어지는 사람이 있는데 빨개지는 사람은 레이저를 쐬면 좋아집니다. 검어지는 사람들은 나빠지는 경우가 많습니다. 검버섯은 레이저를 하면 무조건 좋아집니다. 그래서 환자가 만족을 합니다. 예전에 정주영 회장과 김영삼 전 대통령, 김대중 전 대통령이 선거유세를 하며 TV 토론을 한 적이 있습니다. 그런데 서로 방송에 나가기엔 몰골이 영 좋지 않았다고 생각했나 봅니다.

그래서 서로 간 합의를 하고 검버섯 시술을 받았습니다. 그래서 선거유세를 딱 1주일 정도 쉰 적이 있었습니다. 검버섯 시술을 하고 회복시간이 딱 1주일 정도 걸립니다. 그런데 TV에 나온 걸 보았더니 김영삼 전 대통령은 아주 피부가 좋아졌고, 김대중 전 대통령은 조금 좋아졌습니다. 그리고 정주영 회장은 전보다 나빠졌습니다. 그래서 우리 피부과 의사들은 선거 전에 거기에서 누가 될지 알았다고 우스갯소리를 합니다. 물론 김영삼 전 대통령 외에 두 사람도 이후에 좋아졌는데 회복시간의 차이가 조금 납니다. 그런 식으로 검버섯은 레이저로 치료하면 다 좋아지긴 합니다.

조기진단의 중요성

머리털 때문에 고민하는 사람이 꽤 있을 것입니다. 머리털이 빠지는 것이 탈모입니다. 대머리 환자들은 대머리라고 하면 싫어하는 것 같습니다. 대머리란 말은 표준 용어입니다. 다른 대체할 수 있는 용어가 없습니다. 대머리란 말을 너무 싫어하다 보니 탈모 환자라고 에둘러 말합니다. 탈모는 머리가 빠지는 것입니다. 대머리는 의학 용어라고 생각하고 받아들여야 합니다. 정상적인 진단이라 생각하면 됩니다. 대머리란 말이 너무 싫으면 한자로 독두禿頭라고 말해줄 수 있습니다. 더 이상하지 않나요? 독수리 있지요? 대머리독수리라고 방송에 나오는데 참 이상합니다. 독수리의 독禿 자도 대머리 독禿 자입니다. 수리과 동물 중에 머리가 없어서 독수리라고 합니다. 그래서 대머리독수리인 것입니다.

성인의 탈모 중 99퍼센트는 대머리입니다. 대머리 진단법을 알려주겠습니다. 머리카락의 윗머리와 아랫머리의 굵기가 차이가 확연하면 대머리입니다. 아까 머리카락의 사이클을 이야기했지요? 머리에 점점 힘이 없어지고 얇아지는 것이 주기가 얼마 남지 않았을 때 생기는 현상입니다.

탈모 중에 가장 흔한 것이 원형탈모입니다. 스트레스를 받으면 동그랗게 구멍이 나는 것입니다. 그런 탈모는 금방 치료됩니다. 그런데 일부 탈모는 심하면 전두탈모가 됩니다. 이 경우는 치료하기 힘듭니다. 일반적으로 남자들 대머리가 시작되면 앞쪽 헤어라인이 무너지기 시작합니다. 조금 더 진행되면 뒤에 정수리 부분이 빠지기 시작합니다. 이렇게 앞 라인과 정수리 라인이 합쳐지면 그때부터 대머리라는 사실을 인정하기 시작합니다. 이때는 의사가 도움을 드리기 어렵습니다. 이 단계 이전에 치료를 해야지 이 단계 이후는 약 먹는 것 외에 모발이식 수술을 해야 합니다. 가발 아니면 이식수술밖에 없습니다. 요즘 젊은 사람 중에도 대머리가 꽤 있습니다. 그러면 장가가기 힘듭니다. 그래서 가족력 중 대머리가 있으면 자가진단을 해본 후에 대머리라고 판단되면 약을 먹어야 합니다.

여자는 대머리가 안 생긴다고 자신 있게 이야기하는 분들이 있는데, 여자들은 헤어라인이 안 무너집니다. 대신 속머리가 빠집니다. 비 오는 날 비 맞으면 머리가 착 가라앉는 분들은 대머리입니다. 여자 대머리 특징은 아무리 머리가 빠져도 앞쪽 헤어라인은 유지된다는 겁니다. 그래서 보통은 모르고 지나갑니다.

대머리는 어떻게 치료할까요? 바르는 약, 먹는 약으로 처방을 합니다. 유전된 것 자체는 바꿀 수가 없습니다. 약을 평생 써야 합니다. 바르는 약의 효용은 두피 혈관을 확장시킵니다. 두피 혈관이 확장되면 영양 공급이 잘되니까 모근의 힘이 좋아집니다. 남자들은 농도가 높은 것을 씁니다. 이 약은 의사 처방 없이도 약국에 가서 사서 쓰면 됩니다. 머리가 빠지는 부분에 바르고 마사지를 해주면 됩니다. 정보 습득도 중요하지만 행동을 해야 합니다. 굉장히 신경 쓰고 부지런해야 합니다. 매일 하루에 두 번씩 해야 합니다. 그래서 바르면 2년 정도면 확실히 좋아집니다.

먹는 약은 남성호르몬이 모근에 작용하지 못하게 해줍니다. 남성호르몬이 모근을 날리는 작용을 하는데 이 때문에 강력한 여성호르몬이 함유된 약(프로페시아)을 먹는 것입니다. 이 약을 먹으면 100명 중 1명은 성욕이 떨어지는 경우가 있습니다. 남자들이 이 약을 안 먹으려고 기를 쓰는 것은 정력이 떨어진다는 소문이 있기 때문입니다. 정력이 떨어지는 것이 아니라 성욕이 떨어지는 것입니다. 정말 객관적으로는 성욕이 떨어지는 것에 관계가 없다는 것이 의료계의 입장입니다. 2,000명의 환자를 모아 놓고 실험을 했습니다. 2,000명을 1,000명 단위로 나누고 한쪽은 가짜 약을 처방하고 한쪽은 프로페시아를 처방했습니다. 그런데 가짜 약을 먹은 그룹에서 20명이 성욕이 떨어졌다고 반응했고, 진짜 프로페시아를 처방했던 그룹에서는 40명이 성욕이 떨어졌다고 응답했습니다. 이러한 결과를 보면 프로페시아와 성욕의 상관관계는 크지 않다는 걸 알 수 있습니다.

프로페시아라는 약의 강점이 있습니다. 남자분들은 나이가 들면 전립선비대증이 생기는데, 소변을 볼 때 전립선비대증이 있으면 처음에 잘 안 나오고 좀 오래 털어줘야 합니다. 전립선이 요도를 둘러싸고 있는데 그것이 비대해지면 요도를 눌러서 소변이 잘 나오지 않습니다. 이 프로페시아를 먹으면 전립선이 좋아집니다. 그래서 전립선도 좋지 않고 대머리 기미가 있는 분들은 일타쌍피의 효과를 누릴 수 있습니다. 이 약은 하루에 1알씩만 먹으면 됩니다. 먹다 보면 두피가 보이던 사람들이 두피가 안 보일 정도는 됩니다. 하지만 가는 것은 어쩔 수가 없습니다. 그래서 자녀분들이 대머리의 기미가 보인다고 하면 빨리 약을 먹어서 치료를 시작해야 합니다. 뭐든지 조기진단이 중요하고 조기치료가 중요합니다.

언론매체가 가져다준 편견과 강박

건강 이야기가 나오면 비법을 물어봅니다. 피부가 건강하려면 어떻게 해야 하나요? 이런 식으로 물어보는데, 통속적으로 알려진 정보들은 거짓이 많습니다. 혹시 와인을 먹으면 심장에 좋다는 이야기를 들어보았나요? 언론매체에서 많이 등장했을 것입니다. 그런 연구를 한 출처를 알아봐야 합니다. 와인이 심장병에 좋다고 연구한 출처는 프랑스입니다. 그리고 수천 명의 실험 대상이 있어야 할 것 아닌가요? 그걸 프랑스 보르도 와인협회에서 했습니다. 당연히 프랑스 와인이 심장병에 좋다는 이야기가 나오는 것입니다. 그 논문의 내용이 무엇이냐면, 맥주를 마신 사람과 양주를 마신 사람, 와인을 마신 사람을 비교하는 논문입니다. 와인을 마신 사람이 당연히 심장병에 대해서 좋습니다. 와인이 좋아서일까요? 와인을 드실 때 치킨과 함께 드시나요? 보통 과일 한 조각, 치즈 한 조각, 크래커 한 조각입니다. 그러니까 와인을 마셔봐야 칼로리가 그렇게 들어가는 것이 없습니다. 맥주는 치킨이나 소시지와 먹지 않나요? 그런 내용에 현혹되지 말라는 것입니다. 심장에 좋은 술은 없습니다. 심장에 좋은 것은 물입니다.

피부에 좋은 것이 뭐가 있을까요? 항상 이야기하는 것이, 피부가 좋으려면 건강해야 합니다. 또 건강하려면 잘 먹어야 합니다. 항상 적게 먹으려고 노력하는데 잘 먹어야 합니다. 그다음에 내가 먹은 양이 내 운동량과 균형이 맞나 안 맞나 그것만 따져보면 됩니다. 저는 저녁 후 복숭아를 3개 정도 먹고, 달걀은 10개 정도 항상 먹습니다. 고기를 안 먹기 때문에 단백질을 보충하기 위해 달걀을 삶아서 갖고 다니며 먹습니다.

사람들이 콜레스테롤이 걱정되지 않느냐고 묻는데, 콜레스테롤은 결코 나쁜 것이 아닙니다. 잘못된 편견입니다. 콜레스테롤은 우리 세포를 만드는 필수 요소입니다. 그런데 왜 문제가 되냐면 그것이 과잉이 돼서 혈관을 막고 뇌를 막기 때문입니다. 콜레스테롤 자체가 나쁜 것이 아닙니다. 콜레스테롤도 몸에 들어가면 두 종류로 나뉩니다. 저밀도 콜레스테롤LDL이 있고 고밀도 콜레스테롤HDL이 있는데 저밀도는 나쁜 것이고 고밀도는 좋은 것입니다. HDL이 많을수록 혈액이 잘 돕니다. 윤활유입니다. 그런데 좋은 콜레스테롤, 나쁜 콜레스테롤은 먹는 것에서 정해지는 것이 아니라, 그걸 먹고 뛰면 HDL, 드러누우면 LDL인 것입니다. 신기하지 않은가요?

무엇을 먹는지 생각할 필요 없습니다. 그런 식으로 입맛대로 먹고 싶은 걸 먹은 후에 운동을 해야 한다는 것입니다. 어떤 사람은 이렇게 말합니다. "짜게 먹으면 안 좋다." 짜게 먹어도 괜찮습니다. 우리나라 사람들은 입맛이 있기 때문에 조금 짜게 먹습니다. 짜게 먹고 열심히 뛰고 물 한잔 마시면 괜찮습니다. 우리 몸은 신기하게 운동을 하면 필요한 것만 남겨두고 필요 없는 것은 내보냅니다. 하루에 10킬로미터 정도 뛰면 됩니다. 하루에 1시간에서 1시간 30분 정도만 투자하면 됩니다. 짜게 먹으면 안 된다는 실험을 할 때 생쥐를 갖고 했기 때문입니다. 생쥐는 갇혀 있는 데다 땀을 못 흘립니다. 땀을 흘릴 수 있는 동물은 몇 없습니다. 사람은 땀을 흘리지 않나요? 먹고 나서 뛰면서 땀을 흘리면 됩니다.

어떤 걸 먹었냐만 생각하기보다는 내가 어떻게 뛸 것인지를 생각하는 것이 좋습니다. 무릎이 아프면 살 빼라고 하지 않나요? 그런데 도가니 근육만 튼튼하면 무게가 조금 나가도 괜찮습니다. 근력을 유지하면 되는 것이지 소극적으로 이건 먹으면 안 되고 저건 먹으면 안 된다, 이런 이야기를 하실 필요가 없다는 것입니다. 그래야만 몸이 건강해지고 피부가 건강해집니다.

흔히들 피부가 좋아지는 음식 하면 뭐가 생각나나요? 과일, 야채, 야채 중에서도 유기농을 떠올립니다. 이런 것들이 잘못된 정보입니다. 유기농 야채가 좋을까요? 농약을 쓴 야채가 좋을까요? 농약이리고 하면 나쁘게 생각하는데, 대한민국에서 농사짓는 분들이 내일 출고할 야채에 농약을 칠 것 같은가요? 농약도 화학성분이고 주기가 있기 때문에 일정한 시점에 처야 합니다. 내일 먹을 야채에 농약을 친다고 믿지 않습니다.

저는 구제역이 돌면 소고기를 먹으러 가고 조류독감이 돌면 닭고기를 먹습니다. 싸기 때문입니다. 고기도 좋은 것 얼마든지 골라 먹습니다. 언론에 보도가 되면 찝찝할 수는 있지만 어떻습니까? 구제역이 돌 때 구제역에 걸린 소고기를 먹을 수도 있습니다. 그게 무슨 문제인가요? 날로 먹는 것도 아니고 다 구워서 먹는데 무슨 문제인가요? 그게 합리적인 사고방식입니다. 예를 들어서 일본 원전이 터졌을 때 물고기 안 먹지 않았나요? 저는 마음껏 먹었습니다. 그런 식으로 언론에 보도되는 것을 강박적으로 생각할 필요 없습니다. 그렇게 먹고 제가 섭취한 칼로리만큼 쓰라는 것입니다.

그래서 TV 볼 때 절대로 누워서 보지 말라는 것입니다. 앉아서 다리를 들고 보세요. 그러면 복근이 단단해집니다. 조금 시간이 남으면 팔굽혀펴기를 하면 됩니다. 그게 자신을 건강하게 하는 노력입니다. 골다공증 예방을 위해서 자꾸 걸으라고 하는데, 여자들이 나이 들면 골다공증이 팔에 옵니다. 팔굽혀펴기를 해야 합니다. 잘 못하면 무릎을 꿇고서라도 해야 합니다. 그렇게 해서 여기에 스트레스를 줘야 뼈가 튼튼해집니다. 이런 노력이 쌓여야 건강한 삶을 살 수 있습니다. 피부는 그런 삶을 살면 저절로 좋아집니다. 야채만 먹으면 피부가 팍 늙습니다. 고기를 먹어야 피부가 좋아집니다. 피부는 단백질과 콜레스테롤로 이루어져 있습니다. 그래서 돼지고기를 많이 드셔야 피부 탄력이 좋아집니다. 여러분이 알고 있는 상식들은 왜곡된 것이 많으니까요. 골고루 많이 먹고 운동 많이 하고 늘 건강하게 지내길 바랍니다.

13

100세까지
활기 충천하라

조비룡 | 의사

서울대학교 의학과를 졸업하고 서울대학교 보건대학원 보건행정학 석사학위, 고려대학교 대학원 예방의학 박사학위를 받았다. 현재는 서울대학교 의과대학 가정의학과 교수다. 대한가정의학회 총무위원 기획위원, 대한노인병학회 연구이사, 미국 미시간대학 노인병센터 교환교수 등을 역임했다. 대한노인병학회 국제협력이사, 질병관리본부 건강검진 실무위원회 위원, 대한골다공증학회 홍보이사, 중앙약사심의위원회 전문위원, 국민건강보험공단 자문위원, 보건복지가족부 건강관리서비스 활성화 포럼 위원 등을 맡고 있다. 1996년 항공의학연구원 장상, 2003년 대한가정의학회 MSD 학술논문상 등을 수상했다.

• • •

123세까지 살았던 잔 칼망

100세까지 산다는 것, 100세까지 그냥 가는 것이 아니라 활기 충천하게 사는 법에 대해 알아보도록 하겠습니다. 2000년까지 의료계의 과제가 많은 사람을 오래 살게 하자는 것이었습니다. 그러나 지금은 바뀌었습니다. 끝까지 건강하게, 활기차게 살게 하는 것이 쉽지 않다는 것이 밝혀지면서 중요한 논점이 되었습니다. 그래서 이 내용을 다루어보도록 하겠습니다. 인류 역사상 가장 오래 산 사람이 누구일까요? 잔 루이즈 칼망Jeanne Louise Calment입니다. 프랑스 태생으로 123세까지 살았습니다. 잔 칼망은 반 고흐와 같은 시대를 살았던 인물입니다. 잔 칼망이 110세를 넘어가면서부터 유럽에서도 가장 오래 산 사람이 되다 보니 잔 칼망의 생일만 되면 프랑스뿐만 아니라 여러 나라에서 인터뷰를 했습니다. 아마 인터넷에도 많이 올라와 있을 것입니다.

그녀는 장수했기에 사람들은 보통 술과 담배를 안 했을 것이라 생각합니다. 그러나 그녀는 114세까지 피우다가 115세 때 담배를 끊었습니다. 조금 다른 이야기지만 우리나라에서도 나이가 들면 망막경색이라고 근시 노안을 지나서 잘 안 보이게 됩니다. 그런데 잔 칼망이나 오래 산 사람들의 특징이 대단히 독립적입니다. 잔 칼망 역시 누군가에게 부탁하는 걸 정말 싫어했습니다. 그런데 110세가 넘어가면서 망막경색이 와서 사물이 잘 안 보이는 것입니다. 그래서 담배를 피울 때마다 성냥과 담배를 찾아달라고 해야 했습니다. 그녀는 왜 담배를 끊었냐는 물음에 바로 그 것 때문에 끊었다고 말했습니다.

그녀는 기네스에 오른 장수 인물답게 재미있는 일화가 있습니다. 프랑스에서도 우리나라와 마찬가지로 나이가 들면 돈을 벌기가 쉽지 않습니다. 집은 있는데 용돈이 없으니까 결국은 자기 집을 팔아서 살 집이 없는 경우가 생기기도 합니다. 잔 칼망은 70세 때 한 변호사와 계약을 맺어 자기 집을 저당 잡히고 용돈을 받기 시작합니다. 그 당시 프랑스의 평균수명이 70세 정도였기에 70세 할머니가 자기 집을 저당 잡는다고 하니 굉장히 높은 이자를 치렀습니다. 그런데 잔 칼망이 123세까지 산 것입니다. 어떤 일이 벌어졌을까요? 그 당시 잔 칼망과 계약을 맺었던 변호사가 잔 칼망이 119세가 되던 해에 죽었습니다.

세계적으로 장수한 인물들의 기묘한 일화는 비단 잔 칼망에 국한된 것은 아닙니다. 요즘 의료보건계에 큰 화제가 되고 있는 인물 미우라 게이조三浦敬三가 바로 그입니다. 그는 치과의사였고 스키를 워낙 좋아해서 전 세계 스키계에 이바지한 아시아인입니다. 미우라 게이조가 아들과 알프스산에서 스키를 타고 내려올 때의 나이가 100세였습니다. 20세 때부터 매 10세마다 유명한 스키장에서 세리머니를 하는 파티를 했기 때문에 100세 때도 알프스에 가서 둘째 아들과 스키를 탄 것을 기념으로 남긴 것입니다. 이런 걸 우리가 고령화라고 합니다. 고령화는 우리가 건강하고 잘살게 되면서 생겨난 현상이지만, 국가적으로는 돈을 벌지 않는 노인들이 늘어난다는 경제적 문제가 있습니다. 의료계에서도 문제가 됩니다. 50세 이전과 이후의 질병은 완전히 패턴이 달라집니다. 그래서 과거의 의료상식이 통하지 않습니다. 고령화라는 것은 새로운 과제를 안겨줍니다.

고령화 말고 또 다른 문제는 비만입니다. '비만과 고령화는 과거와는 다른 건강 상식을 요구한다'라고 보면 됩니다. 작년 말에 공개된 10대 장수인 중에서 첫 번째가 잔 칼망입니다. 122세 164일을 살았습니다. 그런데 115세 할아버지를 빼면 모두 여성입니다. 조금 다행인 것은 유일하게 살아 계신 사람도 할아버지란 것입니다. 건강에는 형평성이라는 것도 중요합니다. 누가 오래 살고 건강하냐면 대체로 돈도 많고 교육도 많이 받은 사람이 오래 삽니다. 그리고 돈도 없고 교육도 별로 못 받은 사람들은 대체로 오래 살지 못합니다. 이런 걸 건강 형평성의 문제라고 해서 건강에 취약한 사람들을 오래 살게 해야 한다는 것입니다. 남자도 건강 취약자입니다. 그래서 남자들을 오래 살게 하는 것이 건강 형평성에서 굉장히 중요한 문제입니다.

오늘 이야기할 것 중 첫 번째는 '건강 100세의 요인'입니다. 어떻게 하면 오래 살 수 있을까요? 사실 이 개념은 '건강 결정 요인'이라는 것에서 시작되는 것입니다. 미국 조지아대학에서 처음 시작되었습니다. 100세를 넘게 산 사람들이 왜 그때까지 살았는지를 조사해 모든 국민에게 적용시켜 100세까지 살게 하겠다는 취지에서 처음 시작되었습니다. 그래서 밝혀진 것이 여러 가지가 있는데 그 내용을 잠깐 짚고 넘어가겠습니다. 그리고 두 번째로는 젊었을 때는 술과 담배를 하는지 안 하는지, 운동을 하는지 안 하는지가 건강에 대해 별 영향을 미치지 못합니다. 그러다 보니 건강의 중요성을 모르다가 40세가 넘어가면서부터 건강에 대한 위기를 느끼기 시작합니다. 그전까지는 몸에 온갖 무리를 다 하다가 그때가 되면 돈도 좀 벌고 안정이 되지 않나요? 그래서 이제는 건강을 좀 지켜야겠다고 해서 많은 사람이 건강을 위해 노력하기 시작합니다. 그런데 그때 그냥 두었으면 그대로라도 살 걸 괜히 열심히 건강을 위한다고 했다가 더 빨리 죽는 경우가 있습니다. 우리나라에서도 이런 경우들이 있습니다. 그래서 실패한 건강법이 무엇인지, 적용하지 말아야 할 건강법이 무엇인지 살펴보고, 마지막으로 진짜 오래 살기 위해서 어떻게 해야 하는지, 건강하게 오래 사는 법에 대해서 살펴보도록 하겠습니다.

유전적 요인을 극복하는 건강 습관

미우라 게이조처럼 100번째 생일에 알프스에서 스키를 타고 내려올 정도는 아닐지라도 100번째 생일 파티를 할 확률이 얼마나 될까요? 지금 우리나라 평균수명은 2010년에 80세가 넘었습니다. 2012년 말에 81세가 되었습니다. 그래도 일반인들이 100세를 넘길 확률은 1퍼센트가 안 됩니다. 90세까지 사는 것과 95세까지 사는 것은 천지 차이입니다. 대부분 80세에서 추풍낙엽으로 떨어집니다. 그렇기 때문에 100세까지 산다는 것은 정말 특별한 의미가 있습니다.

요즘 줄기세포 이야기 많이 나오지 않나요? 그리고 건강에 대해서 여러 가지 편견이 많이 일어나고 있습니다. 그래서 어떤 현상이 벌어지냐면 우리나라만 해도 2010년 평균수명이 80세였는데, 2012년 평균수명이 81세입니다. 그 말이 무엇이냐면 2년이 지나면 평균수명이 한 살이 늘어난다는 것입니다. 이게 최근 10여 년간 지속되고 있습니다. 요즘 연금이라든지 이런 것도 경제적으로 계속 문제가 되는 게 과거의 일이거나 남의 일이 아니라는 것입니다. 우리가 50~60세에 은퇴를 하게 되면 앞으로 절반 정도의 인생이 남아 있다는 것입니다. 건강에 대해서 조지아대학에서 연구를 시작했다고 이야기를 했습니다. 그런데 조지아대학에서 30년 정도 연구를 하다가 연구비를 반납해버렸습니다. 그 이유가 무엇이냐면 잔 칼망이 담배를 110세까지 피웠다고 하지 않았습니까? 장수하는 사람들과 단명하는 사람들의 생활 습관이 크게 차이가 없다는 것입니다.

　운동 안 하는 사람도 많고 질병을 앓았던 사람도 많습니다. 이것이 '100세인 연구'의 문제점입니다. 유전자라는 요인을 보완하지 못한 것입니다. 유전자 때문에 오래 산 사람들, 우리가 "폐가 안 좋으니 담배를 끊어야겠습니다"라고 했을 때 "옆집 할머니는 담배를 피워도 오래 살던데요?" 이 말은 통하지 않습니다. 옆집 할머니와 유전자가 다르다는 것입니다. 그래서 유전자 문제를 보완한 것이 일란성 쌍둥이에 대한 연구입니다. 이들은 똑같은 날짜에 태어났지만 사망할 때는 시간도 다르고 원인도 다릅니다. 이 사람들을 조사해보면 유전자를 제외하고 어떤 것들이 중요한지 알 수가 있습니다.

　100세 이상 산 사람들의 첫 번째 특징은 유전자입니다. 1900년에 태어난 미국 사람들의 그래프를 보면, 부모 중에 한 명이라도 100세를 넘기면 이 사람이 100세를 넘길 가능성이 15퍼센트인데 일반인들이 100세를 넘길 가능성은 0.1퍼센트가 안 됩니다. 2007년에 노벨의학상을 받은 게 '텔로미어telomere'라는 연구입니다. 텔로미어가 무엇이냐면 우리 몸에는 염색체가 23쌍이 있는데 염색체 맨 끝에는 무언가 다른 것들이 있습니다. 그것을 텔로미어라고 하는데 텔로미어는 세포가 분열할 때마다 조금씩 짧아집니다. 그래서 텔로미어가 없어지게 되면 그 세포는 분열하지 못합니다. 분열을 못한다는 것은 상처가 났을 때 더는 회복을 못한다는 것입니다.

100세를 넘긴 사람들은 텔로미어가 좀처럼 짧아지지 않습니다. 요즘 언론에서 항산화제라는 이야기가 종종 나옵니다. 산화스트레스라는 것은 쇠로 따지면 녹슨다는 것입니다. 우리 몸도 녹이 습니다. 나이가 들면서 주름도 생기고 반점도 생기는 것이 산화스트레스가 온 것입니다. 오래 사는 사람들은 산화스트레스에 대한 방어 능력이 있습니다. 그래서 이런 산화스트레스를 어떻게 막을지, 그다음에 우리 몸에 있는 텔로미어란 유전자가 짧아지는 걸 어떻게 하면 짧아지지 않게 할지 연구가 되는 것입니다. 아직까지는 못하지만 이런 연구가 완료되면 부모님의 유전자를 타고나지 못한 사람들도 건강할 수 있다는 것입니다. 물론 그 이전에는 자신의 취약점과 가족력을 알고 거기에 따라 행동해야 합니다. 내 옆 사람은 담배를 피워도 될지 모르지만 나는 담배를 피워선 안 됩니다. 내 옆 사람과 나는 다르다는 것을 충분히 알아야 합니다.

두 번째, 1930년대 우리나라 사람들의 주된 사망 요인은 결핵이나 장염과 같은 질병이었습니다. 그것을 전염병이나 감염병이라고 합니다. 주로 세균으로 인한 사망입니다. 작년에 발표한 우리나라 10대 사망 질환에서 첫 번째가 암이고 두 번째가 중풍이고 세 번째가 신장질환입니다. 이 3가지를 합치면 절반입니다. 우리나라 사람들 절반이 이들 병으로 죽습니다. 1930년대까지만 해도 이 병으로 죽는 사람들이 별로 없었습니다. 이것은 병이 달라지고 있다는 의미입니다. 이 병에 대해서 걸리지 않거나 아니면 이 병 때문에 사망하지 않도록 무언가 조치를 취해야 한다는 것입니다.

이것은 과거와 다릅니다. 9월이 되면 UN사무총회에서 중요한 연설들을 하는데 그때 반기문 총장이 한 연설이 방금 이야기한 만성질환입니다. 우리나라는 50퍼센트지만 미국이나 일본은 70퍼센트가 이런 병으로 죽고 있습니다. 그래서 2020년이 되면 전 세계 사람들이 만성질환으로 80퍼센트가 죽게 됩니다. 우리가 이 병에 대해서 어떻게 대처할지 이야기를 하는 것입니다. 이런 질병과 관련된 것들을 우리가 어떻게 하면 이길지가 중요하다고 보면 됩니다.

세 번째가 보건에 대한 이야기인데, 1972년에 네드라 벨록Nedra Belloc이라는 사람이 연구해서 발표했습니다. 그것은 건강하게 얼마나 오래 사는지에 대한 것입니다. 그 당시에만 해도 불로초를 먹거나 어떤 특이한 영향을 받는 것이 장수의 비결이라 생각했습니다. 그런데 벨록의 연구에 따르면 사람이 어떤 행동을 하는지가 장수와 연관이 많았습니다. '건강과 장수에 관련된 인간의 행동과 습관'이라고 합니다. 그 7가지는 ① 아침식사를 한다, ② 간식은 피하거나 전혀 하지 않는다, ③ 밤에는 7~8시간 정도 수면을 한다, ④ 술은 적당량을 마시거나 안 마신다, ⑤ 금연을 한다, ⑥ 정상적인 체중을 유지한다, ⑦ 규칙적인 운동을 한다는 것입니다.

그런데 7가지 습관 중에 3가지 이하를 하는 사람과 6가지 이상, 그러니까 3가지를 더 하느냐 안 하느냐에 따라 평균수명이 11년가량 차이가 난다고 발표했습니다. 이 11년 차이라는 것이 별것 아닌 것 같지만, 미국에서 70년 동안 의료기술이 발달해 늘어난 수명이 4년입니다. 엄청난 돈을 투자해서 4년 오래 살게 되었는데 생활 습관만 고치면 11년을 오래 산다고 하니, 국가에서 국민들이 어떤 습관을 갖게 해야 하는지가 중요해지게 된 것입니다. 이것이 1972년에 발표되었는데 전 세계에 이 내용이 전파되기까지 30년이 걸렸습니다. 그래서 우리나라도 2000년대부터 생활 습관이 중요하다는 것을 강조하기 시작했습니다. 공익광고에서도 나오는 것은 이 때문인 것입니다.

네 번째가 환경입니다. 우리나라에도 장수 지역 같은 곳이 많습니다. 어디에 가면 오래 산다는 이야기가 자꾸 사람들 사이에서 오갑니다. 그런데 왜 오래 사느냐? 이 지역에만 가면 오래 살 수밖에 없는 무언가가 있다는 것입니다. 예를 들면 우리나라 사람들도 방글라데시에 가면 빨리 죽습니다. 우리나라 사람들도 과거에 미국이나 일본으로 가면 오래 살았습니다. 그래서 환경도 굉장히 중요합니다. 이탈리아 섬은 어떤 곳인가 하면 불치병 선고를 받으면 마지막으로 가는 곳입니다. 여기에 가면 불치병도 없어지는 경우가 있습니다. 이 섬에 있는 사람들이 스트레스도 적고, 식사라든지 생활 습관이 건전하기 때문이라고 생각하고 있습니다. 유럽에서는 좋은 식사, 운동, 절주, 금연 이런 것들을 4대 생활 습관이라고 합니다. 그래서 이 4가지를 하느냐 안 하느냐가 10년이 지났을 때 얼마나 빨리 죽느냐 오래 사느냐의 차이로 나타납니다. 실제로 오키나와 사람과 미국 사람의 평균수명 차이가 10년 정도 됩니다. 똑같이 환경의 중요성이라고 보고 있습니다.

이런 걸 건강 결정요인이라고 하는데 외부 환경 요인, 의료 서비스 수준, 타고난 유전자가 100세까지 사는 데 굉장히 중요하다고 합니다. 그런데 현대에 오면서 제일 중요한 요소가 생활 습관이 되었습니다. 유전자는 자신이 조절할 수 있는 부분이 아닙니다. 그러나 생활 습관은 자신이 컨트롤할 수 있는 부분입니다. 어떤 생활 습관을 가질지가 중요해지고 있습니다. 그래서 건강 100세 요인에서 중요한 것은 유전자지만 우리가 할 수 있는 것들 중에서는 내가 어떤 생활을 하고 어떤 습관을 가지고 있는지가 중요하다는 것입니다. 최근 우리나라에서는 과거와 달리 만성질병들이 중요해지고 있습니다. 환경이 중요하다는 것은 주로 정치를 하거나 도시설계를 하는 사람들에게 중요한 이야기입니다. 이런 것들이 환경의 영향입니다. 이런 것들이 잘되면 오래 사는 경향이 있습니다.

지양해야 할 건강 관리법

그렇다면 열심히 했는데 더 빨리 죽는 경우가 있을까요? 〈죽어야 사는 여자〉라는 영화가 있습니다. 1992년에 개봉된 영화입니다. 여주인공이 남자와 결혼을 하려고 하다가 남자를 얻는 데 실패합니다. 그래서 이 여자가 마녀와 계약해서 늙지 않는 묘약을 받게 됩니다. 다른 사람들은 늙는데 이 여자만 늙지 않았고, 결국 다시 남자를 빼앗아온다는 이야기입니다. 그런데 이 영화를 촬영할 때 골디 혼이라는 여자가 실제로 나이가 40세 정도 되었는데 다른 영화배우들보다 나이가 열 살 정도 젊어 보이는 것입니다. 그래서 그 당시 할리우드 토크쇼에 나온 그녀에게 사회자가 어떻게 그리 젊어 보이는지를 물어보았습니다. 그랬더니 골디 혼이 운동도 열심히 하고 건강관리를 잘한다고 대답했습니다. 하지만 그 토크쇼가 거의 다 끝나갈 무렵에 골디 혼이 갑자기 거짓말을 했다고 고백했습니다. 그리고는 "몇 년 전부터 피닉스라는 곳에 주치의를 두고 있는데 그곳에서 일주일에 3번 정도 주사를 맞는다"고 털어놓았습니다. 그게 바로 성장호르몬입니다.

우리나라에서도 2000년대 초반에 성장호르몬 붐이 일었습니다. 그런데 지금은 그걸 먹지 않습니다. 시간이 지나면서 호르몬 치료를 했던 사람들이 더 빨리 사망한 것으로 밝혀졌습니다. 호르몬 중에 가장 안전한 것이 여성호르몬인데, 각종 질병 발병 확률이 더 높아졌습니다. 호르몬 치료는 특별한 이유가 없으면 안 하는 것이 좋습니다. 마이클 잭슨이 왜 사망했는지 아십니까? 약물중독으로 사망했습니다. 마이클 잭슨이 먹던 약이 11가지나 됩니다. 그래서 마이클 잭슨의 주치의가 문제가 되었습니다. 마이클 잭슨이 먹었던 약 중에 자낙스Xanax란 신경안정제가 있습니다. 이 약은 떨림을 멈추게 합니다. 연예인들이 불안할 때 먹는 약입니다.

아까 산화스트레스에 대해서 이야기했습니다. 담배를 피우면 폐암이 많이 생깁니다. 그때 폐암이 생기게 하는 원인 중 절반이 산화스트레스입니다. 담배를 피우면 폐에 산화스트레스가 많아지기 때문에 폐암이 많이 생기는 것입니다. 그럼 담배를 피우는 사람에게 산화스트레스를 막는 약을 주면 폐암이 잘 안 생기지 않을까요? 산화스트레스를 막는 약 중 대표적인 것이 비타민E와 베타카로틴이라는 약입니다. 이 약은 지용성입니다. 매일매일 먹어두면 축적되었다가 나중에 문제가 되면 이 약이 작용해서 산화스트레스를 막아줄 것이라 생각했습니다. 일종의 코팅이라고 생각하면 편합니다.

과거 대학 시절만 해도 교수님들이 매일매일 비타민E 먹기를 권유했습니다. 담배 피우는 사람들은 비타민E를 먹는 게 그 당시 의사들의 처방이었습니다. 그 효과를 보기 위해 1994년에 한 연구가 발표됩니다. 하루에 담배 한 갑을 피우는 사람들에게 비타민E와 베타카로틴을 매일매일 복용시키면 폐암이 얼마나 줄어드는지를 보는 연구입니다. 그 결과는 우습게도 약을 먹은 사람들이 폐암이 더 많이 생겼습니다. 그래서 훨씬 돈을 더 많이 들여서 담배를 피우면 폐암 확률이 얼마나 높아지는지 확인하는 실험을 했습니다. 가짜 약과 진짜 약을 먹은 사람들의 결과를 실험하는 것이었는데 진짜 약을 먹은 사람들이 가짜 약을 먹은 사람보다 발병 확률이 높았습니다.

최근 신문에 비타민도 많이 먹으면 빨리 죽는다는 기사가 보도되었습니다. 이게 비타민을 복용해도 빨리 죽을 수 있다는 첫 번째 연구였습니다. 우리 몸에 필요한 비타민은 10~15입니다. 우리가 나이가 들면 기억력이 감퇴되고 동맥경화가 오고 각종 질병이 발생하는데, 과거에 처방했던 비타민의 양이 1,000~2,000이었습니다. 정상인을 대상으로 한 실험이었는데 많이 먹으면 많이 먹을수록 빨리 죽었습니다. 누구든지 약만 먹으면 오래 사는 것이 아닙니다. 고혈압 약은 혈압 있는 사람들이 먹었을 때만 오래 사는 것이지 아무나 먹어도 오래 사는 것이 아닙니다. 이런 것들도 먹어야 할 사람이 있고 안 먹어야 할 사람이 있다는 것입니다. 그래서 약에 의존하는 것은 별로 좋지 않습니다.

두 번째로 우리가 전통적으로 피곤하거나 힘들면 보양식을 먹습니다. 보양식을 먹으면 비만이 생깁니다. 요즘 복부 비만, 내장 지방이란 소리를 많이 듣게 됩니다. 내가 운동으로 소모하는 것보다 많이 먹었다고 하면 남는 것은 저장을 해두어야 합니다. 그럼 창고에 저장을 해야 하는데 우리 몸의 창고는 피하지방입니다. 그런데 피부 밑에 보존을 하는 것은 한계가 있습니다. 자꾸 많이 먹으면 결국 그것이 피하지방으로 못 가고 다른 곳으로 가야 됩니다. 그래서 가는 곳이 복부이고, 간으로 가면 지방

간입니다. 혈관으로 가면 동맥경화가 옵니다. 특히 혈관은 지방이 쌓이고 무언가 막히니까 도로가 막히는 것과 비슷한 현상이 생깁니다. 그래서 이런 걸 우리가 일반적으로 비만이라고 했는데 대사증후군이라는 유식한 말로 바뀌었습니다.

우리나라도 대사증후군을 없애겠다고 발표했습니다. 물론 영양이 너무 없는 것도 문제지만 너무 많은 것도 문제라는 것입니다. 1930년대에 우리나라 사람들이 결핵이나 감염병으로 많이 사망했다고 했습니다. 그때는 결핵약이 없었습니다. 1930년대에 결핵을 앓으면 처방이란 게, 돈이 많은 집에서는 보신탕을 해주었고 돈이 없는 집에는 뱀을 잡아서 뱀탕을 해주었습니다. 1930년대에 보신탕이나 뱀탕을 먹으면 잘 나았을까요? 결핵약의 거의 70퍼센트 효과를 가지고 있었습니다. 왜 그럴까요? 우리 몸에는 적혈구가 있는데 우리가 숨을 쉬면 산소를 온몸에 전달해줍니다. 그중에 백혈구라는 하얀 피가 있는데 우리 몸에 균이 들어오면 백혈구가 그 균과 싸웁니다. 그런데 적혈구와 백혈구는 단백질이 있어야 만들어집니다. 1930년대에는 단백질이 부족한 시대였습니다. 단백질이 부족하니 백혈구가 모자랐습니다. 백혈구가 부족하니 몸에 균이 들어와도 싸울 수가 없었던 것입니다. 단백질 부족증으로 결핵이 왔는데 그런 사람들에게 개고기나 뱀고기가 들어가면 우리 몸에 단백질이 기하급수적으로 늘어나고 이것을 합성해 백혈구를 만들어 결핵균과 싸우는 것입니다. 그런데 요즘 사람들은 단백질이 부족한 사람이 전체적으로 보았을 때 7퍼센트 미만입니다. 요즘 결핵 앓는 사람들에게는 보신탕이나 뱀탕을 줘도 낫지 않습니다. 오히려 동맥경화가 와서 더 빨리 죽을 수도 있습니다. 1930년대 특효법이 지금은 치료법이 아닙니다.

건강한 생활 습관의 중요성

건강을 찾으려면 옛날과는 다르게 행동해야 합니다. 지금 제일 중요한 것이 무엇일까요? 운동이 가장 중요해지고 진짜 내 몸이 건강한지를 봐야 합니다. 정신적인 것도 굉장히 중요합니다. 절대 100세까지 살 수 없는 세 경우를 꼽자면 첫 번째가 우울증입니다. 두 번째가 중독입니다. 알코올 중독이 되면 아무리 몸이 건강해도 빨리 죽습니다. 그리고 하나만 더 꼽자면 신체활동입니다. 그래서 저희가 학생들에게 건강을 위해서 딱 하나를 한다면 매일 뛰라고 합니다. 운동이 좋다는 것은 그냥 운동이 좋다는 것이 아니라, 여러 가지 의미가 있습니다.

밥만 먹으면 말도 하고 돌아다니고 할 수 있다는 것이 신기하지 않나요? 그게 우리 몸에 있는 미토콘드리아 때문입니다. 미토콘드리아가 밥을 먹으면 이걸 에너지로 바꿔줍니다. 이 미토콘드리아가 나이가 들면 하나하나 망가지기 시작합니다. 회복이 잘 안 됩니다. 그래서 나이가 들면 밥을 먹어도 에너지로 변환이 잘 안 되고 에너지가 새어나갑니다. 기름통에 기름이 새는 것과 마찬가지입니다. 그런데 불행히도 미토콘드리아가 잘 회복되지 않는다고 하지 않았나요? 그래서 하는 것이 바로 호르몬 치료입니다. 그런데 호르몬 치료를 하면 암이 생겨서 안 좋습니다. 호르몬 치료보다 미토콘드리아를 잘 만들 수 있는 것이 유산소운동입니다. 8주 정도만 매일 운동을 하면 얼굴에 활기가 나타납니다. 나이에 상관없이 미토콘드리아가 생깁니다. 나이가 들면 자꾸 몸무게가 줄어드는데 그 이유가 여기 있습니다. 나이가 들면 지방은 많아지고 근육은 줄어듭니다. 이것을 근위축증이라고 합니다. 이걸 방지하기 위해서는 근육운동을 해야 합니다. 유산소운동인데, 나이 들어 근위축증을 방지하기 위해서입니다.

전립선에는 토마토가 좋고 간에는 바나나가 좋고 위장에는 양파가 좋다고 합니다. 각각 좋은 음식들이 있습니다. 그런 음식 다 먹으면 배가 터집니다. 제일 중요한 것은 균형 잡힌 식사입니다. 우리 몸은 간이 튼튼하다고 해서 오래 사는 것도 아니고 위장이 좋다고 해서 오래 사는 것도 아닙니다. 우리 몸에는 대부분의 영양소들이 필요하기 때문에 균형 잡힌 식사가 중요합니다. 가장 중요한 것은 편식하지 않는 것입니다. 사람마다 모자란 음식이 다릅니다. 나이가 들면 야채를 잘 안 먹게 됩니다. 그래서 나이가 들면 들수록 야채를 많이 먹으라고 권유하는 것입니다. 산화 스트레스를 막는 데 야채나 과일이 굉장히 좋은 작용을 합니다. 그래서 최근 들어 색깔을 많이 먹자고 합니다. 야채를 먹더라도 배추만 먹고 그러진 말자는 것입니다. 다양한 야채를 섭취해야 합니다.

우리 몸을 좋지 않게 만드는 것이 몇 가지가 있습니다. 그중 대표적인 것이 소금, 설탕, 술, 담배입니다. 특히 우리나라 사람들이 미국 사람들에 비해서 혈관질환이 적은데 딱 한 가지 많은 것이 중풍입니다. 중풍이 잘 걸리는 것은 소금 때문입니다. 우리나라 사람들이 먹는 국 때문에 소금을 많이 섭취하는 것입니다. 그래서 고혈압이나 중풍의 가족력이 있을 때는 국물 먹는 것을 조심해야 합니다. 유럽과 미국에서 시작을 했지만, 요즘 우리나라에서도 국민들에게 어떻게 하면 소금을 덜 먹게 할 것인지가 굉장히 중요한 문제입니다.

또 지방이 굉장히 안 좋다고 했지만 지방은 우리 몸에 꼭 필요한 요소입니다. 지방을 섭취하지 않으면 우리 몸이 기능할 수 없습니다. 우리 몸은 세포로 구성되어 있는데 세포를 싸고 있는 막이 지방입니다. 그런데 세포들도 대화를 합니다. 옆에 있는 세포와 대화를 해서 의사소통이 잘 이루어져야 우리 몸이 건강합니다. 그런데 좋지 않은 지방, 이게 포화지방 또는 트랜스지방입니다. 주로 인스턴트식품이나 붉은색이 나는 고기를 먹으면 세포들이 대화를 못합니다. 대화를 잘할 수 있게 하는 지방이 있습니다. 이게 불포화지방과 오메가3입니다.

불포화지방이 많은 음식이 무엇인가요? 주로 곡류, 채소이고 오메가3는 생선에 많습니다. 특히 흰살 생선이 좋습니다. 이런 것들이 우리 몸에 좋은 지방을 축적하고 나쁜 지방을 없애는 것입니다. 밥도 건강한 밥이 있고 안 좋은 밥이 있습니다. 건강한 밥은 어떤 밥인가요? 어떻게 보면 소화가 잘 안 되는 밥입니다. 잡곡밥, 덜 정제된 7분도 현미 같은 쌀입니다. 영양과잉 시대가 오면서 오히려 이런 것들이 좋다고 하는 것입니다. 당연히 술과 담배도 문제가 됩니다. 이런 것들을 줄이도록 해야 합니다.

몸무게는 따지기 쉽진 않지만 보통 좋은 몸무게가 남자는 군대에서 제대할 때 몸무게, 여자는 결혼하기 전 몸무게입니다. 그 이상이 나가면 다이어트를 하는 것이 좋습니다. 그런데 폐경이 50세라고 합니다. 50세쯤 되면 그때부터는 몸무게를 줄이지 말라고 합니다. 정상적인 몸무게도 중요하지만 안정적인 몸무게가 더 중요합니다. 나이가 들어서 빨리 몸무게를 줄이면 별로 좋지 않습니다. 나이가 들어서 몸무게를 줄이면 근육과 뼈가 빠져나가는 경우가 많습니다. 그렇지 않도록 조치를 하고 몸무게를 줄여야 합니다. 그래서 안정적인 몸무게를 유지하는 것이 중요합니다. 나이가 들어서는 몸무게를 줄이기 위해 식사량을 조절하는 것은 좋지 않습니다. 규칙적인 생활을 해야 하고, 요즘은 잠자는 것이 중요하다고 합니다. 20년 전만 해도 잠자는 시간은 헛된 시간이라고 했습니다.

운동을 하면 오래 산다고 했습니다. 제일 중요한 것이 신체활동입니다. 평소보다 과하게 운동을 하면 다음날 몸이 아프지 않나요? 몸이 아픈 이유는 우리 몸의 근육이나 인대가 찢어졌다는 것입니다. 평소 안 하다가 갑자기 운동을 하면 2~3일 동안 아픕니다. 그 기간에 찢어진 근육이나 인대를 붙이기 위해서 아픈 것입니다. 과한 운동은 좋지 않습니다. 운동을 하면 우리 몸에 산화스트레스나 염증이 굉장히 많이 나타납니다. 운동을 하면 빨리 죽어야 맞습니다. 그런데 사람은 거꾸로 오래 살지요? 운동이라는 것은 우리 몸의 민방위훈련입니다. 적절하게 운동하면 근육이나 인대가 적절하게 찢어지고, 쉴 때 우리 몸이 그 근육을 다시 붙여줍니다. 그러면서 우리 몸이 손상될 때 고쳐주고 다시 붙여주는 훈련을 매일 하는 것입니다. 그래서 운동을 하는 사람들은 산화스트레스가 많이 와도 극복할 수 있는 능력이 생기는 것입니다.

우리 몸을 제일 많이 복구할 때가 언제냐 하면 운동하고 잘 때입니다. 그래서 밤늦게까지 운동을 하고 술 잔뜩 먹고 잠 별로 안 자고 출근을 하면 제일 안 좋은 것입니다. 학생들에게 잠을 충분히 자라고 하는 것이 잠잘 때 뇌나 근육이 회복되기 때문입니다. 그런데 문제가 무엇이냐 하면 나이가 들면 선잠이 듭니다. 그래서 잠을 충분히 잘 수 있도록 수면을 방해하는 요소들을 제거해야 합니다.

예방접종은 몇 살 때 맞나요? 과거에는 어렸을 때 맞는 거였는데 이젠 나이 든 사람들이 맞아야 할 예방접종이 많아졌습니다. 파상풍, 독감 등이 있습니다. 신종플루가 발생하기 전까지 우리나라는 독감 백신을 만들 능력이 없었습니다. 그런데 발생 이후 독감 예방 백신을 만드는 것이 가능해졌고 전 국민을 대상으로 접종을 하고 있습니다. 그리고 65세가 되면 폐렴 예방접종을 해야 합니다. 정부가 무료로 해줍니다. 그때가 되면 꼭 맞아야 합니다. 나이 들어서는 폐렴으로 죽는 경우가 많습니다.

그래서 끝까지 일을 하는 것이 좋습니다. 조금 전에 이야기한 것처럼 건강한 습관이 제대로 되었는지 어떻게 알 수 있을까요? 그걸 제대로 알 수 있는 방법이 건강검진이란 것입니다. 우리나라에서 무료로 하는 건강검진에 4대 신체지표와 암 검진이 다 들어 있습니다. 여러분이 꼭 외워야 할 것이 바로 이 4가지입니다. 내가 비만인지, 아침에 일어나 혈압을 재면 80/120보다 높지 않은지, 아침에 일어나 공복혈당을 체크하면 100보다 높지 않은지, 콜레스테롤에는 좋은 콜레스테롤과 나쁜 콜레스테롤이 있는데 나쁜 것은 130보다 높지 않은지, 좋은 것은 60보다 낮지 않은지를 봐야 합니다. 이게 건강검진에 다 들어 있습니다.

유전적 병이 아니라면 생활 습관만 잘 유지하면 이렇게 나오도록 되어 있습니다. 혈당이 올라가면 약을 먹으란 뜻이 아닙니다. 내가 운동을 적게 하고 있거나 짜게 먹고 있거나 달게 먹고 있거나 지방을 많이 먹고 있다는 의미입니다. 생활 습관을 바꾸라는 것입니다. 그래서 건강검진에서 만점을 받아야 합니다. 만점을 받지 못하면 생활 습관을 바꿔야 합니다. 어떤 습관을 바꿀지 생각해보아야 합니다. 그래서 다음 검진에서는 만점이 나오도록 해야 합니다.

우리나라가 안 좋은 1등이 몇 가지 있습니다. 대표적인 것이 자살이고, 또 하나가 간질환으로 인한 사망입니다. 간암이 굉장히 많습니다. 간암이 많은 것은 B형간염 때문입니다. B형간염 보균자는 일주일마다 간암 검사를 받습니다. B형간염이 있을 때 간암이 생기면 간경화 때문에 보통

수술을 못합니다. 그래서 간이식 수술을 해야 합니다.

요즘에는 심장이식 수술을 하고 5년이 지나도 80퍼센트가 삽니다. 병원이 할 수 있는 것들이 상상을 초월합니다. 그런데 병원이 못하는 것이 있습니다. 생활 습관을 개선하는 것입니다. 그것만 잘해주면 의사들이 병원에서 도와줄 수 있는 것들은 굉장히 많습니다.

그리고 굉장히 중요한 것이 스트레스 관리입니다. 결국은 사람들이 생을 마치는 이유가 행복하지 못해서라는 것입니다. 스트레스 받으면 명상도 좀 하고 스트레스를 관리할 수 있어야 합니다. 특히 신경세포들은 대화를 많이 합니다. 그런데 스트레스를 받게 되면 전달물질이 없어집니다. 신경 퇴행이 와서 뇌가 쪼그라듭니다. 스트레스 많이 받는 사람들이 치매가 잘 걸리는 이유가 우울증 때문입니다.

헬렌 켈러가 이런 말을 했습니다. "장애는 불편할 수는 있어도 불행한 것은 아니다." 나이가 들면 병원에 가도 왜 아픈지 모르는 경우가 종종 있습니다. 그런데 그걸로 여러분이 불행해서는 안 됩니다. 예전에는 무병장수라고 하지만 요즘에는 일병장수라고 합니다. 병 하나 고치려고 노력을 하다 보니 더욱 건강하게 오래 산다는 것입니다. 스트레스 역시 약간의 스트레스는 삶의 원동력이 될 수 있습니다.

마지막으로 우리 몸을 골고루 써야 합니다. 정신적인 것도 마찬가지입니다. 우리 몸에는 오감이라는 것이 있는데 주로 우리가 많이 쓰는 것이 보는 것 아닙니까? 보는 것만 하고 딴 걸 잘 안 하면 좋지 않습니다. 우리나라 사람들이 신체적인 접촉을 많이 하지 않는데, 여러 오감을 충족시키는 것이 건강하고 오래 살 수 있는 길입니다. 그래서 주위 사람들을 많이 안아주고 손 잡아주고 하는 것이 중요합니다.

이렇게 21세기에는 오래 사는 요인이 다양해졌는데, 그런 건강한 습관들을 잘 지키고 사회적 역할을 잘 유지하며, 국가에서 무료로 해주는 건강검진 꼭 받아서 만점을 받을 수 있도록 노력해야 합니다.

14

꿈을 꾸며 노력하면
이루어진다

고승덕 | 변호사

서울대학교 법학과를 졸업했다. 서울대학교 대학원 헌법 석사학위, 예일대학 로스쿨 법학 석사학위, 하버드대학 로스쿨 법학 석사학위, 컬럼비아대학 로스쿨 법무학 박사학위를 받았다. 1978년 사법시험, 1979년 외무고시와 행정고시에 합격했다. 수원지방법원 판사, 서울특별시 법률고문, 이화여자대학교 법과대학 겸임교수, 국제민주연맹(IDU) 부의장 등을 역임했다. 2008년에는 제18대 국회의원으로 활동하며, 국정감사 우수국회의원상과 올해의 정책보고서 대상을 수상했다. 현재는 서울사이버대학교 청소년복지전공 석좌교수, 한국청소년쉼터협의회 이사장, 다애다문화학교 교사로 활동하고 있다. 저서로는 『꿈! 포기하지 않으면 불가능은 없다』, 『꿈으로 돌파하라!』, 『고승덕의 ABCD 성공법』 등이 있다.

●●●

사는 방법에 운명이 담겨 있습니다

사람의 타고난 조건은 별 차이가 나지 않습니다. 어느 경쟁 집단을 선택해서 들어가 보면 비슷한 사람들이 모여 있는 것을 볼 수 있습니다. 초등학교, 중학교까지는 우열이 있지만 대학에 들어가 보면 비슷한 관심과 능력을 가진 학생들이 모여 있습니다. 우리는 일생 동안 자기와 비슷한 사람들과 죽을 때까지 경쟁을 합니다. 타고난 조건이 달라서 경쟁에서 승리하는 게 아닙니다. 똑같은 조건하에서 비슷한 사람, 비슷한 기업들끼리 어떻게 행동하고 살아가느냐 하는 것이 경쟁의 결과를 좌우합니다.

세상에서 도움 되는 일 치고 재미있는 일은 없습니다. 학교 다닐 때는 공부가 재미없고, 직장에서 죽어라 일하는 사람은 일이 적성에 맞아서가 아니라 어떤 목표를 위해서 하는 것입니다. 재미있는 일을 추구하다 보면 인생에서 성공하기 어렵습니다. 그랬을 때 어떤 것이 결과를 결정하는지를 나름의 명제로 정리해보았습니다. 바로 '사는 방법'이 결과를 결정합니다. 천재적인 머리가 경쟁에서 이기고 지고 하는 것이 아니라 살아가는 방법이 결과를 결정짓는 것입니다. 그래서 노력이 중요합니다.

'노력' 하면 진부한 주제라고 생각합니다. 그러나 인류는 늘 '노력하면 된다'는 생각을 해왔습니다. 문제는 '왜 안 되는가?'입니다. 제가 했던 노력은 비빔밥에 비밀이 담겨 있습니다. 똑같은 조건에서 공부를 하다 보니 절대적인 시간이 더 확보되지 않으면 방법이 없었습니다. 그런데 하루 24시간은 똑같습니다. 잠도 자야 합니다. 그럼 어떻게 시간을 확보할까요? 먹는 시간에 답이 있었습니다. 포크나 젓가락질을 하면서 책을 읽기는 쉽지 않습니다. 밥을 먹고 소화시키는 시간이 하루에 3시간 정도 됩니다.

그런데 눈뜨고 있는 시간은 열 몇 시간밖에 안 됩니다. 그러니 하루에 3시간을 먹고 소화시키는 데 쓰면 20퍼센트를 허비하는 것입니다. 고민 끝에 젓가락질을 안 한다면 그 시간에 공부를 할 수 있을 것 같았습니다. 그래서 밥을 비벼먹기 시작했습니다. 사발에 밥을 비비면 밥을 뜰 때 숟가락을 대충 입에 넣어도 됩니다. 밥알이 조금 떨어지기도 하지만 넓은 사발이라서 책 보는 데는 지장이 없었습니다. 그래서 먹는 동안에 공부하는 비법이 비빔밥이었습니다.

노력이란 '남과 다르게 사는 것'입니다

비빔밥을 한 달쯤 먹다 보니까 이제는 씹는 시간이 아까워졌습니다. 그래서 생각 끝에 반찬을 잘게 썰어달라고 어머니께 부탁드렸습니다. 이빨로 끊는 시간이 단축되는 것입니다. 고기는 거의 씹을 필요가 없는 가루 상태로 먹었습니다. 그렇게 먹는 시간이 절반으로 단축되었습니다. 그런데 숟가락을 놓고 소화시키는 시간을 따로 가지면 하루 1시간 반 정도가 소요됩니다. 그래서 남들이 한 번 씹을 때 나는 두 번씩 씹으면서 나중에 소화에 지장이 없도록 죽처럼 만들어서 음식물을 넘겼습니다. 이렇게 해서 하루 17시간을 확보했습니다.

이런 이야기를 책에 썼는데, 어느 군수님이 책을 읽고 감명을 받아 고등학생인 자기 아들에게 비빔밥을 먹으라고 시켰습니다. 비빔밥을 먹이면서 '우리 아들은 공부할 시간이 넉넉해졌으니 좋은 학교 갈 것'이라는 생각을 했습니다. 그런데 한 달쯤 지나니까 고3인 아들이 아버지께 "저는 이렇게 살기 싫습니다. 하루라도 인간답게 살고 싶습니다. 비빔밥을 더 먹이면 집을 나가겠습니다"라고 했습니다. 군수님 생각에 아들이 집을 나가는 것보다는 비빔밥 안 먹고 하고 싶은 걸 하게 하는 것이 낫겠다고 생각하고 결국 손을 들었습니다. 군수님으로서는 처음에 대단하다고 생각해서 아들에게 적용해보았더니 아들은 안 되었습니다. 결국 몰라서 못하는 게 아니라는 결론을 내리고 말았습니다.

그런데 왜 그럴까요? 우리 머릿속에는 두 가지 생각이 늘 상충되어 나타납니다. 경제 분야를 생각해보면 한 가지는 비용을 절감하자는 생각입니다. 같은 결과를 얻는다면 당연히 비용을 적게 들이는 것이 옳습니다. 또 하나는 반대로 투자를 많이 해야 좋은 결과가 나온다는 생각입니다. 이것은 많이 투자할수록 많이 거둔다는 것을 전제로 합니다. 이런 생각이 상충되어 있습니다.

개인에게 비용은 노력입니다. 같은 결과를 얻는다면 편하게 인생을 사는 게 맞는다는 신념을 가진 사람도 있고, 성공하기 위해서는 열심히 해야 한다고 생각하는 사람도 있습니다. 한쪽은 노력을 적게 하는 게 이익이고, 한쪽은 노력을 많이 하는 게 좋은 것입니다. 이 두 가지의 전제조건은 다릅니다. 결국 결과를 고정시키느냐 결과가 나아지느냐의 차이입니다. 결과가 고정되는 순간 사람은 노력을 적게 하는 게 옳다고 믿습니다.

노력은 '성공한 사람 이상으로' 하는 것입니다

사람이 노력을 하느냐 안 하느냐 하는 것도 전제조건에 대해 어떻게 생각하느냐의 차이입니다. 더 나은 인생을 살려고 하는 사람은 당연히 노력을 더 해야 합니다. 결국 내가 어떤 인생을 살려고 하느냐, 그 꿈과 목표가 있느냐의 차이라는 것입니다.

많은 사람이 대충대충 살아가는 이유는 꿈과 목표가 없기 때문입니다. 10년 후 어떤 모습으로 살지를 생각한다면 살아가는 방식이 달라질 것입니다. 꿈이 없는 사람은 노력을 할 수 없습니다. 결과가 달라지는 생각을 하지 않는 것입니다.

단순히 '열심히 하는 것'은 결코 노력이 아닙니다. 도전하는 사람 기준으로 노력할 것이 아니라 도전에 통과하는 사람들의 기준으로 노력해야 합니다. 예를 들어 1,000명이 100명의 자리를 놓고 도전한다고 합시다. 어떤 노력이 필요할까요? 100명에 들어가는 사람들, 통과한 사람들이 어떻게 했느냐가 중요하지 도전하는 사람이 열심히 했다는 것은 아무 의미가 없습니다. 도전하는 사람은 많지만 막상 자기들끼리 열심히 하는 것은 아무 도움이 되지 않습니다. 성공한 사람들은 어떻게 했는지 따져볼 필요가 있습니다.

결국 경쟁은 경쟁사들 중에서도 유효한 경쟁자들보다 더 해야만 하는 것이고, 그럴 때 항상 생각해야 하는 것은 내가 과연 그들과 똑같이 행동하고 있느냐, 다르게 행동하고 있느냐 하는 점입니다. 내가 똑같이 행동한다면 차이를 만들 수 없습니다. 항상 남과 다른 플러스 알파를 찾아가는 게임이 진짜 노력입니다.

'시간의 3차원'이라는 게 있습니다. 사람들은 자기 앞에 주어진 현상을 보면서 생각을 하게 됩니다. 그런데 그 생각이 과거인지 현재인지 아니면 미래의 생각인지에 따라 차이가 납니다. 자기가 생각하는 것들의 시간적인 차원을 꼭 따져봐야 합니다. 그것이 과거 것이라면 별 도움이 되지 않습니다. 과거는 오래 마음속에 담겨 있을수록 마음을 병들게 합니다. 과거에 집착하는 사람은 현재의 일도 제대로 못할 뿐 아니라 미래도 그만큼 없습니다. 또 어떤 사람들은 현재를 굉장히 중요시합니다. 과거는 잊고 현재에 충실하자고 합니다. 그런데 오늘에 충실한 사람은 그만큼 미래를 덜 생각하는 사람입니다. 자고 일어나서 똑같은 일만 한다면 오히려 퇴보하게 됩니다.

미래를 생각하는 사람이 성공합니다

저는 항상 미래를 생각합니다. 미래는 큰 게 있고 작은 게 있습니다. 가령 고시 합격한 다음에 법조인으로 활동하겠다면 그건 꿈이 될 수 있습니다. 그러기 위해서 내가 어떤 학교에 가고 어떤 시험에 통과하겠다는 것이 목표가 됩니다. 목표가 정해지면 어떻게 달성할 수 있을지 방법을 찾습니다. 어떻게 하면 더 잘할 수 있는가, 더 나은 방법이 없는가, 어떻게 하면 고칠지를 항상 생각해야 합니다. 이게 다 미래에 대한 것입니다. 앞으로 할 일에 대해서 끊임없이 생각하는 습관을 갖고 있는 사람은 성공할 수밖에 없습니다. 똑같은 머리지만 어떤 식으로 생각하느냐의 차이가 결국 더 나은 것을 찾아간다는 것입니다.

오늘과 내일이 똑같다고 절대 실망하지 마십시오. 열심히 한 사람이나 하루를 쉰 사람이나 자고 일어나면 똑같습니다. 일주일이 지나도 똑같습니다. 그러나 1년이 지나면 굉장한 차이가 납니다. 오늘 하루는 대충 지나갈지 몰라도 1년이 지나면 사람들이 다르게 인식합니다. 10년 정도 한 방향으로 살아가면 남들이 따라올 수 없을 정도의 틈이 많이 생기게 됩니다. 결국 큰 그림을 보고 믿는 것입니다. 미래를 바라보는 사람은 현재의 모습에 집착하지 않습니다.

ABCD 성공법

인생은 두뇌의 차이가 아닙니다. 인생을 어떻게 살아가는지, 생각의 틀의 차이입니다. 오늘 이야기 중 가장 중요한 것이 'ABCD 성공법'입니다. D등급으로 인생을 살아가는 사람은 시키는 것을 마지못해서 할 수 없이 합니다. 일을 즐겁게 만들어가는 게 아니라 할 수 없이 하는 것입니다. 이런 사람들은 머리가 나쁘지는 않습니다. 다만 안 할 수 있는 방법을 엄청나게 찾아냅니다. C등급은 꼬박꼬박 하는 스타일입니다. 꾀는 부리지 않지만 잘하겠다는 생각은 없습니다. 또 시키지 않은 것까지는 안 합니다. 이런 사람들일수록 자기는 평가빋아야 한다고 생각합니다.

B등급의 사람은 시키는 뜻을 헤아리고 그 뜻이 실천되도록 노력하는 사람입니다. 시키는 의미를 깨닫고 기왕이면 조금 잘하려고 합니다. 말귀를 제대로 알아듣는 사람이 B등급입니다. A등급의 사람은 시키는 것을 기다리지 않고 자기가 할 것을 찾아서 하는 사람입니다. 이건 하늘과

땅 차이입니다. 세상은 A등급 사람들이 있기 때문에 변화와 혁신이 일어납니다. 없는 것을 만들어내는 것은 A등급 아니면 할 수 없습니다. 시키는 것을 기다리는 사람은 결코 세상을 변화시킬 수 없습니다. A등급은 자기가 이루어야 하는 꿈도 찾고 목표도 찾고 더 나은 방법도 스스로 찾아갑니다.

노력을 더 한다는 것은 결과에 분명 차이를 가져옵니다. 그 노력이 10년쯤 지나면 도저히 따라올 수 없는 차이가 됩니다. 그리고 노력은 적당히 하는 것이 아니라 경쟁자들이 하고 있는 것까지 생각해서 노력해야 합니다. 남들 10시간 할 때 11시간 하는 것은 노력이 아닙니다. 그 정도는 오차 범위에 들어갑니다. 오차를 벗어나려면 배의 노력을 해야 합니다. 남들 10시간 할 때 20시간 한다는 생각으로 하면 배의 차이는 나지 않더라도 차이가 나기 시작합니다. 모든 세상일에 대해서 누가 나에게 시키는 것만 한다는 생각으로 살면 평생 시킴을 당하는 입장에서 벗어나지 못합니다. 내가 올라서려면 시키지 않은 일도 해야 합니다. 모든 일에 꿈과 목표를 갖고 생각했으면 좋겠습니다.

15

금융회사가 당신에게
알려주지 않는 진실

송승용 | 희망재무설계 이사

연세대학교 경영학과를 졸업하고 싱가포르 금융연구원에서 국제금융과정을 마쳤다. 삼성종합금융과 대우증권에서 일했다. MBC 〈경제매거진 M〉, MBN 〈경제나침반 180도〉 등 다수의 언론에 출연했으며 주요 지방자치단체를 비롯해 한국신용정보, (주)신세계 등 기업체 임직원들을 대상으로 재테크 강연회를 열었다. 현재는 희망재무설계 이사로 있으면서 다양한 매체를 통해 정확한 금융지식과 올바른 금융상품 이용법을 소개하고 있다. 한겨레신문사와 희망재무설계가 공동으로 진행한 '금융소비자 주권 찾기 캠페인' 등을 통해 많은 사람에게 금융상품과 금융회사를 제대로 이용하는 방법을 알리고 있다. 저서로는 『금융회사가 당신에게 알려주지 않는 진실』, 『평생월급』, 『어른들이 말하지 않는 돈의 진실』, 『회사를 그만둬도 돈 걱정 없는 인생』 등이 있다.

•••

방카슈랑스에 대해 잘 모르는 은행 직원

방카슈랑스Bancassurance는 프랑스어로 은행Banque과 보험Assurance의 합성어입니다. 보험회사의 보험상품을 은행의 창구를 통해 판매하는 보험상품 판매 방식의 하나라고 이해하면 됩니다. 결국 방카슈랑스는 보험상품을 은행에서 판매하는 것뿐인데, 은행들이 '방카'라고 줄여 칭하면서 마치 새로운 은행의 저축상품인 양 열심히 판매하고 있습니다. 문제는 은행에서 방카슈랑스에 가입한 사람들은 상품에 대해 정확히 모르고 가입하는 경우가 많다는 사실입니다.

27세 직장 새내기 김석현 씨는 힘들게 취직한 후 첫 월급을 받아 들고는 너무나 기뻤다. 은행상품에 대해 잘 모르는 김씨는 장차 결혼도 하고 집도 장만할 목적으로 적금을 들려고 은행을 찾았다. 창구직원은 김씨에게 딱 맞는 상품이 있다며 소득공제도 되고 비과세도 되는 상품을 적극적으로 추천해주었다. 김씨는 흔쾌히 월급의 50퍼센트를 매월 납입하는 조건으로 가입했다. 이렇게 10년간 최대한으로 돈을 모으면 집을 장만하는 데 큰 도움이 될 것이라는 꿈을 안고 흡족해했다.

이 사례에서 김씨가 가입한 상품은 보험사의 연금저축입니다. 납입 10년이 지나면 비과세가 되는 것도 맞고, 매년 300만 원까지 소득공제를 받는 상품이라는 것도 맞습니다. 그러나 10년이 지나서 일시금으로 찾으면 가입 시 부여된 모든 혜택을 받을 수 없는 상품이기도 합니다. 연금으로 활용해야 소득공제를 받은 효과를 그대로 유지할 수 있습니다. 또한 연금 목적이 아닌 10년 후에 일시금으로 찾는다면 일반 적금에 비해 이자도 훨씬 적습니다. 보험상품의 특성상 사업비가 많이 공제되기 때문입니다. 만약 5년 내에 해약하게 되면 원금 손실도 발생합니다.

결국 김씨는 본래 자신이 목적했던 적금의 형태가 아닌 장기 연금상품에 가입해 버려서 10년 후 제대로 자금을 활용할 수 없게 되는 문제점이 발생한 것입니다. 이처럼 아무리 좋은 상품이라도 고객의 상황에 맞지 않는다면 돼지 목의 진주목걸이가 되어버립니다.

문제는 가입에서만 끝날까요? 이 사례처럼 가입을 잘못해 낭패를 보는 경우도 있지만, 또 다른 문제는 사후관리를 제대로 받지 못해 받는 불이익도 있다는 점입니다. 은행창구에서는 보험 판매에만 신경을 쓸 뿐, 유지나 관리에는 별 관심이 없는 경우가 많습니다. 관심이 없다기보다는 몰라서 못해준다고 표현해야 정확합니다. 상품에 대한 전문성이 떨어지기 때문입니다. 은행에서 판매하는 보험상품은 보험사가 운영하고 은행은 판매만 하므로 보험회사에서 관리하는데, 보험회사에서도 일대일 담당자가 있는 것이 아니라 본사 차원에서 일괄적으로 통합해 관리합니다. 그러다 보니, 고객 개개인에 대한 세밀한 관리가 어려운 경우가 많습니다.

결국 소비자가 상품을 정확히 알고 가입하는 방법밖에는 없습니다. 만약 은행에서 방카슈랑스를 추천해주면 어떻게 대응해야 할까요? 어떤 보험인지를 정확히 확인해야 합니다. 그리고 납입 기간은 얼마나 되는지,

해당 보험사는 어디인지 등도 꼼꼼히 따져봐야 합니다. 방카슈랑스라는 말에 겁먹지 말고, 보험이라는 것만 알면 판단하는 데 많은 도움이 됩니다. 절대로 창구직원의 권유만 믿으면 안 됩니다. 은행 창구직원은 보험 전문가가 아니기 때문입니다.

보장자산 늘리면 미래걱정 없다?

서울 사당동에 사는 강씨는 6년 전인 2001년에 종신보험에 가입했다. 주계약인 종신사망보험금 5,000만 원을 포함해 60세에 소멸되는 정기특약을 포함, 일반사망 보험금이 총 1억 5,000만 원이고 암특약과 재해상해 특약 등이 포함되어 있는 종신보험이다. 보험료로 월 32만 원이 들어간다.

당시에 강씨는 사망 시 가족을 위한 보험금의 중요성을 느껴 종신보험에 가입했지만, 6년이 지나 50세가 된 지금에는 노후자금 준비가 더 절실하다고 느꼈다. 더군다나 60세 시점이 되면 특약사망 보험료 1억 원도 소멸되어 결국 나중에 자신이 사망하면 주계약 사망보험금인 5,000만 원만 남는다. 강씨는 이 돈을 가족들이 장례비로 쓰고 나면 없겠구나 하는 생각이 들었다.

그러다 보니 매월 납입하는 32만 원의 보험료가 아깝다는 생각이 들기 시작했고 아직도 10년 이상 불입해야 하는 이 보험료로 지금이라도 노후 준비를 위한 연금을 가입하는 것이 바람직한 게 아닌가 하는 고민을 하고 있다.

보장자산은 자산이 아니라 비용이다

1990년대 후반 외환위기 이후 종신보험은 그야말로 대히트를 쳤습니다. 많은 금융기관과 제조업체가 문을 닫거나 흡수·합병되었으며 가장들이 실직을 하거나 실직의 위험을 절감한 시기였습니다. 이러한 사회적인 분위기와 맞물려 비싼 보험료임에도 종신보험에 가입하는 가정이 많았습니다. 비싼 보험료보다는 가장으로서 가족에 대한 책임감이 더 중요한 시절이었기 때문입니다.

하지만 외환위기 이후 약 15년이 지난 지금, 그 당시보다 경제생활이 어려워졌다고 호소하는 가정이 많습니다. 소득 형편이 그 당시보다 나아지지 않은 강씨도 보험상품 중 가장 비싼 보험인 종신보험료를 납입하느라 힘겨워하고 있습니다.

강씨는 월소득 330만 원 중 거의 10퍼센트에 해당되는 32만 원을 종신보험료로 내고, 부인 암보험 등 기타 건강보험에 추가로 15만 원이 들어갑니다. 게다가 고등학생인 자녀 둘 교육비를 빼고 나면 월 10만 원을 납입하는 적립식 펀드가 미래를 위한 준비의 전부입니다. 앞으로 길어야 10년 남은 경제활동 기간을 생각하면 은퇴 후의 노후가 매우 걱정됩니다.

가입 당시 보험설계사에게서 은퇴 시까지 아무런 일이 없으면 종신보험을 연금으로 전환할 수 있다고 들었으나 최근 확인해본 결과 60세 이후 연금 전환 시 금액이 월 20만 원이 채 되지 않을 것으로 예상되어 씁쓸하기만 합니다. 현재의 20만 원도 많은 금액이 아닌 데 10년 후의 20만 원은 연금으로 큰 도움이 되지 않을 것 같아서입니다.

보장자산, 늘리는 것도 좋지만 가입 후 유지율은?

보장자산이라고 하니까 실제 손에 쥘 수 있는 거창한 자산 같지만 쉽게 말하면 사망보험금입니다. 그렇다면 사망 시 발생하는 보험금을 자산으로 분류할 수 있을까요? 굳이 분류하자면 자산은 자산이되 우발자산(?)으로 분류해야 정확할 듯싶습니다.

기업은 채무에 대한 지급보증을 설 때 지급보증 금액을 확정채무가 아닌 우발채무로 분류하고, 은행도 대출이 발생하면 대출자산에 대해 채무자의 신용도를 파악해 위험에 대비한 충당금을 쌓습니다. 같은 맥락으로 개인의 보장자산도 언제 발생할지 모르는 사고에 대비하는 자산으로 구분해야 하며 저축자산과는 다른 성격의 자산으로 구분해 합리적으로 접근해야 합니다.

최근 모 생명보험사에서는 가입자 1인당 3,800만 원 수준의 보장자산을 4,200만 원 수준으로 늘리겠다는 야심찬(?) 전략을 펼치고 있습니다. 하지만 이는 경제적 가장이 아닌 가정주부나 기타 가족들의 사망보험금이 포함되어 있어 실제 가장 중요한 경제적 가장들의 사망보험금은 평균적으로 이보다 많을 것으로 예상됩니다. 더구나 가장이 아닌 주부나 기타 가족구성원들은 보장자산보다는 의료비 보장이 중요한 경우가 많습니다. 무분별한 보장자산 늘리기가 우려되는 부분입니다.

공식적으로 확인된 바는 없지만 1996년 가입한 종신보험 계약 중 10년이 지난 현재까지 보험계약이 유지되고 있는 비율은 생명보험사 평균 30퍼센트를 넘지 않는다고 합니다. 그렇다면 70퍼센트 이상의 해약된 계약들은 결국 보험사들의 외형 성장에 대한 희생양으로 볼 수밖에 없습니다.

보험개발원 보험연구소의 '2005년 보험소비자 설문조사'에 따르면 가구당 보험 가입 건수는 4.7건, 가구당 보험료 부담은 월 43만 8,000원으로 나타났습니다. 여기에는 연금보험을 비롯한 저축성 보험이 포함되어 있어 가구당 정확한 보장성 보험에 대한 보험료 부담액은 알 수 없으나 많은 가정이 종신보험을 포함한 보장성 보험에 대해 적지 않은 부담을 하고 있는 것이 현실입니다.

보험사의 이익보다는 가입자의 이익을 이야기했으면……

2005년 말 기준 통계청 자료에 의하면 총 사망자 24만 5,511명 중 60세 이전 사망자는 총 6만 7,959명으로 약 27.7퍼센트에 해당합니다. 거꾸로 말하면 60세 이후의 사망확률이 72.3퍼센트라는 의미이며 결국 60세 이전에 사망보험금을 탈 확률은 30퍼센트에도 못 미칩니다. 그렇다면 60세 이전에 발생할 사망보험금에 많은 돈을 지출하기보다는 60세 이후의 노후에 대비하는 것이 현명한 방법입니다. 더군다나 우리나라는 고령화 사회가 빠르게 진행되고 있고 의학 발달로 인해 60세 이후 생존 확률은 더 올라갈 가능성이 많습니다.

그러나 갑작스런 사망에 대비한 보장자산(사망보험금)도 만일에 대비한 중요한 자산인 만큼 적절히 준비해야 합니다. 다만 그에 대한 비용은 합리적이어야 합니다. 평균적으로 가장이 60세가 되면 자녀들이 대부분 성인이 되거나 독립된 생활이 어느 정도 가능한 시기입니다. 따라서 보장자산인 사망보험금도 가정 상황에 맞게 자녀나 유가족이 경제적으로 사망보험금이 필요한 시기에 집중적으로 보장받을 수 있도록 하고 그 이후에는 소멸되는 보험상품을 선택한다면 많은 비용을 절감할 수 있습니다.

예를 들어 이 사례의 강씨처럼 종신보험 가입 시 주계약인 종신사망보험금 대신 60세 만기인 정기보험에 가입했다면 사망보험금을 위한 보험료를 절반 가까이로 줄이고 나머지를 자녀 교육비나 노후자금으로 저축할 수 있었을 것입니다.

합리적인 보장비용으로 남는 돈을 미래에 투자하자

많은 사람이 소득의 5~8퍼센트가 보장성 보험료의 적정선이라고 이야기합니다. 하지만 이는 중산층 가정을 위한 가이드라인은 될 수 있을지 모르나 모든 가정에 적용되는 것은 아닙니다. 가령 월소득 200만 원 이하의 서민들이 필수적인 생활비를 제외하고 교육비 등 미래를 대비한 저축을 하기 위해서는 더 합리적이고 적절한 보장성 보험료가 전제되어야 합니다. 한국의 대다수 가정들은 자녀 교육비는 물론이고 세계에서 가장 빠르게 진행되는 고령화 사회에 대비한 은퇴자금도 마련해야 합니다. 그렇다면 보장성 자산을 위한 합리적인 지출이 선행되어야 미래를 위해 풍족한 저축과 투자가 가능하지 않을까요?

한 푼이라도 아끼는 대출 이용 전략

가계대출이 800조 원을 넘어서면서 정부가 가계대출에 대한 관리에 나서고 있습니다. 하지만 급여는 크게 오르지 않는 상태에서 물가만 올라 가처분소득이 줄어든 가정들은 생활비 부족으로 대출을 쉽게 줄이기도 힘듭니다. 그렇다고 가계재정의 건전성도 외면할 수 없다면 현명하게 대출을 이용하는 방법을 찾는 게 최선입니다.

작은 사업체를 운영하고 있는 엄선아 씨는 올해 초 대부업체를 통해 1,000만 원을 대출받았다. 당시 급하게 돈이 필요해 쉽게 대출받을 수 있는 대부업체를 이용하긴 했지만 연 44퍼센트의 높은 금리는 부담스럽기만 하다.

엄씨와 같이 대부업체를 포함해 연 20퍼센트가 넘는 고금리 신용대출을 이용하고 있다면 연 8.5~12.5퍼센트의 은행대출로 바꿔주는 '바꿔드림론'을 이용할 수 있습니다. 지원 대상은 신용등급 6등급 이하, 연소득 4,000만 원 이하(자영업자는 국세청에 신고하는 소득금액증명원상의 소득이 있거나 3개월 이상 부가세 증빙서류 필요)인 자로 대출받은 후 6개월이 경과해야 하고 1인당 3,000만 원 한도로 이용이 가능합니다. 바꿔드림론은 한국자산관리공사(캠코)에서 가입조건과 대출 가능여부를 상담 받은 후에 시중은행 전 지점을 통해 신청접수가 가능하기 때문에 큰 불편 없이 이용할 수 있습니다. 단, 현재 연체 중이거나 통신요금, 공과금, 세금 등을 포함해 금융거래 장기연체 기록이 있으면 저금리 대출로 전환되지 않는다는 점에 유의해야 합니다.

이 사례의 엄씨는 바꿔드림론을 통해 연 44퍼센트의 금리를 연 12퍼센트로 낮출 수 있었고 연간 320만 원이라는 적지 않은 이자를 줄일 수 있었습니다. 하지만 대출금액이 1,000만 원이 넘어기는 경우, 초과 금액은 한국자산관리공사가 소득수준이나 상환 능력을 보고 저금리 전환 여부를 결정해줍니다. 즉, 고금리 대출 1,000만 원까지는 어렵지 않게 저금리로 전환이 가능하지만 최고한도 3,000만 원을 모두 저리로 전환 받으려면 일정 소득수준이 되어야 한다는 의미입니다. 바꿔드림론에 대한 구체적인 내용은 한국자산관리공사(1588-1288)로 직접 문의할 수 있습니다.

　　서울 서초동에 사는 직장인 오지섭 씨는 오는 9월 말 마이너스 통장의 만기가 돌아온다. 오씨의 마이너스 통장 한도는 2,000만 원인데, 은행에 문의해본 결과 연장을 하려면 최소 10퍼센트 이상 원금 상환이 필요하고 금리도 기존 8퍼센트에서 10퍼센트로 올라간다고 한다. 마이너스 대출의 경우 1년마다 소득이나 재직 여부 등 신용도를 감안해 대출 연장 여부와 한도, 금리 조건을 심사한다. 오씨는 올해 초 대기업에서 중소기업으로 직장을 옮긴 것이 신용도에 좋지 않은 영향을 미쳤던 것이다. 소득만으로 대출금을 상환하기가 쉽지 않은 오씨는 살고 있는 집을 담보로 대출받아 마이너스 대출을 상환할지 고민 중이다.

　원금 상환 없이 대출이 연장된다 하더라도 원금 2,000만 원에 대해 연 10퍼센트의 대출금리가 적용되면 연간 이자 부담이 40만 원 늘어납니다. 다행히 오씨처럼 집을 소유하고 있다면 저리의 담보대출을 이용해 이자가 높은 신용대출을 상환하는 것이 좋습니다. 담보대출은 시중은행과 달리 정부의 대출규제를 받지 않는 한국주택금융공사의 보금자리론을 이용해볼 만합니다.

　9억 원 이하 주택을 소유하고 있는 1주택자이면서, 주택 보유 기간이 소유권 이전등기 일자부터 15년 이내여야 합니다. 가령 만기가 10년인 u─보금자리론은 연 5.0퍼센트의 고정금리가 적용되며, 혼합형을 선택할 경우 3년 거치 기간에 4.6퍼센트의 이자만 불입하다 이후 고정금리로 전환됩니다. 단, 중도상환 시에는 수수료를 부담해야 하는데, 1년 미만 2퍼센트, 1~3년 미만 1.5퍼센트, 3~5년 미만은 1퍼센트의 수수료가 적용됩니다.

아울러 고정금리와 변동금리 중 선택의 고민이 있을 수 있는데, 현재와 같이 고정금리와 변동금리 차이가 줄어든 시점에서는 고정금리를 선택하는 것도 나쁘지 않습니다. 당장은 아니더라도 향후 인플레이션 부담으로 금리가 상승할 가능성이 있는 데다 설령 금리가 내린다 하더라도 중도상환수수료 부담이 줄어들거나 없어지는 시점에서 다른 대출로 갈아탈 수가 있기 때문입니다.

이 사례의 오씨가 마이너스 대출금 2,000만 원을 한국주택금융공사의 u−보금자리론으로 갈아탈 경우 연간 100만 원의 이자(매월 8만 원)를 절감할 수 있게 됩니다. 특히 부부합산 기준 연소득이 2,500만 원 이하일 경우에는 소득수준별로 연 4.0~4.5퍼센트의 낮은 고정대출 이자율이 적용되는 만큼 조건이 된다면 필요시 적극적으로 활용할 필요가 있습니다.

카드론은 신용등급 하락의 원인

이 밖에 긴급자금이 필요할 경우 많이 이용하는 것이 보험사의 약관대출입니다. 약관대출은 자신이 유지하고 있는 보험의 해약환급금을 담보로 대출을 받는 상품입니다. 하지만 가입한 보험상품에 따라 대출금리가 연 5.5~13.5퍼센트로 천차만별이기 때문에 자신이 적용받는 금리를 반드시 확인해보아야 합니다. 보험에는 보장성보험과 저축성보험이 있는데, 종신보험이나 CI보험과 같이 만일의 사고나 질병에 대비하는 게 보장성보험이고 연금보험과 같이 장기저축을 목적으로 가입하는 게 저축성보험입니다. 중요한 건 보장성보험의 약관대출금리(9.5~13.5퍼센트)가 저축성보험(5.5~6.5퍼센트)에 비해 훨씬 높아서, 필요 시 금리가 낮은 저축성보험의 약관대출부터 이용해야 좋다는 점입니다.

약관대출은 수시로 상환이 가능하고 연체이자 부담이 없으며, 신용등급에 영향을 미치지 않는다는 장점이 있습니다. 하지만 약관대출을 장기간 이용할 때는 대출이자 부담으로 인해 보험료 자체가 올라가는 효과가 있다는 점을 감안해서 필요한 기간만 짧게 이용하는 것이 바람직합니다. 만약 장기간 약관대출을 이용한다면 생각 외로 이자 부담이 적지 않기 때문에 차라리 가입한 보험을 해약해서 대출을 상환하고 저렴한 보험으로 갈아타는 게 금전적인 면에서는 이득인 경우가 많습니다.

최근 간편하게 대출받을 수 있다는 이유로 사용자가 늘어나고 있는 카드론은 신용등급 하락의 직접적인 원인이 되므로 주의해야 합니다. 실제로 단 한 번의 카드론 사용으로 인해 신용등급이 2단계나 하락한 사례도 있었습니다. 신용등급 하락은 대출금리 인상으로 이어지기 때문에 대출은 가급적 은행권으로 집중하는 것이 안전합니다.

대출 건수를 줄이자

내년 봄 결혼을 앞두고 있는 직장인 전성갑 씨는 현재 은행권 신용대출을 비롯해, 현금서비스와 카드론과 대부업체 대출 등 총 5건의 대출을 이용하고 있다. 조만간 신혼살림 마련을 위해 시중은행에서 취급하는 연 4퍼센트 내외의 '근로자서민 전세자금대출'을 받으려 하는데, 고금리 대출과 대출 건수가 많으면 대출이 힘들 수 있다는 이야기를 듣고 해결책을 고민 중이다.

은행권에서 추가 대출을 받을 때에는 기존 대출 건수가 많으면 불리해집니다. 가령 1,000만 원의 대출을 받고 있는데 대출 건수가 1건인 경우보다 200만 원씩 5건의 대출을 사용하고 있는 경우 대출심사에서 불리하다는 의미입니다. 따라서 전씨처럼 결혼 전 은행에서 저리의 전세자금대출을 받기 위해서는 대출 건수를 줄이는 노력과 함께 고금리 대출인 현금서비스와 카드론을 은행권 대출로 전환하는 것이 좋습니다.

국내은행보다 개인신용대출에 적극적인 일부 외국계 은행에서는 현금서비스나 카드론은 물론이고 대부업체(이때 대부업체 대출 건수는 1건 정도로 적어야 합니다)의 대출을 사용하고 있더라도 고금리 대출을 전환하는 조건으로 대출을 해주고 있습니다. 단, 고정수입이 있어야 하고 직장이 안정적일 경우에 한해 대출을 해주기 때문에 고금리 대출을 쓰고 있더라도 안정적인 직장이 있다면 이용해볼 만합니다. 전씨 역시 외국계 은행에서 고금리 대출을 상환하는 조건으로 대출을 받아 현금서비스, 카드론, 대부업체 대출을 모두 상환하고 5건의 대출 건수를 3개로 줄였습니다.

몇 가지 대출 부담을 줄일 수 있는 방법에 대해 살펴보았습니다. 대출은 가급적 이용하지 않는 것이 좋지만 부득이 이용해야 한다면 자신에게 유리한 방법을 찾아 부담을 줄이는 것이 최선입니다. 참고로 금융회사별 신용대출금리가 낮은 순서부터 높은 순서로 정리해보면, 은행신용대출 〈 은행마이너스대출 〈 카드론(캐피털회사) 〈 현금서비스 〈 저축은행 〈 대부업체 순입니다. 특히 저축은행의 신용대출금리는 평균 30퍼센트 내외로 대부업체의 고금리 대출과 별 차이가 없다는 점에 유의해야 합니다.

잃어버린 소비자의 권리를 찾자

우리는 매일 금융회사를 이용합니다. 하지만 제대로 금융회사를 이용하고 금융상품에 가입하기가 너무 힘듭니다. 우리를 둘러싼 금융환경이 빠르고 어렵게 변해가기 때문이기도 하지만 무엇보다 금융상품 가입 시 자세한 설명을 듣기가 어렵기 때문입니다. 자세한 설명을 듣지 못하는 것은 금융회사 직원들이 설명을 안 해주거나 못해주기 때문입니다. 안 해주는 것은 해당 직원이 다른 업무로 바빠서일 테고 못해주는 것은 그들도 몰라서입니다. 당연히 제대로 된 상품 판매가 이루어지기 어렵습니다.

펀드는 물론이고 많은 중소기업을 울린 KIKO나 안전하면서 예금금리보다 높은 수익을 거둘 수 있다고 판매한 ELS 등이 대표적인 예입니다. 구조가 복잡한 상품들을 판매하면서 막연하게 그럴 가능성이 적다거나 안전하니까 그냥 가입하면 된다는 식으로 얼버무리면서 가입을 권유해왔습니다. 하지만 결과가 잘못될 경우 그 피해는 모두 가입자에게 돌아갑니다. 얼마 전까지만 해도 투자하기 어렵고 국내 펀드보다 수수료나 보수가 훨씬 비싼 해외펀드를 과감(특정 개발도상국에 편중된 펀드 판매에 집중)하고 용감(투자대상에 대한 설명 부족은 물론 투자대상국의 위험에 대한 불감증)하게 판매하기도 했습니다.

2007년 국민은행, 신한은행, 우리은행 등 국내 주요 7개 시중은행의 수수료 수입은 7조 원에 달했고 금년 상반기에도 은행 전체 수수료 수입은 3조 6,000억 원이 넘었습니다. 특히 올해 상반기에는 전체 순이익의 46.8퍼센트를 수수료 수입으로 올렸습니다. 이러한 은행들의 수수료 수입에는 펀드 판매 시 발생하는 수수료와 보수는 물론이고 보험상품 판매

수수료나 은행 간 이체수수료 등이 모두 포함되어 있습니다. 이렇게 엄청난 수수료 수입을 올렸지만 이익이 늘어나서 혜택을 받는 계층은 주로 주주와 임직원들입니다. 반면 금융회사를 이용하는 소비자들이 체감할 수 있는 서비스 개선은 크게 이루어진 것이 없습니다. 증권사나 보험사도 마찬가지입니다. 특히 보험사는 불리한 상황이 발생할 경우 대부분 고객이나 보험설계사에게 피해를 전가합니다.

그렇다고 금융회사들만을 탓할 수도 없습니다. 금융회사들도 엄연히 이익을 추구하는 회사이며 이익을 추구하는 행위 자체는 정당하기 때문입니다. 그렇더라도 금융선진국으로 나아가기 위해서는 소비자들이 제대로 대접받는 환경이 조성되어야 합니다. 이익을 위해 최선을 다하는 것은 좋지만 가장 먼저 고객들을 생각해주었으면 합니다. 돈 많은 일부 VIP 고객들만이 아닌 대한민국 국민 모두가 자신의 상황에 맞는 금융상품을 제대로 이용하게 도와주는 선진 금융서비스를 제공해주었으면 하는 바람입니다.

아울러 소비자들도 변해야 합니다. 자신이 가입하고자 하는 상품이 어떤 상품이고 최악의 경우 어떤 위험이 내포되어 있는지를 반드시 확인해야 합니다. 금융회사를 이용할 때 주눅 들지 말고 당당히 물어보고 꼼꼼히 체크해야 합니다. 몇 만 원짜리 물건을 구입할 때도 조목조목 따지고 비교하는 평상시의 치밀힘을 금융상품 이용 시에도 발휘해야 합니다. 금융회사가 바뀌지 않는다면 소비자들이 나서야 합니다. 이것이야말로 그동안 우리가 잊고 지내왔던 소비자의 권리이기 때문입니다. 지금은 모두가 힘든 시기입니다. 이 힘든 시기를 이겨나가면서 소비자와 금융회사 모두가 윈윈Win-Win할 수 있는 때가 빨리 다가오기를 기대해봅니다.

16

경주의
관광 미래

니나 안 | 테마파크 디자이너

숙명여자대학교에 다니던 중 대한항공 스튜어디스가 되어 프랑스와 미국을 넘나들며 꿈을 키웠다. 1977년 미국으로 건너가 샌프란시스코대학과 예술학교에서 철학, 디자인, 건축을 공부했다. 그 뒤 워커 그룹, 네델 파트너십 등 유수의 미국 건축 설계회사에서 유일한 한국인으로 일하면서 테마파크 디자이너의 길을 걷기 시작했다. 유니버설 스튜디오, 디즈니랜드와 블루밍데일백화점, 라스베이거스의 시저스 팰레스 포룸숍, 호주 마이어스 백화점 등 세계 최고의 리테일(Retail) 디자인과 설계를 담당했다. 1990년 대전엑스포 롯데 그룹관 쇼 디자인 및 제작으로 한국과 첫 인연을 맺었다. 그후 롯데월드의 여러 프로젝트를 담당했다. 2004년 커닝햄으로 자리를 옮겨 엔터테인먼트와 테마파크, 리조트 분야를 맡아 전문적으로 일하고 있다.

세계 최고의 건축회사

저는 미국에 살고 있습니다. 지금은 한국에서 많은 일을 하고 있기 때문에 1년에 반 이상은 한국에서 생활하지만, 미국에 간 지는 36년 정도되었습니다. 경주는 올 때마다 참 자연이 아름답고 굉장히 좋다는 생각을 많이 합니다. 또한 제가 태어나고 자란 뿌리가, 나의 한국이라는 뿌리가 바로 여기 경주에서부터 시작된 것 아닐까 하는 생각을 많이 합니다. 저는 미국에서 대학을 다니고 졸업하자마자 미국 건축설계회사에서 일을 했습니다. 제가 대학을 졸업하고 취직해서 계속 한 분야에서 일하고있는데, 이 회사는 미국에서도 톱 랭킹 안에 듭니다. 또 세계에서 가장 큰규모의 건축설계회사다 보니 좋은 프로젝트를 다양하게 경험하게 되었습니다.

그중에서 여러분이 잘 알고 있는 디즈니랜드, 유니버설 스튜디오, 세계유명 리조트 등을 설계하는 일을 경험했습니다. 한국에는 1993년 대전엑스포 때 롯데그룹에서 처음으로 저를 불렀습니다. 이때 저희 미국 팀이 롯데그룹에서 하는 롯데그룹관, 한국통신관 등을 디자인했습니다. 그뒤로 롯데월드 일을 지금까지 하고 있습니다. 현재 롯데월드의 60~70퍼센트는 제가 한 것이라고 해도 과언이 아닙니다. 그 뒤로 에버랜드에서저를 불러서 많은 계획을 세웠고, 그 이후로도 현대건설, 한화그룹, 각 지방자치단체의 관광 개발에서도 실제로 프로젝트도 진행하고 자문도 했습니다.

지금 일하고 있는 커닝햄 그룹은 미국에 본사와 5군데 정도 지사를 두고, 베이징과 서울에도 연락사무실이 있는 건축설계회사입니다. 커닝햄 그룹의 가장 큰 특징은 레저 단지, 테마 단지, 쇼 관광 단지, 카지노 단지 등의 소위 휴양 사업 시설 건축입니다. 물론 건축설계회사기 때문에 일반 주거 시설도 하고, 공장도 하고, 강당도 하지만 주력 분야는 관광과 레저, 엔터테인먼트, 리테일이라고 할 수 있습니다. 한국에는 아직 사례가 없는데 그래도 많이 계획 중입니다. 커닝햄 그룹에서 설계한 세계적으로 유명한 관광 단지 시설들은 지금 굉장히 잘나가고 홍행하고 있습니다. 많은 분이 실제로 가보기도 하셨겠지만, 가보지 않으신 분들도 우리의 관광지와 어떤 면이 다르고, 어떤 면이 성공을 하게 만드는지 그 차이점을 알았으면 합니다.

관광 산업의 중요성

세계적으로 유명한 월트 디즈니의 디즈니랜드, 플로리다에 있는 월트 디즈니월드 등은 단순히 테마파크, 히니의 롯데월드와 깉은 곳이라고 생각하실 수 있지만 사실은 그렇지 않습니다. 이곳의 공통점은 테마파크를 중심으로 하는 전체 관광 단지라는 것입니다. 그 안에는 숙박 시설, 놀이 시설, 식음 시설 등 여러 종류의 시설이 다양하게 복합되어 있습니다. 현재 우리가 중국 상하이에 설계하고 있는 상하이 디즈니랜드와 리조트도

3년 내로 오픈할 것 같습니다. 커닝햄 그룹은 플로리다에 있는 애니멀킹 덤, LA에 있는 오리지널 디즈니랜드, 할리우드에 있는 유니버설 스튜디오, 스페인에 있는 워너브라더스, 홍콩에 있는 오션파크와 레고랜드, 굉장히 유명한 세계적인 관광 시설들을 설계했습니다.

미국의 관광 산업은 세계적인 관광 산업입니다. 미국은 사실 가장 많은 분야에서 최대로 발전한 초강대국입니다. 거의 모든 산업이 미국에서 발달했고 시작했으며, 현재에도 가장 성공적으로 이끌어나가고 있습니다. 가령 IT 산업, 영화 산업, 식품 가공, 금융 등 거의 모든 산업에서 미국이 주도하는 것이 현실입니다. 그런데 놀랍게도 미국에서 가장 성공적인 산업은 관광 산업입니다. 미국의 관광 산업은 앞서 말한 모든 분야를 제치고 1위에 올라서 있으며, 미국에서 가장 아끼고 소중하게 장려하고 발전시키는 산업 분야입니다. 2011년에 전 세계가 여러 가지 경제적인 어려움에 있었지만, 미국의 관광 산업은 전년대비 11퍼센트나 확장되었습니다. 한 해 동안 1.9조 달러의 경제 수익을 창출했습니다.

관광 산업과 관련된 1,440만 종의 직업이 만들어졌다고 하고, 세계 관광객 총 6,500만 명이 방문을 하고, 연방정부에서는 1,240억 달러라는 세금을 걷어들였다고 합니다. 이것은 무엇을 이야기하냐면 이 관광 산업이라는 것이 단순한 하나의 산업이 아니라, 사람이 이렇게 관광을 목적으로 방문하게 되면 여러 파생사업이 동시에 일어난다는 뜻입니다. 항공, 호텔, 숙박, 특히 식음 시설의 경우 한 사람이 관광을 떠나서 먹는 음식의 숫자가 3일이면 10끼가 됩니다. 이렇게 따지면 관광 자체에서 쓰는 관광 수익보다는 관광으로 인해서 벌어지는 다른 파생산업들의 여파가 더욱 크다고 볼 수 있습니다.

재미있는 관광지를 위한 의도적인 개발

세상 사람들이 가장 몰리는 관광지를 예로 들어보겠습니다. 전 세계에서 관광객이 가장 많이 몰리는 10대 관광지 중에 9개가 미국에 있습니다. 1위가 미국의 타임스퀘어 광장입니다. 1년에 3,800만 명이 방문한다고 합니다. 타임스퀘어라는 것은 뉴욕 시내에 있는 두 블록 정도의 거리입니다. 이 작은 거리에 1년에 남한 인구만큼의 사람이 관광을 하기 위해 들르는 것입니다. 2위는 라스베이거스입니다. 라스베이거스는 열 블록 정도의 길인데 각종 카지노 호텔이 있는 거리에 3,000만 명이 방문한다고 합니다. 3위는 워싱턴 D.C.입니다. 여기에는 백악관도 있고, 국회의 사당도 있지만, 이 건물들을 보기 위한 것보다도 워싱턴 D.C.의 쇼핑몰을 방문하기 위해서입니다.

4위가 퍼네일 홀 마켓 플레이스입니다. 이것은 보스턴에 있는데, 200년 전에 미국이 처음 탄생할 때 조지 워싱턴이 미국의 헌법을 쓴 역사적인 장소라고 합니다. 사실은 이것을 기념하기 위해 가는 게 아니라 이곳의 마켓, 즉 시장이 재미있어서 간다고 합니다. 5위가 월트 디즈니월드이고, 6위도 월트 디즈니가 만든 것, 7위는 샌프란시스코의 해군 배가 들어오는 39번 부두입니다. 8위가 나이아가라 폭포이고, 9위가 그레이트스모키마운틴스국립공원입니다. 10위는 터키에 있는 재래 쇼핑센터입니다.

이렇게 나열해서 이야기하는 것은 사람들은 자연경관 그 자체를 보러 오는 게 아니라 인위적으로 만들어진 의도된 관광 단지, 개발된 관광 단지로 몰린다는 사실을 말하기 위해서입니다. 물론 여기에서는 나이아가라 폭포가 있고 국립공원이 있었지만, 국립공원 빼고는 나이아가라 폭포 역시 폭포 주변의 숙박, 놀이, 식음 시설들을 함께 즐기기 위해 방문한다는 이야기입니다. 이 말은 관광이라는 것은 의도적으로 개발해야 한다는 것입니다. 재미를 위해서, 집객 요소를 위해서, 기본적인 것들을 제공해야 한다는 뜻입니다. 여기에서 10군데 중에서 6군데 이상이 의도적으로 디자인한 것입니다.

몇 천만 명이나 되는 사람이 무엇을 위해 방문하겠습니까? 한마디로 말하자면 재미를 위해 오는 것입니다. 이곳의 음식이 유명하고 맛있어서, 자연경관이 볼 게 많아서 오는 것이 아닙니다. 물론 이러한 것들도 제공하지만 종합적인 것들을 하나로 합치면 재미입니다. 이런 곳에 가면 재미가 있고, 잊지 못할 추억이 생기고, 다시 가고 싶다는 생각이 들도록 하는 것이 관광 산업의 기초입니다. 저희 회사가 이러한 관광 산업을 잘하는 것은 관광객들에게 재미를 주는 방법과 노하우를 갖고 있기 때문입니다. 재미라는 것은 체험입니다. 예를 들어 단순히 보고 가는 것으로는 재미를 느끼지 못합니다. 관광객들은 그곳에서 같이 놀고 체험하고 어울릴 때, 자신이 그 안에서 하나가 되었을 때 감동과 흥미를 느끼게 됩니다.

미국은 역사 유물을 파는 나라가 아닙니다. 인위적으로 만들어진 재미를 팝니다. 그것을 가장 먼저 시작한 사람이 월트 디즈니입니다. 이 사람은 1920년대에 그런 생각을 했습니다. 자신이 어떤 인위적인 공간을 만들어서 그 안에 굉장히 재미있는 것들을 집어넣으면 사람들이 와서 즐거워하겠지 하는 생각을 했습니다. 그래서 만들고 구상해낸 것이 디즈니랜드라고 할 수 있습니다. 디즈니랜드가 만들어지고 실질적으로 그의 예상대로 너무나 많은 관광객이 찾아오고 좋아했습니다. 그는 이러한 재미를 돈을 받고 팔아서 소위 기업화한 것입니다. 디즈니랜드 앞에는 '지구상에서 가장 행복하고 재미있는 곳'이라는 푯말이 붙어 있습니다. 이러한 푯말 뒤에 있는 이 사람의 모토는 '나는 이곳을 만들어 재미를 주었으니 당신은 나에게 돈을 달라'는 것입니다. 사람들은 이곳에 와서 자신이 사기당했고, 다시는 안 간다고 생각하지 않습니다. 다시 방문하고 싶어 합니다. 재미를 느끼고 감동을 느껴서 재방문을 하는, 이러한 관광의 3요소를 너무나도 잘 유도해낸 것입니다.

전 세계에 만들어진 25개의 테마파크에 작년 한 해 방문한 사람은 2억 명입니다. 그중에서 1억 5,000만 명이 월트 디즈니와 유니버설이 만들어낸 테마파크를 방문했습니다. 나머지 23개의 테마파크에 5,000만 명이 다녀간 셈입니다. 그중에서 3분의 2인 1억 명이 아시아에서 온 사람들이라고 합니다. 갑자기 불어난 것인데, 그중 대부분이 중국인입니다. 월트 디즈니는 간단합니다. 5만 평 정도 되는 땅에 1920년에 담을 치고 그 안에 무엇을 만들면 사람들이 가장 즐겁게 느낄까 하고 생각한 것이 향수, 즉 고향에 대한 향수입니다. 그래서 고향의 마을을 영화 세트장처럼 재현해서 만들어놓았습니다.

그리고 또 하나 생각한 것이 환상입니다. 동화 속에 나오는 피터팬이나 신데렐라 같은 환상의 이야기가 그것입니다. 또 하나는 모험입니다. 톰소여의 모험, 허클베리 핀의 모험 같은 요소입니다. 그다음으로 미국의 역사입니다. 프런티어 정신, 즉 개척의 역사입니다. 월트 디즈니는 유럽의 고향 마을을 재현한 기본 바탕 위에 모험의 세계, 환상의 세계, 미국의 개척정신들을 버무려놓았습니다. 즉, 미국의 역사와 문화를 그대로 표현한 것입니다.

유니버설 스튜디오는 1920년에 할리우드에서 영화 산업이 번성할 때,

영화를 찍는 세트장을 25센트라는 입장료를 받고 구경시켜주기 위해 시작된 것입니다. 이러한 세트장, 즉 미국의 영화 산업을 파는 것 자체가 미국의 역사와 문화를 파는 일인 셈입니다. 해리포터 성은 올해 5월에 새로 오픈한 곳입니다. 탑승물을 타고 들어가서 세트를 구경하는 곳인데 2분 30초짜리입니다. 이것을 보기 위해 하루에도 수만 명의 사람이 줄을 서서 기다립니다. 유니버설 스튜디오는 요즘 사실 테마파크 자체는 적자를 기록하고 있었는데, 이 명소 하나를 만들어서 유니버설 기업 자체가 흑자로 돌아섰습니다. 이 정도로 엔터테인먼트라는 게 무서운 것입니다. 재미있다는 이유로 2분 30초로도 이렇게 난리를 치는데, 하루이틀 장기간에 걸쳐 재미있다고 할 때는 어떻겠습니까?

플로리다에는 유니버설 스튜디오와 월트 디즈니가 만든 대단위 리조트가 있는데, 한 번 오면 최소한 일주일을 봐도 다 못 볼 정도로 재미있는 것들이 몰려 있습니다. 플로리다의 올랜도 지역은 관광객 단가가 1인당 평균 1만 2,000달러라고 합니다. 4인 가족으로 치면 5만 달러에 해당합니다. 어마어마한 돈입니다. 이처럼 엄청난 돈을 쓰는 이유는 단 하나입니다. 재미 때문입니다. 여러분도 꼭 죽기 전에 한 번 가보았으면 좋겠습니다.

관광 산업의 또 다른 이점

이처럼 관광 산업이 중요한 것은 많은 돈을 벌 수 있는 수단이 되기도 하지만, 이 자체로 명성이 되기도 한다는 점입니다. 경주로 예를 들면 누군가 경주에 와서 정말로 재미있게 일주일을 놀고 갔다면, 그 사람은 죽어도 경주를 잊지 못합니다. 어떻게 보면 동향 사람이 되었다고 말해도 과언이 아닙니다. 이런 경우가 있었습니다. 어떤 분이 제가 대전 엑스포에서 일을 했다고 말하니까 대전 엑스포를 자신은 죽어도 잊지 못한다고 말했습니다. 왜 그러냐고 묻자 바로 지금의 아내와 결혼하기 전에 대전 엑스포를 놀러 갔는데 거기서 잊지 못할 추억을 만들어서 결혼하게 되었다고 합니다.

저희 회사의 회장님은 21세 때 결혼해서 신혼여행을 그리스 지중해로 갔다고 합니다. 그리고 그곳이 너무나 아름다워서 매년 가야겠다고 결심을 했는데, 지금 60세가 넘었는데 매년 여름 지중해를 갑니다. 심지어 은퇴하면 그리스에 가서 살겠다고 말씀하십니다. 제2의 고향이 된 것입니다. 내가 가서 재미를 느낀 관광지는 곧 나의 장소가 되는 것입니다. 우리가 보기에 외국 사람이 경주에 와서 좋은 경험을 하고 갔다면, 그 외국 사람은 더는 외국 사람이 아니라 경주 사람이 된 것입니다. 이처럼 관광 산업은 단순히 관광 수입뿐만 아니라 우리의 역사와 모든 것을 그 사람에게 심어줘서 우리의 사람으로 만들 수 있는 효과가 있는 것입니다. 바로 이것이 관광 산업이 갖는 또 하나의 이점입니다.

성공한 관광지의 공통점

성공한 관광지를 보면 데스티네이션, 즉 목적지가 있다는 것입니다. 디즈니랜드라는 구체적인 장소와 다른 엔터테인먼트들을 만들고, 미국의 모든 것을 소개하는 관광지로 만들어 발전시켰듯이 한국도 이러한 모습이 필요합니다. 관광 산업은 이 데스티네이션을 통해서 이것을 중심지로 발전해나가야 합니다. 관광객들이 활동할 수 있고 직접 체험할 수 있는 실제 장소가 마련되고 연계될 수 있어야 합니다. 아쉽게도 아직까지 한국에는 이런 곳이 없습니다. 지금 경주도 산재된 유물을 단순히 구성하는 곳이 아닌, 하나의 집약적인 장소가 있어서 뻗어나갈 수 있습니다.

자연경관을 이용해서 관광 사업을 잘하는 곳이 하와이입니다. 하지만 하와이는 단순히 자연경관 자체가 아닙니다. 가장 쾌적하고 아름다운 환경에서 모든 것을 다 즐길 수 있는 종합 데스티네이션으로서 하와이는 관광지를 의도적으로 발전시킨 것입니다. 하와이는 각기 특성을 살려 의도적으로 계획한 21개의 관광지, 즉 데스티네이션이 있으며 대부분의 관광객은 이곳을 방문합니다. 이곳에 가면 폴리네이션 컬처 센터라는 곳이 있습니다. 남태평양 원주민의 문화를 소개해주는 센터입니다. 이곳에서 온갖 문화를 경험할 수 있고 실제로 그 문화를 배경으로 한 영상물과 어트랙션, 공연장, 쇼핑 시설, 식음 시설 들이 있습니다.

경주에도 구색은 다 있습니다. 한참 가면 박물관이 있고 한참 가면 민속관과 식당 등의 모든 필요 시설이 나름 산재되어 있습니다. 유물이 있지만 재미는 없고 편리성마저 없습니다. 모든 게 집약적이어야 합니다. 이것이 데스티네이션이며 데스티네이션은 의도적으로 계획해서 만들어야 합니다.

미국은 관광객이 좋아하는 흥미 요소, 즉 집객을 잘하는 나라입니다. 사실 세계에서 가장 관광객이 많이 가는 곳은 프랑스입니다. 프랑스는 역사문화 유적이 많습니다. 그러나 관광 수입을 가장 많이 올리는 나라는 미국입니다. 이것은 무엇을 말하는지 알 것입니다. 단순히 유적을 많이 보고 가는 것은 관광 수입을 많이 올리는 것과는 별로 상관이 없습니다. 많은 사람이 오되, 한 사람이 쓰고 가는 돈이 많아야 합니다. 한국에서 여름에 관광객이 가장 많이 몰리는 곳은 부산 해운대입니다. 이곳에 여름 동안 1,000만 명이라는 기록적인 숫자가 몰리는데, 부산이 돈을 많이 벌어들일까요? 그렇지 않습니다. 이러한 것들을 보면 답은 나와 있습니다.

역사 유적이나 자연경관 등 있는 그 자체만으로는 집객을 할 수 없습니다. 부대시설을 만들고 그 안에 재미라는 상품을 얹어놓아야 집객을 할 수 있습니다. 좋은 예로 미국을 보면 미국은 역사가 사실 200년밖에 안 된 나라입니다. 신라의 1,000년, 2,000년과 비교한다면 정말 역사라고 할 수도 없습니다. 그렇지만 미국이라는 나라는 200년밖에 안 된 역사를 나쁘게 말하면 너무나도 잘 팔고 있고, 좋게 이야기하면 잘 만들고 다듬어서 소개하고 있습니다. 그래서 명성도 얻고 돈도 벌고 있는 것입니다. 단지 미국이 잘살고 미국이기 때문에 무조건 가는 것이 아니라 미국에 가보니 너무나 재미있고 훨씬 다양하고 흥미로운 것이 있기 때문에 가는 것입니다. 즉, 미국은 관광 사업을 지능적으로 잘하고 있는 셈입니다.

다음은 미국 테네시주에 있는 아주 작은 역사문화 도시입니다. 1970년대에 개발하기 시작했는데, 이 마을은 1779년에 처음 생겼다고 합니다. 콜로니얼 시대라고 해서 영국에서 독립하기 직전에 마을이 형성되었다고 하는데, 이 마을에는 마을 시청도 있고 마을 사람들이 모이는 상가도 아직까지 그대로 존재합니다. 과거 사람들이 마을을 떠나다 보니 점점 쇠퇴했는데, 이곳에 살던 주민이 오히려 이 문화와 역사를 지키고 보존해서 외부 사람들을 끌어들이자는 아이디어를 냈습니다. 그래서 시작된 것이 스토리텔링 페스티벌입니다. 옛날이야기를 가지고 있는 사람들을 모아서 무대를 만들어 옛날이야기 대회를 시작한 것입니다. 이것이 유명해져서 스토리텔링 빌딩이 만들어집니다. 이로 인해 너무나 많은 사람이 몰려서 지금은 국제대회로 발전되어 1년 중 6~7개월 동안 이 대회가 시행된다고 합니다. 이것을 기반으로 지역을 개발하고 다양한 음식을 팔고, 넓은 땅에 레이스 트랙을 만들어서 경주대회를 하기도 합니다. 이 모든 것이 집객을 위한 수단입니다. 이 대회 기간에 머무는 참가자나 관광객이 이곳에 머물며 돈을 쓰게 되는 것입니다.

윌리엄스버그라는 곳이 있습니다. 우리로 보면 미국의 민속마을이라고 할 수 있습니다. 우리나라에도 민속촌이 있지만 사실 재미가 있다고 느끼지는 못했을 겁니다. 그것은 시시하기 때문입니다. 이곳이 재미있는 까닭은 이 사람들은 인원을 정해서 연극을 하듯이 배역을 정하고 이 마을에서 몇 년 동안 그 모습으로 살아갑니다. 즉, 스토리텔링을 현실화해 모든 옛날의 모습을 생생하게 살아나게 합니다. 음악회도 옛날 모습처럼 그대로 진행하고, 실제로 농사도 옛날처럼 짓습니다. 그래서 이곳은 단순한 역사 문화를 보여주는 전시가 아니라, 옛날 그대로 살아가는 자체가 역사를 보존하는 한 방법이 되기도 합니다.

과거에 옷을 만드는 모습도 재현하는데, 이것이 단지 재현으로 끝나지 않고 실제 생활의 연구와 표본으로 접목되는 것입니다. 이곳에서는 옛날 모습 그대로 결혼식을 하기도 하는데 이것도 예약이 넘친다고 합니다. 이 외에도 소개해드릴 수 있는 수십 가지의 모습이 있습니다.

경주가 나아가야 할 방향

경주는 자연경관이 참 아름답습니다. 산이 아름답고 유물도 아름답고 집들도 아름답습니다. 하지만 굉장히 정적입니다. 아주 조용하게 가라앉아 있습니다. 아주 옛날의 모습 그대로 보존해서 움직이지 않는, 하나도 생동감이 없는, 어떻게 보면 저는 상당히 쓸쓸하기까지 합니다. 화려했던 지나간 역사의 슬픔, 가라앉은 비애 같은 것이 느껴집니다. 관광지는 그래서는 안 된다고 생각합니다. 물론 역사의 유물은 유물 자체로 남겨놓을 수 있지만, 일단 관광객이 왔을 때는 재미있고 행복하고 다시 오고 싶어야 합니다. 하지만 경주의 모습은 외롭고 쓸쓸하기만 합니다. 적극적으로 우리가 스토리텔링을 하지 못하고 있습니다. 말로는 찬란했다고 하지만 보는 사람들이 그것을 경험하고 느끼고 갈 수 있어야 합니다.

외국 사람들은 경주를 다녀와서 단순히 먼지 쌓인 탑만 보고 갔다고 느낄지도 모릅니다. 왜냐하면 충분히 설명되지 못하고, 경험하지 못하기 때문입니다. 경주 역시 미국의 관광지처럼 살아 숨 쉬는 스토리텔링이 필요합니다. 예를 들어 제가 1,000년 전에 태어난 신라시대의 여자입니다. 저는 이러이러한 인생을 살았습니다. 저는 이런 사람을 만나고 이런 일을 경험했습니다. 그런 것을 그대로 보여준다면 얼마나 좋을까 하는 생각을 합니다. 죽은 도시이니까 죽은 모습을 그대로 보고 가라는 것보다는 그 안에 실제로 살았던 사람의 생동감 있는 모습을 재미있게 보여준다면 방문객은 훨씬 더 관심을 갖게 될 것입니다.

우리가 경주 같은 도시는 전통 문화를 보여주는 역사 유적지라고 이야기합니다. 유네스코에서 역사 유적으로 지정을 받는다는 것은 대단한 영광입니다. 그러나 그 자체로 관광 면에서, 수익 면에서 성공할 수 있다는 것은 절대로 아닙니다. 오히려 소중한 유적을 갖고 있지만, 잘 알리지 못해 효과를 내지 못하는 경우도 많습니다. 단체로 관광버스를 타고 와서, 단체로 휙 둘러보고, 단체로 급식소에서 밥을 먹고, 여관에서 잠을 자고, 단체로 가버리는 그런 단체 관광은 보는 사람들에게도 큰 감흥을 보여주지 못할 뿐만 아니라 그 장소를 제공하는 지자체에도 돈이 되지 못합니다. 이런 소극적인 관광이 아니라 조금 더 적극적인 모습이 필요합니다.

관광 산업이라는 것은 유도된 인위적인 시설입니다. 그것을 제공하지 않으면 유적 자체로는 아무에게도 도움이 되지 않습니다. 효과적으로 보여주고 느껴지게 해줘야 효과적인 수익도 따라올 것입니다. 집객을 유도할 수 있는 단계적이고 구체적인 방안이 경주에는 정말 필요하다고 생각합니다. 경주는 사실 하나하나 따져보면 너무나 감동을 줄 수 있는 유물이 많습니다. 하지만 문제는 그것이 모두 산재되어 있다는 것입니다. 한참 가야 하나씩 있는데, 그렇다고 너무 놀랄 만한 무엇도 아닙니다. 그러다 보니 방문한 사람들은 시시하다고 느낄 수 있는 것입니다.

17

뿌리 깊은 경주,
바람을 이루다

이순우 | 전 우리은행장

성균관대학교 법학과를 졸업했다. 우리은행 기업금융단 단장, 경영지원본부장, 집행부행장,
개인고객본부장, 수석부행장 등을 역임했다. 2011년 3월 제47대 우리은행장으로 취임하고,
2013년에 우리금융지주 회장이 되었다. 현재는 우리카드 고문이자, 제17대 상호저축은행중
앙회 회장으로 있다. 2003년 금융산업발전 유공 재경부장관 표창, 2011년 한국의 경영대상
최고경영자상, 2011년 중소기업 금융지원 은탑산업훈장, 2012년 매경이코노미 선정 올해의
CEO를 수상했다.

•••

경주가 저에게 가져다준 운

저는 경주시 건천읍에서 태어났습니다. 사실은 그 이후에 고향에 대해 별로 한 것이 없습니다. 은행장이라는 중책을 맡아서 영광이기도 하지만 제가 태어난 곳에서는 무엇을 했는지 자문해봅니다. 저는 은행에서 37년 있었기 때문에, 많은 사람 앞에서 강의하는 것은 처음입니다. 우리은행의 직원이 1만 5,000명 가까이 되는데 그중에 지점장급이 1,000여 명 됩니다. 1년에 1~2번씩 그들을 대상으로 강연을 합니다. 하지만 제가 지금 제 자리가 아닌 곳에서 좋은 강의를 해야 한다는 것이 조금 걱정이 됩니다.

제가 이야기할 수 있는 것은 제가 운이 좋은 사람이라는 겁니다. 여러분 중에 운동하는 분이 많지만, 홀인원 한 사람과 악수하면 3년 동안은 재수가 좋다고 합니다. 정말 재수 좋은 사람과 귀한 인연을 가진 여러분들도 3년 동안은 재수가 엄청 좋을 겁니다. 제가 가진 운과 재수를 여러분에게 드릴 수 있으면 좋겠습니다. 제가 은행장까지 되어서 운이 좋았다고 생각하기 때문에, 그 운이 왜 좋은지는 나중에 설명하겠습니다. 또 제가 경주에서 태어나서 우리가 경주를 자랑할 수 있는 소위 어떤 DNA를 갖고 있는지에 대해서 설명하겠습니다.

『손자병법』에는 이런 말이 있습니다. "용장보다는 지장이 좋고 지장보다는 덕장이 좋고 덕장보다는 운장運將이 제일 좋다." 제가 자주 가는 서울 남대문시장의 조그만 음식점에는 이런 문구가 쓰여 있습니다. "처음 오신 손님은 처음이라 반갑고, 두 번째 오신 분은 구면이라 반갑고, 세 번째 오신 분은 단골이라 반갑고, 네 번째 오신 분은 가족이라 반갑다."

저와 경주는 어떤 관계가 있는지 잠깐 이야기하겠습니다. 용장산 터에 벽에 뿌리를 내리고 있는 암벽 소나무가 있습니다. 여러분 중에서 이것을 보신 분들도 있는지 모르겠지만 경주가 결국 우리 민족 뿌리의 근간입니다. 경주가 암벽 위에서 자라는 소나무처럼 진짜 단단하고 깊이 뿌리 내리고 발전을 해야 우리 문화가 발전할 수 있다는 뜻입니다. 저는 경주의 자부심과 경주에 대한 저의 바람을 담아서 "뿌리 깊은 경주가 바람을 이루다"라고 말하고 싶습니다. 일연 스님은 『삼국유사』에서 경주를 이렇게 표현했습니다. "절은 별처럼 많고 탑은 기러기 행렬과 같다." 진짜 경주가 얼마나 아름다운 도시였는지를 그 당시에 표현해놓은 좋은 표현이라고 생각합니다.

제가 태어난 건천의 조전이란 곳이 있습니다. 대추 조棗 자에 밭 전田 자. 대추밭인데 여기 뒤에 못이 있습니다. 이 못은 물레방아를 돌리기 위한 못입니다. 밤새 물을 가둬놨다가 물레방아를 돌려서 소위 수문 역할을 하던 곳입니다. 이 뒷산이 그 당시에는 벌거숭이 산이었습니다만 저희들이 소도 먹이고 뛰놀던 곳입니다. 그 밑에 제가 태어난 집이 있습니다. 지금은 뒷산이 무성하게 되어 있습니다. 어기에서 중학교를 나섰기 때문에 일찍 일어나면 수문을 열어서 물레방아를 돌리고 집에 와서 등교 준비를 하면 딱 맞는 그런 삶을 건천에서 살았습니다.

저는 원래 의사가 되었으면 좋겠다고 생각했습니다. 벌써 오래전에 세상을 떠났지만 할아버지께서 제 능력을 좀 높게 평가했는지, 검사가 되었으면 좋겠다는 이야기를 했습니다. 그러니까 제가 태어나서 할아버지 소원은 한 번 들어드려야지 하는 마음으로 재수까지 해서 법학과는 들어 갔습니다. 그런데 졸업할 때까지 죽어도 고시 합격을 못했습니다. 그래 서 자꾸 초조해졌습니다. 제가 맏이인데, 답답한 마음에 술 먹고 지나가 다가 그 당시 산업은행 본점 앞에서 행원 모집 공고를 보았습니다. 재 미삼아 원서를 넣어서 들어갔다가 37년째 이러고 있습니다.

제가 처음에 은행에 들어가서 할아버지께 은행에 들어갔다고 1년 동안 이야기를 못했습니다. 사실 은행에 들어와서 정말 할 것이 없었습니다. 수없이 그만둘까 하다가 지금까지 왔습니다. 그런데 제가 은행에 들어와 서 한 번도 실패한 적이 없었습니다. 저는 은행에 들어와서 남들이 가고 싶어 하는 자리를 찾아간 것도 아니었습니다. 제가 은행장이 된 것도 가 만히 생각해보면 어려운 것입니다. 촌놈으로 태어나서 유일하게 은행장 이 될 수 있었던 거는 경주에서 태어났다는 것밖에 없습니다. 그거 이외 에는 은행장이 될 수 있는 조건이 없었습니다.

제가 1970~1980년대 다니다가 2000년대까지 이렇게 있었습니다. 이 때부터 소위 말하는 임원입니다. 예전에는 임원이 되면 은행에 몇 년 있 을 수 있었습니다. 그런데 이때 IMF가 터집니다. 우리은행은 한일은행과 산업은행이 합쳐집니다. 그렇게 되면 임원 될 확률이 줄어드는 것입니다. '아, 임원 되기도 어렵겠다. 모르겠다.' 이러다가 기업금융 상무를 한 3년 했고, 그렇게 끝나나 하다가 부행장을 했습니다. 그리고 수석부행장을 했습니다. 행장 밑에 있는 소위 2인자입니다. 그것을 4년 반을 했습니다.

이게 제 실력으로 될 수 있는 게 아무것도 없었습니다. 부행장 3년 하 기도 힘들고, 수석부행장은 더더욱 힘듭니다. 더군다나 은행장이 된다는 것은 경주에서 태어난 것 외엔 하나도 제가 갖추고 있었던 것이 없었습니다. 그래서 아까 이야기한 대로 제가 엄청나게 운이 좋고 재수가 좋은 사람이라는 겁니다. 저는 한 번도 '은행장이 되어야겠다'라는 생각을 하지 않았습니다. 그런데 워낙 좋은 곳에서 태어났고 또 운이 좋아서 은행장이 되었다고 생각합니다. 또 은행장이 된 후에 책상 앞에 '등고자비登高自卑'란 말을 써놓고 직원들에게 이야기합니다. "높은 산을 올라갈 때 정상을 보면 지쳐서 어떻게 가는가? 정상만 보지 말고 앞에만 보고 끊임없이 가다 보면 정상에 올라갈 수 있다." 제가 은행장이 안 되어서 그런 이야기를 하면 직원들이 믿지 않을 겁니다. 그런데 제가 은행장이 되었으니까 직원들이 잘 믿습니다.

새 시대를 열어가는 은행의 역할

어떻게 이 좁은 나라, 자원도 없는 나라에서 세계 1위인 삼성전자가 나오고 세계 최고의 현대자동차가 있을 수 있겠습니까? 정말 1년에 삼성전자가 모델을 300개씩 만듭니다. 하루에 하나씩 만드는 겁니다. 전 세계가 삼성전자의 모델을 갖고 싶어 하는 것입니다. 제가 현대자동차 부품 공장을 다녀왔는데, 정말 대단합니다. 그럼 금융은 왜 두대체 지금까지 100년이 넘는 역사를 가지면서 삼성이나 현대처럼 되지 않을까요? 우리나라가 대부분의 글로벌 경영에서 GDP 14위고, 국가경쟁력 22위입니다만 우리 금융은 28위밖에 안 됩니다. 그리고 삼성전자는 국내에서 파는 것보다 해외에서 파는 것이 훨씬 많습니다. 그런데 우리나라는 지금 보시면 3.4퍼센트나 해외에서 벌어들입니다. 그나마 제일 많이 버는 것이 한 7퍼센트 정도 법니다. 그 외에 전부 국내에서 번다는 것입니다. 세계에 다른 은행들은 상당히 많이 외국에서 법니다. 정말 우리나라의 은행이 왜 세계화가 안 될까요?

그런데 은행은 조금 다릅니다. 그야말로 능동적이고 적극적인 산업이 아닙니다. 수동적인 산업입니다. 고객이 안 오면 우리가 스스로 할 게 아무것도 없습니다. 아무리 돈이 많아도 은행을 못 만듭니다. 정부에서 허가를 해주지 않습니다. 철저한 라이선스 산업입니다. 4개밖에 없습니다. 우리나라 은행은 다른 사람들은 못 만듭니다. "내가 돈 있으면 만들면 될 것 아닌가?" 그런데 허가를 안 해줍니다. 그런 걸로 보면 은행의 사회적 책임은 아무리 강조해도 지나치지 않습니다. 이런 생각을 많이 갖습니다. 은행이 해야 할 일, 은행원이 할 수 있는 일이 무엇일까요? 정말 나라를 위해서 사회를 위해서 할 수 있는 일이 무엇일까요?

IMF를 거치면서 그것만이 은행의 역할이 아니라는 것을 알 수 있습니다. 아무리 기술이 좋아도 내일 돌아오는 자금 못 막으면 끝입니다. 은행의 역할은 그럴 때 기업을 살리는 일입니다. 많은 사람이 은행 사람들은 비 오면 우산을 빼앗아간다고 말합니다. 그런 이야기를 여러 번 들었습니다. 원래는 빼앗으면 안 됩니다. 비 올 때 우산을 드려야 합니다. 또 기업이 살아야 고용이 일어나고 고용이 일어나야 우리 경제가 발전하는 것이 아니겠습니까? 그것이 은행 본연의 역할입니다.

우리가 이런 이야기를 하면 좀 그렇겠지만 은행을 의사에 비유하고 기업을 환자에 비유합니다. 평소에 건강하면 병원이 눈에 안 보이지 않습니까? 마찬가지로 기업이 힘들지 않으면 은행을 잘 모릅니다. 은행은 기업이 힘들 때 기업을 지원할 수 있는, 또 기업이 힘들어지기 전에 진단해서 그 기업이 왜 어려운지를 처방해줄 수 있어야 합니다. 왜 그럴 수 있는가 하면 우리가 밥 먹고 하는 일이 바로 그것입니다. 그리고 또 같은 업종의 기업들을 많이 상대하고 있습니다. 그렇다면 다른 기업들과 비교해 지금 문제가 무엇인지 진단할 수 있습니다. 그것을 치유해줘야만 기업이 살 수 있습니다. 이것이 바로 은행의 역할입니다.

그리고 서민금융이 있는데, 왜 서민금융의 일이냐 하면 은행은 외국에서 별로 벌지 못합니다. 저희들의 자본금입니다. 내 돈 가지고 다 빌려주었다? 이야기가 되지만 우리은행의 자본금이 19조 원입니다. 그리고 예금이 180조 원입니다. 그럼 200조 원을 가지고 대출을 합니다. 그 차액으로 이익이 나는 것입니다. 자기 돈 가지고 한 것은 아닙니다. 고객 예금입니다. 그래서 정말로 은행의 사회적 책임이라는 것이 더 강조가 되는 것입니다. 왜 월가에서 시위가 일어나고 그런지 알게 될 것입니다. 그러면 저축은행이 망가지면, 또 은행이 망가지면 가만히 못 놔둡니다. 저축했던 분들이 다 망가져 버립니다. 기업은 망해봐야 기업이 없어지고 종업원들의 직장이 없어지는 거지만, 은행이 망가지면 예금을 했던 고객들이 난리가 납니다. 그래서 할 수 없이 국가에서 공적자금을 들여 은행이 정상화될 수 있도록 해주는 것입니다.

은행이 어려워지면 어떤 은행이든 마찬가지입니다. 예금보험공사가 무엇인가요? 이런 의미에서 저희 은행이 제대로 역할을 해주면 기업하는 분들이 정말로 좋겠습니다. 소위 요즘 이야기되고 있는 금융권의 사회적 책임이 그 어느 때보다, 특히 경제가 어려울수록 강조되는 시점에 있다고 이야기할 수 있습니다. 지금은 분노의 시대입니다. "내가 잘못하고 열심히 안 했어." 이것보다 무조건 화가 나는 것입니다. 우리가 편한 말로 '노블리스 오블리제noblesse oblige'라는 말이 있지만 서양에서는 이런 것도 있을 것입니다. 여러 나라 사람들이 사고로 죽고 그런 것에 대해 기부를 하고 그럴 것입니다. 우리나라에서도 문화재를 보호하기 위해 전 재산을 기부도 합니다. 윗물이 맑아야 아랫물도 맑습니다. 이것이 맞는 표현일지 모르겠지만 제가 생각해볼 때 은행이 제대로 역할을 하고 가진 자가 정말로 사회적 책임감을 가져야 사회가 제대로 돌아갈 수 있습니다. 특히 요즘 대두되고 있는 양극화 분노의 시대에 그야말로 같이 갈 수 있는 것이 아닌가 싶습니다.

제가 은행장으로서 역할을 제대로 하려면 고객 제일, 현장 경영, 정도 영업이 가장 중요하다고 생각합니다. 고객 제일이라는 것도 말로만 하는 것이 아니고 현장을 자꾸 가보아야 합니다. 카이는 경남 사천 항공 산업의 유일 항공입니다. 지금 항공사가 하는 일은 하청업체를 좀 도와주자, 그래서 저희들과 같이 하청업체 중소기업을 지원하는 일입니다. 같이 도와줄 수 있도록 협약을 맺었습니다. 우리나라 토목 쪽 1호인 삼부토건이 어느 날 갑자기 법정관리를 신청합니다. 건설경기가 얼마나 어려운가요? 어떻게든 삼부토건을 살려야겠다. 그래서 제가 여러 은행장에게 부탁해서 근근이 살려가고 있습니다. 우리나라의 가장 애국자는 기업하시는 분들입니다. 고용을 이끌어가고 부를 창출하는 것입니다.

그럼 은행은 어떻게든지 기업을 살려서 이 기업과 같이 갈 수 있는 역할을 해야 합니다. 현장 경영은 제가 아무리 설명을 드려도 소용이 없습니다. 우리 직원들이 저와 뜻을 같이 하지 않으면……. 저희는 국내에서 1,000여 개 점포에 1만 5,000명이 근무하고 있습니다. 제가 아무리 나가서 좋은 고객을 모셔 와도 창구에 있는 직원들이 잘못하면 그 고객을 잡을 수 없습니다. 제가 아무리 잘하면 뭐 합니까? 그러려면 우리 직원들이 행복하지 않으면 절대로 이루어질 수 없습니다. 우리 직원들이 좀 행복했으면 좋겠습니다. 우리 직원이 울 때 우리도 같이 울었습니다.

마지막으로 정도 영업이 있습니다. 저희 은행은 고객들의 귀한 자산을 맡아 관리하는 선량한 관리자입니다. 정말 믿을 수 있어야 맡기지 않겠습니까? 제가 학생들에게 이야기합니다. 우리은행에서 가장 생각하는 인재상이 무엇인가? 저는 '정직'이라고 이야기합니다. 그럼 그걸 어떻게 아느냐? 그건 여러 가지를 보면 알 수 있습니다. 눈빛만 봐도 알 수가 있습니다. 사람 보면 대충 압니다. 정말 은행에서 바른 것이 정도 영업이라고 생각합니다.

천년고도 경주의 DNA

이제 은행 이야기는 그만 하고 경주에 대해서 바람을 이루는 경주가 어떤 뜻인지에 대해 이야기하겠습니다. 경주에 문복산이란 곳이 있습니다. 이 산은 원광법사가 화랑들에게 세속오계를 내린 산입니다. 경주의 DNA 3가지를 이야기하겠습니다. 첫 번째는 '겸손'의 DNA라고 생각합니다. 왜 겸손이라고 이야기하냐면, 화랑도에 삼이三異라는 것이 있습니다. 첫 번째는 남의 위에 있는 사람으로서 겸손해 남의 아래에 앉는 것. 두 번째는 남보다 호부豪富로되 입는 데 검소한 것. 세 번째는 귀한 세력이 있으나 그 위엄威嚴을 쓰지 않는 것입니다. 이게 화랑도에 나오는 삼이입니다. 이것이 경주의 겸손의 DNA가 아닌가 생각합니다.

두 번째는 배려의 DNA입니다. 경주 최씨 가문의 가훈입니다. "과거를 보되, 진사 이상은 하지 마라. 재산은 1만 석 이상 모으지 마라. 나그네를 후하게 대접하라. 흉년기에는 땅을 사지 마라. 며느리는 시집온 후 3년 동안 무명옷을 입혀라. 사방 100리 안에 굶어 죽는 사람이 없게 하라." 저는 이 가훈에서 세상은 혼자 사는 곳이 아니라고 느꼈습니다. 제가 은행장이 될 때 혼자 힘으로 된 것이 아닙니다. 제가 경주에서 태어난 것 외에는 하나도 자격을 갖추지 못했습니다. 이 가훈은 저를 이끌어주었습니다. 세 번째는 성실의 DNA입니다. 양동마을에 서백당書百堂이 있습니다. 서백당은 "참을 인忍자 백 번을 쓰며 인내를 기른다"는 뜻을 담고 있습니다. 참을 인 자를 쓰면서 끊임없이 자신을 낮추고 인내를 기르면서 가르침을 주는 것입니다. 이런 면에서는 성실했으면 좋겠습니다.

청나라 때에 정판조라는 사람이 있었습니다. 난득호도難得糊塗라고 하는데, 똑똑해 보이기도 참 어렵지만 바보처럼 보이기도 어렵습니다. 또 총명하면서 바보처럼 보이기는 더더욱 어렵다는 뜻입니다. 아마 저를 어렸을 때 기억하시는 분들은 제가 왜 이렇게 변했나 싶으신 분이 많을 것입니다. 제가 어린 시절에는 욕도 안 했고 히죽 잘 웃지도 않았습니다. 그런데 은행에 들어가서 한 6개월이 지날 즈음이었습니다. 제가 지금까지 은행장이 될 수 있었던 가장 큰 멘토를 만났습니다. 그 사람이 소주를 한 잔 하면서 이렇게 이야기했습니다. "야 이, 녀석아. 너는 사법고시 하고 싶으면 빨리 때려치우고 사법고시 하면 될 것 가지고 왜 은행에 들어와 있어. 검사해 인마." 그래서 혼찌검이 났습니다.

그 사람의 이야기는 바로 이런 것이었습니다. 저에게 3가지 정도로 주문했습니다. 첫 번째는 바보스러워 보여라. 네가 바보스러워 보여야 네 가슴속에 많은 사람이 들어올 것이다. 정말 바보처럼 하려면 어떻게 해야 할까요? 욕을 해라. 욕을 하면 조금 바보 같아 보일 것입니다. 저는 욕 잘합니다. 저희 외할아버지께서 전주 이씨 양평대군의 후손입니다. 저희 외할아버지 댁이 영천에 있는데 가면 꿇어앉아서 2~3시간을 있는데, 제가 욕은 잘 못했습니다. 그런데 제가 은행에서 욕쟁이입니다. 임원회의를 하다가도 욕을 합니다. 워낙 욕쟁이로 통하기 때문에 욕 안하면 어설 픕니다.

두 번째는 말을 좀 많이 해라. 왜? 말이 많으면 실수를 많이 하게 됩니다. 그래야 다시 사과도 하게 되고 그런 과정에서 친분이 쌓입니다. 세 번째는 많이 웃어라. 제가 웃으려면 무척 어렵습니다. 250명과 사진을 찍어야 한다면 한 1,000번을 웃어야 합니다. 이거 근육이 안 움직이면 못웃습니다. 끊임없이 웃으라고 이야기합니다. 그러면 "웃을 일이 있어야 웃지?"라고 말합니다. 웃어야 웃을 일이 생깁니다. 제가 요즘 가만히 생각해보면 옛날 100명 정도 있는 지점에서 근무하던 시절에 그렇게 실천했습니다. 그렇게 몇 달 하고 났더니 여직원들이 대하는 태도부터 달라졌습니다. 무슨 고민이 있으면 제게 찾아와 상담을 합니다. 바보처럼 보인다는 것이 정말 어려운 것입니다. 제가 아직도 바보처럼 지냅니다. 욕도 잘합니다. 술도 많이 먹습니다. 어쨌든 바보스러운 것은 제가 은행장까지 올 수 있었던 가장 큰 요인이 아닌가 싶습니다. 이게 다 경주에서 배운 것입니다.

배려라는 것은 『논어』에서도 많이 나오고 여러 군데에서 나옵니다. 저는 직원들에게 이렇게 설명합니다. 낙지볶음을 먹으러 갔습니다. 그런데 낙지는 몇 마리 없고 전부 양파와 다른 야채입니다. 거기서 배려심이 있는 사람은 소주 다섯 잔 정도 먹고 낙지 하나 먹고 그래야 합니다. 그런데 소주 한 잔에 낙지 하나씩 먹으면 되겠습니까? 다른 사람들도 낙지를 먹고 싶어 합니다. 왜? 양파보다는 낙지가 맛있기 때문입니다. 제가 양곱창집에 가끔 갑니다. 지금이야 은행장이 되었으니까 마음대로 주워 먹지만 말단직원일 때는 달랐습니다. 양곱창이 크게 보이지만 구우면 몇 개 되지 않습니다. 소주 한 잔 먹고 그거 먹기가 미안합니다. 그래서 소주를 여러 잔 마신 후에 하나씩 집어먹으면 주변에서 그럽니다. "그러지 말고 좀 집어 먹어라." 지금은 다릅니다. 은행장 먹거나 말거나 그냥 먹고 싶은 대로 먹습니다. 어쨌든 제가 생각해볼 때 정말 남을 배려하는 것은 저에게 오히려 좋습니다.

제가 아무리 친절하고 배려하고 바보처럼 굴어도 은행장이라고 부릅니다. 저는 많은 사랑을 받았다고 생각합니다. 스티브 잡스가 2005년에 미국 스탠퍼드대학 졸업식에서 한 말이 "정말 성실하게 끊임없이 노력해라Stay Foolish"였습니다. 스티브 잡스만 그런 말을 한 것이 아닙니다. 정말 여러 군데에서 성실을 강조하고 열심히 하라고 독려하는 말은 많이 나옵니다. 그럼 열심히 하면 되나요? 열심히 한다고 해서 매번 헛발질을 하면 되겠습니까? 잘해야 합니다. 누군가 예전에 이런 말을 했습니다. "안 되는 것 자꾸 잘하려고 하지 말고 잘하는 것부터 해라." 저는 이 말이 맞는 것 같습니다. 자기가 잘할 수 있는 것을 잘하는 것이 성실한 것이라고 생각합니다. 어쨌든 경주가 가르친 3가지 DNA를 스스로 받아서 오늘날 제가 있을 수 있었습니다. 그러면 그것은 99퍼센트입니다. 배려와 겸손과 성실입니다.

그리고 나머지 1퍼센트를 만드는 것이 있습니다. 김승오라는 사람이 있습니다. 마산에 있는 조그만 약국을 일약 두 번째로 큰 약국으로 만드신 분입니다. 이분이 이렇게 말합니다. 소문 중에 가장 좋은 소문은 입소문이다. 택시를 타고 육일약국 가자고 합니다. 육일약국이 어디 있는지 알겠습니까? 하루에 40분씩 계속 육일약국에 가자고 합니다. 자신만 그런 것이 아니라 가족까지 다 동원에서 육일약국으로 가자고 합니다. 그럼 한 달이면 마산에 있는 택시가 다 육일약국을 압니다. 이 사람이 약사면 약만 팔면 되는데 이렇게 이야기합니다. 오늘 이 손님이 내가 하는 서비스에 만족했을까? 또 두 번째 질문은 이 손님이 다시 오실까? 세 번째 또 다음에 오실 때 다른 손님을 데리고 오실까? 자문자답을 한다고 합니다.

약사가 정말 그런 질문을 한다는 것은 의외입니다. 그래서 제가 마지막 1퍼센트를 소개해드립니다. 대구에 가면 상주식당이라고 추어탕을 전문으로 하시는 차상남 할머니가 계십니다. 시집도 안 가시고 혼자 사시는데 정말 대단하신 분입니다. 1월과 2월은 문을 닫습니다. 이분은 화장도 안 하고 반지도 안 끼십니다. 음식 맛에 영향을 줄까봐 그러신다고 합니다. 그리고 66세나 되어서 돈 다 버신 분이 침대 앞에 이렇게 붙여놓고 사신다고 합니다. '영원히 살 것처럼 꿈꾸고 내일 죽을 것처럼 오늘을 살아라.' 정말로 늘 마지막 날인 것처럼 생각을 합니다. 저도 가끔 이런 질문을 받습니다. 은행장 임기가 얼마나 되는가? 보통 3년입니다. 지는 임기가 없습니다. 언제 끝날지 어떻게 알겠습니까?

오늘이 제 마지막이기 때문에 집에서 나올 때 기도를 합니다. 오늘도 우리 1,800만 고객님들이 저희 은행과 거래하게 해주셔서 고맙고 우리 1,000여 개 점포가 오늘도 무사하기를 기도합니다. 보통 일과 끝나고 집에 갈 때 휴대전화를 보고 "오늘도 전화가 없었네. 아, 오늘도 감사합니다." 다 그런 것 같습니다. 제가 차상남 할머니를 보면서 이 할머니도 이렇게 사는데 제가 더 열심히 해야 하지 않겠습니까?

경주의 역사가 곧 우리 민족의 역사입니다. 신라 천년의 고도를 누가 따라올 수 있겠습니까? 저는 그렇게 생각합니다. 우리의 뿌리입니다. 겸손과 배려와 성실의 DNA가 우리 경주인의 DNA입니다. 그리고 정말 최선을 다해서 1퍼센트를 더하면 그야말로 100퍼센트를 달성할 수 있을 것입니다. 우리나라의 고도가 아니라 전 세계의 높을 고高 자의 고도高都로 발돋움할 것이라고 확신합니다.

18

식량 안보와
해외 농업 개발

이병화 | 국제농업개발원 연구소장

건국대학교 농과대학을 졸업하고 중앙대학교 사회개발대학원 사회교육학과를 전공했다. 러시아 국립 프리모리스키 농업아카데미에서 경영학 박사학위를 취득하고, 러시아 하바로브스키기술대학에서 경제학 박사학위를 취득했다. 1972년 대통령 특별보좌관실 농업담당, 1991년 러시아 연방정부 농업경제자문위원 등을 역임했다. 현재는 국제농업개발원 연구소장이다. 저서로는 『한국 농업의 진로』, 『연해주 농업개발과 환경여건』, 『한국 농업 다시 출발하자』, 『21세기를 향한 한국 농업의 도전』 등이 있다.

창조경제란?

경주시가 앞으로 발전하기 위해서는 창조경제에 좀더 큰 눈을 떠야 합니다. 포항시는 문명도시이지 문화도시는 아닙니다. 울산도 마찬가지입니다. 선박을 만들고 자동차를 만드는 것은 문명경제입니다. 경주 시민이 줄어들고 있는데 내년부터는 조금 늘지 않을까 생각합니다. 경주에는 한우가 유명하지만 서울 시내 한우 집에서는 '경주 한우'라고 표시한 곳을 본 적이 없습니다. 전부 '횡성 한우' 표시만 되어 있습니다. 사실은 위치로 볼 때 경주 한우가 더 대우를 받아야 하는데 그렇지 못합니다. 그래서 오늘 주제는 식량 안보와 해외 농업 개발입니다. 먼저 창조경제에 대해서는 조금 더 학술적으로나 실질적으로 용어에 대한 정의를 해줄 필요가 있다는 생각이 듭니다.

창조경제가 무엇인지 간단하게 설명하겠습니다. 잘 알다시피 앨빈 토플러의 학설에서 석탄, 즉 고체 산업을 '제1의 물결'이라고 합니다. 액체 석유 산업이 '제2의 물결'입니다. 기체 산업인 가스가 '제3의 물결'입니다. 이 3가지가 다 어우러져서 우리나라의 산업으로 존재합니다. 이러한 산업으로 전기가 생산되고 전기에서 발전하는 게 전파 산업입니다. 오늘날 인터넷의 사이버 산업을 보고 '제5의 물결', '제5의 산업'이라고 말합니다. 그러면 창조경제는 뭐냐 하면 문명경제와 문화경제가 교접한 것입니다. 교접이라는 것은 잡종, 즉 하이브리드라고 의미 부여를 할 수 있습니다. 지하자원 하나 없고 인구는 많고 땅도 좁고 식량 문제도 심각한데 우리의 살길은 자동차, 선박, 인터넷, 컴퓨터, 철강 등의 문명산업에 문화를 더해야 한다는 것입니다.

그래서 거기에 대한 몇 가지 사례를 경주시와 비교해서 설명하겠습니다. 창조경제 창출의 자양분과 그 사례라고 할 수 있습니다. 역유통 시스템을 새로운 농산물 유통이라고 합니다. 기존의 유통은 생산자가 생산한 물품이 경매에 붙여져 그 수익금이 통장에 입금되는 걸 말합니다. 지금 일본 같은 나라는 도매시장이 다 망하고 있습니다. 도쿄에 있는 오다 도매시장이라든지 오사카에 있는 도매시장이라든지 많은 시장이 망하고 있는데, 왜 그럴까요?

우리는 토요일이 쉬는 날입니다. 교육부에서는 초등학교부터 고등학교 과정까지 자연을 접하는 구도로 바꾸려고 합니다. 그래서 숙제도 초등학교에서는 자연에 대한 체험과 경험을 주제로 내주고 있습니다. 바로 이런 것들을 응용하는 것입니다. 역유통 시스템이라는 것, 다시 말하자면 농민이 농장에서 수확을 하는 것은 노동이지만 소비자가 농장에서 농작물을 수확하는 것은 즐거움이란 것입니다. 직접 체험하고 유통하기 때문에 그 과정에서 발생하는 비용이 없습니다.

동양에서 가장 큰 도매시장이 서울 가락동시장입니다. 16만 4,000평입니다. 프랑스의 랑지스 도매시장이 65만 평입니다. 그 도매시장이 망했습니다. 일부만 운영하고 있고, 체제가 바뀌고 있습니다. 우리나라의 많은 학자가 그 도매시장을 견학하고 공부하고 있습니다. 그것은 잘못된 것입니다. 가보면 황당할 것입니다. 왜냐하면 프랑스 가정주부들이 주말에 일주일 동안 필요한 것을 농장에 가서 직접 구매하는 시스템으로 바뀌었기 때문입니다. 대량소비는 바이어들이 직접 도매시장에서 구색을 맞추기 위해 구매하지만, 앞으로 창조경제에서는 유통 시스템이 굉장히 중요한 위치를 차지할 것입니다.

두 번째, 스마트폰은 문명경제이고 이 속에 있는 다양한 콘텐츠는 문화경제입니다. 바로 이것이 하이브리드 작동 경제입니다. 우리나라가 커피 수출 세계 랭킹 9위입니다. 러시아 때문입니다. 러시아 커피의 93퍼센트는 우리나라의 믹스커피입니다. 바로 이것이 창조경제입니다. 원자재를 수입해서 가공하는 것은 우리나라가 제일 잘합니다. 원유 수출도 마찬가지입니다. SK뿐만 아니라 LG가 원유를 수입해서 가공해 판매합니다. SK만 해도 연간 45조 원을 수출합니다. 기름 한 방울 생산되지 않지만 원유를 수입해 가공하여 판매합니다. 러시아 원유가 한국에 들어오는데 아이러니하게도 러시아 원유 생산지에서 SK의 휘발유를 쓰고 있습니다.

이런 부분이 굉장히 많습니다. 이런 걸 '경박단소와 중후장대의 원리'라고 합니다. 경박단소가 세계적으로 가장 발전한 곳이 스위스입니다. 스위스는 내륙이기 때문에 약을 만들고 시계를 만듭니다. 이런 물건을 경박단소라고 합니다. 우리나라는 경박단소와 중후장대를 응용할 수 있는 나라입니다. 중후장대는 무겁고 두껍고 길고 큰 것을 말하는데, 이런 원자재를 가지고 경박단소로 만들어 수출할 수 있는 것입니다.

자연을 접하는 데서 좋은 성적이 나옵니다. 옛날에는 개천에서 용 난다고 했지만 지금은 나지 않습니다. 아이큐가 실제 공부에 영향을 미치는 건 50퍼센트밖에 안 됩니다. 강남에 있어야 좋은 공부도 합니다. 그런데 이걸 역전시키는 것이 대안학교입니다. 농촌에 물 좋고 공기 좋고 자연경관이 수려한 곳에서 훌륭한 선생님들이 집중적으로 교육시키니까 명문대에 많이 들어갑니다. 경주 역시 그런 입지적 조건에서 잘 맞는 것 같습니다.

한민족은 특별한 민족입니다. 원조를 받던 나라에서 원조를 하는 나라로 바뀐 나라는 지구촌에서 우리나라가 유일합니다. 원조를 받았던 것이 60년이 지났습니다. 장충체육관, 광화문 미국대사관도 필리핀 사람이 지은 것입니다. 그런데 지금 필리핀에 가보면 우리나라와 하늘과 땅만큼 차이가 납니다. 우리가 1988년 서울올림픽을 치렀습니다. 그때 우리가 4등을 했습니다. 올림픽, 월드컵이 있었습니다. 정부는 이것을 뛰어넘는 업적을 이룩해야 합니다. 스마트폰이 없었다면 어떻게 되었겠습니까? 전기는 한 방향이지만 전파는 온 세계 다방면으로 영향을 끼치는 것입니다. 그래서 문화산업의 세계화가 중요합니다.

일본에 가본 적이 있습니까? 일본에 가면 낫토라는 것이 있습니다. 낫토가 연해주 발해에서 발원했습니다. 723년부터 728년 사이 당시 일본은 나라국이었습니다. 발해에서 생산되는 콩을 일본에 수출을 많이 했습니다. 그 수출했던 항구가 두만강입니다. 두만강의 한자가 콩 두豆 자에 찰 만滿 자입니다. 일본에 도다이사東大寺라는 목조 건축물이 있습니다. 그 절 뒤편에 보면 나라시대에 발해국에서 콩을 수입했고 도다이사의 중들이 만든 것이 낫토라는 기록이 있습니다. 일본의 낫토는 우리나라의 된장, 청국장과도 밀접한 관계가 있습니다.

해외 농업 개발

　이제 해외 농업 개발에 관해 말하겠습니다. 저는 연해주에서 북한 청진으로 한국 기업에서 농사지은 것을 28차례 기차에 실어서 가져다준 경험이 있습니다. 당시 우리 정부에서 나락을 가져다주면 나락은 군대가 가져가지 않습니다. 나락을 맷돌로 빻습니다. 그것을 보면 참 안타까운 생각이 들었습니다. 북한의 김일성 사후 5년까지 약 300만 명의 아사자가 있었습니다. 청진역 같은 곳에서 가마니로 덮어놓은 것들이 다 시체였습니다. 그런 걸 무수히 보았습니다. 동해시에서 선박을 타고 블라디보스토크에 가서 경제특구 예정지에 들어서면 호수가 있는데, 물은 우수리에서 북쪽으로 흐릅니다. 여기 5분의 4는 러시아 땅이고 5분의 1은 중국 땅입니다. 근처에는 우수리강, 송화강, 흑룡강이 흐릅니다. 이 세 강이 몰린 곳에 경제특구를 만들려 했습니다. 무슨 인연인지 몰라도 경제특구 개발을 위해 사절단이 옵니다. 그때 논의될 사항입니다. 그래서 6억 1,000만 평 농업지대를 확보하는 임무를 맡게 된 것입니다.

　그런데 이곳에 3만 5,000명밖에 살지 않습니다. 제주도가 5억 4,000만 평인데 인구가 50만 명입니다. 여기는 사람이 매우 귀한 곳입니다. 한국과 소련 수교 당시 제공했던 차관이 14억 7,000만 달러인데, 이제 10억 달러가 조금 넘는다고 합니다. 이 차관을 이 땅과 교환하는 식으로 논의가 될 예정입니다. 생각보다 따뜻한 지역이고 한랭지역이기 때문에 옥수수와 콩이 잘 재배됩니다.

　두 번째는 동남아시아인데, 필리핀의 민다나오라는 지역입니다. 이 지역이 남한 정도의 크기입니다. 왜 민다나오라고 하는가 하면 필리핀이

6 · 25 전쟁 때 미국, 영국 다음으로 파병을 많이 보냈던 국가입니다. 우리나라에 파병을 왔다가 돌아간 필리핀 군인 1,200명이 본국으로 돌아간 후 전부 처형을 당했습니다. 우리나라에 파병한 이유가 공산당을 멸하기 위해서였으니 당시 공산당에 점령당한 필리핀에 그들은 껄끄러운 존재였기 때문입니다. 거기에서 살아온 사람들의 후손이 민다나오섬에 있습니다. 우리나라는 민다나오 지역에 교육과 여러 지원을 해왔습니다. 여기는 열대지역입니다. 바이오 에너지 작물이 좋습니다. 실제로 동남아시아 지역에는 우리나라가 비집고 들어갈 곳이 마땅치가 않습니다. 미얀마의 면적은 우리나라의 6.8배이며 인구는 우리나라와 비슷합니다. 그래서 무한한 개발을 할 수 있습니다. 여기에 시찰단도 파견될 예정으로 알고 있습니다.

세 번째는 남미입니다. 브라질은 일본 사람들이 장악해 들어가기 어렵습니다. 그런데 칠레와는 FTA를 체결했습니다. 칠레 아리카에 현대자동차가 6만 평 땅을 확보했습니다. 그런데 최근에 볼리비아로 들어가는 안데스 산맥에 도로를 뚫었습니다. 브라질은 수송 비용이 엄청나게 듭니다. 진입하기 위해선 파나마 운하 혹은 포클랜드 군도로 가서 대서양으로 돌아가게 되면 18일이 더 걸립니다. 한국 사람들은 아리카에서 도로가 관통된 것도 모릅니다. 현대자동차와 기아자동차가 3년 만에 볼리비아 자동차의 80퍼센트를 점령해버렸습니다. 정말 경이적인 기록입니다. 10년 전에 아리카에 고속도로가 뚫릴 것이라고 예견한 사람이 있습니다. 이곳은 우리나라 땅의 10배가량이 됩니다. 목재가 무척이나 많은 지역입니다. 도로가 관통되니 한국과의 거리도 무척 가까워졌습니다. 여기에 제주도의 1.5배 면적을 확보했습니다.

이제부터 러시아 연해주 농업경제특구 건설에 대해서 말하겠습니다. 여기는 한민족의 옛 터전이었던 발해와 고구려의 땅입니다. 발해가 멸망하고 나서 지배층들은 모두 고려로 귀속을 했습니다. 나머지 사람들은 올라가서 알래스카까지 갔다가 캄차카 반도에 정착해 나라를 만들었습니다. 코랴크 자치구라고 합니다. 우리 남한 땅의 4배입니다. 그런데 인구가 3만 명 미만이 되어 푸틴이 자치구를 없애버렸습니다. 그곳도 빨리 가서 투자를 하고 3만 명이 넘으면 우리가 상당한 자치권을 행사할 수 있습니다. 푸틴은 코랴크 특구의 법이 고려의 모국인 한국을 우선시한다고 법령에 명시했고 우리나라의 투자를 확보하기 위해 노력하고 있습니다. 또한 남북 식량문제와 북한을 관통하는 철도노선 및 시베리아 가스와 동유럽을 향한 무역로 건설을 목적에 두고 있습니다.

우리가 연해주에서 곡물을 싣고 내일이라도 한국을 관통할 수 있습니다. 단, 러시아 기관차만 가능합니다. 그것이 왜 가능할까요? 북한 기관차가 러시아를 관통해 제3국에 가지 않습니까? 러시아 역시 북한을 관통해 제3국에 갈 권한이 있습니다. 국제철도법에 제정되어 있습니다. 러시아는 우리나라와의 거래를 반기는 분위기입니다. 그런데 지난 정부에서는 그것을 다 반대했습니다.

극동아시아 거주 아시아인, 러시아인 모두에게 미래창조의 꿈과 희망을 심어주는 데 목적이 있습니다. 1937년에 스탈린이 중앙아시아의 우수리로 우리나라 사람을 강제이주시킨 적이 있습니다. 그때 17만 3,000명이 이주했습니다. 그런데 1937년 이전 연해주에 우리나라 사람 약 32만 명이 거주했습니다. 그런데 왜 17만 3,000명만 강제이주를 당했느냐 하면 가족 중 러시아인이 있는 사람들은 끌려가지 않았기 때문입니다. 1937년

이전에 조선인들이 학교를 11개 만들었습니다. 그때 제일 많이 투자했던 이가 고려합섬 장치혁 회장의 아버지 장도빈 박사입니다.

노태우 정부 시절, 한국과 소련의 수교 수립 당시 차관에 대한 미지급을 상쇄해주는 대신 연해주 일정 지역의 토지를 제공하고 한국이 고려인과 함께 문화경제 특별지역을 만들 수 있는 여건을 확보했습니다. 이때 조사단장으로 제가 갔습니다. 경상북도만 한 땅을 주겠다고 했습니다. 하지만 저는 농업 분야 전문가입니다. 그러다 보니 땅의 가치를 잘 알지 못했습니다. 제가 보기에는 농지가 별로 없고 쓸모없는 땅으로 보였을 뿐입니다. 그런데 나중에 알고 보니 그걸 추진했던 사람이 고르바초프 대통령이었습니다. 그리고 그 땅에는 우라늄 광산과 다이아몬드 광산, 금광이 있었던 땅입니다. 고르바초프는 그걸 내주고 제주도에 자신의 별장과 매달 얻는 얼마간의 수익을 원했을 뿐이었습니다. 그때 그런 뜻을 몰랐습니다. 당시 노재봉 박사가 파트너였는데 그 사람도 그러한 속사정을 귀띔해주지 않았습니다. 그 후 만나게 된 사람이 권영해 고문입니다. 그 뒤 광개토대왕 프로젝트를 하게 된 것입니다.

이후 러시아 농공위원회가 단일 창구가 되어 논의 중에 국내외 사정이 생겨 잠정 보류되었습니다. 법적 근거는 무엇이냐면 고려인 중앙아시아 강제이주자 당사자와 후손들이 연해주로 귀환할 경우 거주지와 농지와 금융지원을 받는 것이 법에 지정되어 있습니다. 연해주 지방징부는 농사가 많은 연해주 일정 지역에 1,500명 이상의 마을을 30개만 만들라고 했습니다. 그러면 고려인 자치구를 만들어주겠다고 했습니다. 그런데 돌아오는 2세, 3세대가 농사를 지어본 경험이 거의 없습니다.

여기에 러시아의 자원과 땅, 한국의 자본과 기술, 북한의 노동력을 중심으로 한 삼위일체 공생농업이 있습니다. 그런데 러시아 가까이에는 중국과 일본도 있는데 왜 그들에게는 영토를 할애해주지 않은 것일까요? 자국과 영토 전쟁을 치른 국가에는 자국의 영토를 할애하지 않는다는 것이 법령으로 정해져 있습니다. 러시아와 전쟁을 치르지 않은 나라는 우리나라뿐입니다. 일본과 중국이 배제되었고 따라서 최고의 파트너는 우리나라임을 푸틴 대통령이 2003년에 이야기했고 2012년에 블라디보스토크에서 있었던 APEC 정상회담에서도 이야기했습니다.

사회간접자본의 적극적 투자와 산업시설 기반 강화를 위해 극동지역 농공위원회가 있습니다. 빅토르 알렉세예비치 우바로브라는 이가 있는데 그는 푸틴 대통령의 친구이며 극동개발위원회의 자문관입니다. 그리고 2003년 연해주 농업개발협력지구 추진위원회를 국내에서 만들었습니다. 당시 담당자는 주한 러시아 대사관의 부대사였는데, 이 사람이 북한의 대사로 발령이 나면서 자연스럽게 없어졌습니다. 그래서 다시 우리가 만들었고 권영해 고문이 위원장으로 활동하고 있습니다.

그러면 러시아 연해주 농업경제특구에 대해 이야기를 하겠습니다. 문민정부 시절 한국은 어땠을까요? 제가 김대중 대통령 집권 시절 국정원장에게서 돈을 받아 약 1만 톤가량의 나락을 보내주었습니다. 2003년 9월에 경협차관 상환에 대해 재조정을 했습니다. 현재는 차관은 기획재정부와 한국수출입은행이 맡고 있습니다. 여기서 중요한 것은 나락입니다. 벼농사가 무척 잘됩니다. 왜 잘되겠어요? 비가 안 오기 때문입니다. 강수량이 연간 700밀리미터밖에 안 됩니다. 물과 햇빛이 좋으니 전부 직파를 합니다. 벼농사는 3번 합니다. 파종과 물대기, 수확할 때 갑니다. 옥수수도 아주 잘됩니다. 이것은 지게작대기콩이라고 하는데 왜 콩에 가지가 없을까요? 콤바인을 가지고 이발하듯 기계로 수확을 하니까 가지가 나면 안 되지 않겠습니까? 한 개 정도는 수확을 못하는 경우가 있습니다. 아무래도 크니까 수확량이 많습니다.

그럼 경제특구의 북한은 어떤가요? 김정일이 북한 노동자를 25만 명 보내준다고 했습니다. 그러나 노동력이 매우 떨어집니다. 그런데 이제 정권이 김정은으로 바뀌어서 무엇이 어떻게 돌아가는지 알 수가 없습니다. 며칠 전에 러시아가 북한에서 농업 분야 노동자 1,300명의 신청을 받아 1차로 300명을 허가해주었습니다. 지금 극동지역에 북한 노동자가 많이 와 있습니다. 4만 명 정도 됩니다. 2012년에 APEC 정상회담 때 5,000명 정도 왔습니다.

그런데 김정은이 들어오지 못하도록 거부했습니다. 이유가 있습니다. 러시아 블라디보스토크는 백인 사회입니다. 그곳 사회에서 북한 노동자들이 자유분방함을 경험했고 그러한 경험을 북한 사회에 전파하는 것을 염려해 다시 돌아오지 못하도록 조치한 것입니다. 그러니까 러시아에 나온 벌목공들이 돌아가지 않습니다. 그리고 그들이 탈북을 해서 러시아 시민과 결혼해 낳은 2세들이 벌써 나이가 서른에 이른 사람이 많습니다. 그런 이들도 우리가 수용하려고 했습니다. 그러나 그들은 러시아 사회가 더 먹고살기에 낫다는 판단에서 들어오지 않았습니다.

농업경제특구 추진 방안

추진 방안은 어떻게 될까요? 연해주 농업경제특구 추진위에 러시아 당국은 민간조직을 앞세워 공무원은 유일하게 부총리급 극동개발위원장이 책임자로 되어 있습니다. 우리는 엉망입니다. 잘된다고 하면 온갖 부처가 따라붙습니다. 이번에 대통령 또는 국무총리 산하에 민관 공동추진위원회를 구성해 창구를 일원화할 것으로 생각됩니다. 그래서 여기에 법령 같은 것은 개성공단 건설 사례를 참고할 수 있고, 여기에 건설 주관사를 하나 데리고 가야 하는데 동부건설이 유력합니다. 지구온난화 때문에 시베리아가 매년 7킬로미터 북상을 합니다. 툰드라가 토지로 바뀌어버립니다. 동부그룹은 여기에 필요한 모든 것을 갖추고 있습니다. 우리가 부회장까지 접촉했지만 아직 총회장과 접촉하지는 못했습니다.

정치적으로는 어떤 이득이 있을까요? 극동 러시아 정치경제 재건의 발화점이 되어서 한—러 자원외교가 돈독해질 것입니다. 그다음에 고려인의 위상이 강화될 것입니다. 모국이 잘살면 해외 동포들도 목에 힘을 주지 않겠어요? 탈출한 북한 노동자들을 수용해 북—러 간의 정치적 부담감을 해소하고 체제가 다른 한민족이 한곳에서 공동체를 이루는 마을이 됩니다. 연해주가 통일을 위한 예비 연습장이 될 것입니다. 100년 전, '1세기 후에 잃어버렸던 우리 영토를 회복해 한민족이 거기에 모여서 식량문제를 해소하고 한민족이 세계의 중심국가가 된다'고 이야기한 사람이 있습니다. 그때는 얼마나 허황된 소리였을까요? 연해주가 바로 그걸 실현할 수 있는 주역의 땅입니다.

경제적 효과는 러시아 열차가 북한을 관통해 곧바로 한국으로 올 수 있고 북한의 식량문제를 해결할 수 있습니다. 그리고 지금껏 수입에 의존했던 식용품과 작물들 상당 부분을 해결할 수 있습니다. 극동 러시아 지역에 농공산업 현장이 확보됨과 동시에 동유럽 시장을 개척할 수 있습니다. 현재 연해주 지역만 FTA를 실시하자는 이야기도 오가고 있습니다. 그래서 경제특구가 확보되면 라면공장과 커피공장을 지어달라는 요청이 쇄도하고 있습니다. 연해주 최대의 담수 싱카이호의 넓이가 전라북도만 합니다. 이곳은 내수면 어업기지로도 이용할 수 있습니다. 북한을 관통하는 가스, 석유배관과 전기 공급의 배후기지로 매우 활용도가 높을 것으로 예상됩니다.

곡물창고를 확보하라

이제는 경주 시민에게 3가지 제안을 하겠습니다. 체르니코프카에 곡물창고는 6개인데, 1개에 900톤이 들어갑니다. 이것을 짓다가 1985년에 중단되었습니다. 이곳이 동양에 있는 곡물창고 중에 가장 큽니다. 이것을 한국에 사라고 하는데 상당한 이득이 있을 것으로 생각됩니다. 그다음은 우수리 곡물창고입니다. 지난번에 이곳 창고에서 보리를 사서 북한에 보내 주었습니다. 여기는 기차가 들어가지 않습니다. 1개에 1,000톤인데 5개입니다. 지금 노후화된 창고들이 매물로 많이 나와 있습니다. 중국 사람들은 땅을 주지 않기 때문에 러시아 사람을 앞세워 1년 정도를 빌립니다. 그러나 우리나라 사람들은 한 번에 49년을 빌릴 수 있습니다. 당해연도를 제외한 49년입니다. 곡물생산을 많이 하는데 창고가 없습니다. 생산량에 비해서 창고가 부족하니 경주시에서는 한우 사료를 보관할 창고로 연해주 창고를 확보하는 것이 좋을 것이라 판단됩니다. 사료용 곡물을 직접 가져와야 하는 지방분권시대가 곧 다가옵니다.

우리는 털이 긴 붉은 소를 잘 안 키웁니다. 고기로 먹기에는 적합하지 않기 때문입니다. 일본 사람들이 연해주 고려인들을 고용해 소를 생산합니다. 그런데 러시아 정부가 이를 거부해 다 쫓아버렸습니다. 한국에는 허락하지만 일본에는 제공하지 않는 것입니다. 230킬로그램 정도 되는 송아지를 한국에 가지고 오는데 50만 원 정도밖에 들지 않습니다. 이런 농장을 시험 삼아 한번 해보는 것이 좋을 것 같습니다.

그다음은 기능성 농산물입니다. 제가 러시아와 합작을 해서 기능성 농산물을 만들었습니다. 그런데 우리나라 특허법이 까다롭습니다. 인도 정부가 이것을 사러 왔습니다. 자그마치 우리 돈으로 5,000억 원입니다. 우리 농산물에 관한 것은 어떠한 발명품도 외국에는 팔지 못합니다. 그렇다고 보상도 해주지 않습니다. 이것은 러시아 과학자와 공동으로 만들어서 특허권의 2분의 1을 제가 가지고 있습니다. 이것이 무슨 말인고 하니, 사과버섯이 영지나 상황버섯을 비롯한 다른 동식물보다 활성산소 처리 능력이 가장 좋습니다. 베타글루칸 1.3의 물질이 높습니다. 이 물질을 습득해 식물에 태교를 시켜줍니다. 뿌려주는 것이 아니고 식물에 태교를 시킵니다. 미추린 농법이라고, 밀 종자를 영하 1도 정도 차가운 물에다가 20일가량 담가놓았다가 파종하면 꽃샘추위에도 얼어죽지 않습니다.

경주에는 딸기와 고추가 재배되는데, 고추보다는 딸기가 좋을 것 같습니다. 딸기는 뿌리를 잘라야 합니다. 반드시 기능성 물질과 뿌리가 부딪혀야 되는데, 이것을 식물의 태교라고 합니다. 벼농사 같으면 볍씨 종자를 이 물질을 추출한 곳에다가 일주일 동안 담가놓았다가 만나는 물질을 초면 현상이라고 합니다. 영화 〈아름다운 비행〉에서 야생 거위알에서 태어난 새끼 거위들은 세상에서 가장 먼저 본 에이미를 어미로 착각하는데, 이것이 초면 현상입니다.

식물이 금을 캡니다. 나노 단위의 금물에다가 식물의 싹을 틔우고 심었더니 자신의 생육과 관계없는 금을 공기 중에서 흡수합니다. 공기 중에는 온갖 물질이 다 있습니다. 그걸 흡수해서 자랐습니다. 훗날 철판에 대고 태워보았더니 금을 흡수했습니다. 경제성은 없지만 식물이 금을 캐는 걸 만들어낸 것이 루이센코설LysenKoism입니다.

19

자랑스러운
신라인과 경주인

권영해 | 전 국방부 장관

1937년 경주에서 태어났으며, 경주고등학교와 육군사관학교를 졸업하고 대한민국 육군 소위로 임관했으며, 제6보병사단장, 제3군 사령부 참모장, 서울올림픽 지원사령부 사령관을 역임하고 1988년 육군 소장으로 예편했다. 이후 국방부 기획관리실 실장, 국방부 장관, 제7대 한국야구위원회 총재 등을 역임했다. 저서로는 『바람직한 법상(法像)을 위한 제언』, 『지휘요론』이 있으며, 화랑무공훈장, 보국훈장 통일장, 수교훈장 광화장 등을 수상했다.

· · ·

신라인은 어떤 사람인가요?

"신라인과 경주인임을 자랑하자"라는 말이 있는데, 과연 신라인은 어떤 사람이며 그들은 누구인가 하는 것에 대해 알아보겠습니다. 신라라는 국명은 여러분도 잘 아시다시피 서라벌, 서나벌, 사라, 사로 등 여러 호칭이 있습니다. 이 호칭을 제22대 지증왕 4년에 신라라는 국호로 확정을 지었습니다. 이때 신라新羅라는 국호는 '덕업德業이 나날이 새로워져 사방을 모두 덮는다'는 의미라고 되어 있습니다.

문화유적으로 본 신라인은 과연 어디서 어떻게 왔을까요? 매장 문화에서 출토된 유적들을 근거로 살펴보면, 신라인은 분명히 유목민들이었습니다. 유목민들의 매장 문화의 특징은 적석목곽분積石木槨墳입니다. 떠돌다 보니 땅을 파서 매장을 할 수가 없고, 관을 짜서 시신을 넣고 그 위에 돌을 쌓음으로써 적석목곽 형태의 매장을 했습니다. 이 적석목곽 무덤이 출토된 것들을 연결해보면 유럽 쪽으로는 우크라이나 지방에서부터 카자흐스탄 우랄 산맥을 지나 시베리아 남부로 이어져 있습니다. 즉, 만주 일대에 분포되어 있다가 신라까지 건너온 것입니다. 물론 일본에서도 이 적석목곽의 흔적들이 일부 출토되고 있다고 합니다.

이 무덤에서 나온 출토물로 본 신라인은 단연 스키타이 민족이라고 합니다. 유럽 쪽에선 스키타이, 일부에선 흉노 또는 선비, 돌궐, 터키라고 부릅니다. 몽골, 거란, 훈족 등 여러 이름으로 불리지만, 결국은 유럽 쪽에서는 스키타이, 중국에서는 흉노를 가리킵니다. 사실 흉노라고 하면 별로 좋은 뜻이 못 됩니다. 이것은 한족들이 멸시하는 차원에서 흉노라고 이름을 붙였는데, 더구나 오랑캐라는 뜻이 있어 대단히 좋지 않은 이름으로 생각합니다. 사실 흉노는 훈족, 유럽 일대 프랑스와 헝가리까지를 석권했던 훈족이 이 스키타이인의 피라고 할 수 있습니다. 그래서 이 무덤에서 출토된 것을 보면 사슴의 뿔, 생명나무를 상징하는 신단수, 제사용 토기 등이 있는데, 이런 것들이 흑해 연안에서부터 유라시아의 초원을 경유해 한반도까지 전래가 되었습니다. 신라의 상징인 금관을 놓고 보면 여기에 사슴의 뿔이나 신단수 같은 것들이 형태화되어 있는데, 바로 유목민의 상징이라고 볼 수 있습니다.

그다음 언어와 유전적으로 본 신라인은 어떠한가요? 이것을 놓고 보면 단연 신라인들은 우랄 알타이 어족에 속합니다. 우랄 알타이 어족이라는 것은 우랄 산맥의 동쪽부터 연결되어온 민족들이 쓰는 언어인데, 언어학적으로 볼 때 우랄 알타이어를 사용하는 족속이라는 뜻으로 우랄 알타이 어족이라고 합니다. 이 어족의 특징은 조사로 격을 결정합니다. 무슨 이야기냐 하면, '무엇은, 무엇을, 무엇무엇에게, 무엇무엇을 통해' 등의 조사를 통해 뜻을 다양하게 변화시켜나간다는 것입니다. 그런가 하면 성조가 없습니다. 중국어가 사성이고 베트남어가 오성입니다. 이것이 우랄 알타이어에는 없습니다. 그다음으로 꾸미는 말이 매우 잘 발달되어 있습니다. 우리가 붉다, 빨갛다, 불그스름하다처럼 같은 말을 놓고도 외국어로는 표현할 수 없는 다양한 표현을 우랄 알타이어는 표현할 수 있습니다. 이와 같은 언어로 놓고 보았을 때 신라인은 우랄 알타이 어족에 속하는 민족입니다.

유럽까지 진격해간 칭기즈칸의 혈통이어서 그런지 몰라도 헝가리어에서 보면 '아버지'를 '아빠'라고 합니다. 이런 것들만 놓고 봐도 스키타이 민족이 유럽까지 석권했던 대단한 민족이었다는 것을 알 수가 있습니다. 유전적 특징을 놓고 보면 몽고반점이 있다는 것이 아주 뚜렷한 특징입니다. 일본의 북쪽에 있는 아이누족에게서도 이 몽고반점이 발견되고, 에스키모, 북미 인디언, 남미에 있는 인디오나 프랑스의 샤토 지방 사람들에게서도 몽고반점이 발견됩니다. 이렇게 분포된 걸로 봐서 우리는 언어학적으로 스키타이족, 즉 흉노, 또 신라까지 온 사람들은 선비족 정도로 분류할 수가 있습니다.

역사적 기록으로 보면 신라인은 동이東夷라고 합니다. 오랑캐 이夷 자라고 해서 동이를 굉장히 비하하고 있는데 실상은 그렇지 않습니다. 중국 사료에 나타난 동이의 실체인 고조선의 뿌리는 한족漢族이 아닌 한족韓族, 그래서 한때는 한족韓族이 한족漢族을 완전히 지배하고 있었는데 후에 한족漢族들이 득세해서 한족韓族을 아주 멸시하기 시작합니다. 그러면서 결국 동이를 오랑캐라고 표현했는데, 학자들이 『사고전서』를 찾아본 바로는 115권 중 『후한서』의 제75 본문에서 보면 '夷'의 개념을 다음과 같이 정의합니다. "이夷란 저抵다, 즉 이자저야夷者抵也"라고 되어 있다고 합니다. 그러면 저抵라는 것은 무엇이냐 하면, "모든 만물이 땅에 뿌리를 박고 태어나는 것"이라고 설명합니다. 즉, 근根, 저抵라고 말하고 있는 것입니다. 이처럼 저抵와 이夷를 동일한 개념으로 본 중국은 동의어인 이夷가 오랑캐라는 의미가 아닌 중국인들의 뿌리, 동방의 뿌리라는 것을 의미했습니다. 그래서 오랑캐라는 뜻이 왜곡되었다는 것입니다. 고서에서는 분명

자기들이 이처럼 정의해놓고, 동쪽에 있는 오랑캐라고 불러왔습니다.

이와 같은 역사를 볼 때 동양 역사의 주역은 '동이'라고 할 수 있습니다. 동이는 동양의 본류이며 피지배자가 아닌 지배자였고, 아시아의 주역은 변방이 아닌 중심, 동양 문화의 아류가 아닌 원류가 동이 문화입니다. 이 동이가 바로 고조선이었습니다. 지금 역사 교육을 제대로 하고 있지 않기 때문에 특히 고조선에 대한 사료가 굉장히 부족한 상태에서, 동이가 바로 고조선이며, 요·순 임금, 공자, 맹자, 백이, 숙제, 강태공 모두가 중국인이 아닌 동이족이라는 것에 우리는 긍지를 가져야 합니다.

한족의 시조는 신농씨라고 합니다. 그런데 동이족의 시조는 신농과 헌원보다도 훨씬 앞선 태호복희씨라고 중국 역사서에 기록되어 있습니다. 그렇기 때문에 동이는 본류이고 뿌리이고 중심이라는 이야기입니다. 그 다음 한漢—당唐 이후에 중국의 지배 세력이 된 한족漢族이 이민족의 역사를 말살시켰고 조선조 때에 중국의 아류인 소중화小中華를 우리가 사대주의 사상에 의해서 자청함으로써 스스로 동이 문화와 함께 신라에 대한 자부심마저도 잃어버렸습니다.

신라인의 저력과 특징

그럼 동이 문화를 계승한 신라인의 저력은 어떻게 나타날까요? 정치적으로 본 신라 지배 세력의 구성은 아주 다양합니다. 진시황의 노역을 피해서 마한 땅으로 들어와 경주 지역에 마을을 형성한 6,000명의 본래 민족들과 합해졌다고 볼 수 있고, 부여에서 이주해온 박혁거세 세력도 신라의 지배 계층을 이루는 한 부분이 되었습니다. 그 이후 중국의 진나라가 망한 후에 대로를 따라 산둥 반도 등을 통해 유입된 김일제 세력이 있습니다. 이것이 연나라의 모용이라고들 이야기합니다. 고구려에 패해 동해안으로 유입된 선비족도 있습니다. 이와 같은 여러 지도층이 모여 신라의 지배 세력을 구성했습니다.

경로를 보면 산둥 반도 쪽에서 당시에는 마한 지역이었고, 사로국이었는데 이때 일부가 유입이 되고, 요서 지방에서도 왔고, 동해안을 거쳐 태백산 줄기 오른쪽으로 해서 오기도 했습니다. 이 중에서 일부는 일본으로 건너가, 사실 삼국시대의 최대 영토를 보면 일본의 서쪽 지역은 거의 신라에 들어왔던 모씨 성의 선비족들이 석권을 했습니다. 여담이지만 제2차 세계대전 때 미군이 오키나와 쪽을 점령했는데, 점령하고 보니 그곳 일본 사람들이 일본어를 거의 못하고 다른 언어를 구사했다고 합니다. 아마 한반도에서 건너갔던 민족들의 언어를 쓰지 않았을까 생각을 해봅니다.

그다음 신라 시대의 정치 사회적 특징을 보면, 다양한 지배 세력이 들어오다 보니 이 지배 세력 간에 혈연적으로 묶어서 한 족속으로서의 태동이 필요하게 됩니다. 2012년 KBS에서 방영된 〈대왕의 꿈〉이라는 드라마가 있었습니다. 신라를 배경으로 한 드라마인데, 거기서 보면 김유신은 가야계, 김춘추는 모용계입니다. 그런데 김유신 장군에게는 부인이 셋이고 여러 명의 첩이 있었습니다. 첫째 부인은 영모, 둘째 부인은 유모인데 이 영모와 유모는 자매간이었습니다. 그리고 셋째 부인 지소는 좀 이상하게도 김춘추에게 시집을 갔던 문명왕후의 딸이 나중에 김유신이 60세가 되었을 때 부인으로 옵니다. 즉, 조카를 데리고 살았던 것입니다.

그런가 하면 김춘추 쪽은 부인이 셋인데 첫째 황후 보령 공주는 일찍 죽습니다. 첫 번째 딸을 낳고 두 번째 딸을 낳다가 죽게 됩니다. 그 후에 김유신 장군의 여동생 문명부인이 황후가 되고, 셋째 부인은 문명부인의 언니가 다시 셋째 황후로 들어가게 됩니다. 그리고 그 이후에 후궁이 여럿 있는데 용보, 용태 등은 삼촌 용춘의 딸입니다. 이런 식으로 혼맥이 복잡하게 얽혀 있는 모습은 오늘날의 시각, 특히 유교적인 시각으로 볼 때는 절대 용납할 수 없지만 당시에는 필연적인 형태라고 할 수 있습니다.

왕족들뿐만 아니라 신라 전체적으로 사회가 복잡하게 얽혀 있었다고 할 수 있습니다. 이것이 나중에 정치적으로 보면 끈끈하게 연결되어 있는 혈연관계가 그 결속된 힘을 통해 삼한 통일의 중요한 힘이 되었다고 평가하고 있습니다. 흔히 신라 김씨의 이야기를 하면, '우리가 남이가?'라는 말을 합니다. 이런 역사를 통해 보면 정말로 다 남이 아니라고 볼 수도 있습니다.

또 하나의 정치적 특징을 살펴보면 지도층의 솔선수범을 들 수 있습니다. 훌륭한 왕과 장수들이 모두 화랑도에서 배출되었고 풍월주는 총 32명이 있었는데, 대표적으로 사다함, 운록, 용춘, 김유신, 김춘추 등이 모두 풍월주를 역임했습니다. 백제와의 마지막 전투 황산벌에서 소년 화랑 관창은 그때 당시 좌장군의 아들이었습니다. 이런 것들이 지도층의 솔선수범으로 볼 수 있습니다. 삼국 통일을 할 때 지도층이 자기 스스로 전장에 나가고 자식들을 내보내는 행위를 통해 전군의 사기를 고취시켰습니다. 오늘날 지도층이 항상 인사청문회 할 때 자신들의 병력과 자식들의 병력이 문제가 되는 것을 보면 선조들, 특히 신라 후예의 입장에서 놓고 보면 통탄할 일입니다. 우리가 앞으로 남북통일을 한다고 할 때 이와 같은 지도층의 자세를 가지고 통일할 수 있을지 심각하게 반성할 때라고 봅니다.

박재상은 신라의 대표적인 충신인데, 제19대 눌지왕 때 눌지왕의 두 동생이 각각 고구려와 일본에 가서 볼모가 됩니다. 처음에 눌지왕이 볼모가 된 동생을 생각하면 잠을 잘 수가 없다고 말하자, 여러 사람의 추천에 의해 박재상이 고구려에 가서 그 동생을 구해옵니다. 그 후 일본에 있는 동생도 구하기 위해 박재상이 자청해서 일본에 갑니다. 그러나 고구려와는 달리 일본에서는 살아서 돌아오지 못할 것이라는 각오로 부인에게 작별인사를 하고 떠납니다. 일본에 가서는 자신이 신라를 배신하고 왔다고 말하며, 결국 눌지왕의 동생을 구출합니다. 이후 일본의 왕이 박재상에게 큰 벼슬을 줄 테니 일본에서 살 것을 권유했을 때 박재상이 이렇게 말했다고 합니다. "나는 차라리 계림의 개, 돼지가 될지언정 외국의 신하가 되지 않겠다." 눌지왕의 동생을 신라로 보낸 것이 박재상이라는 것을 알고서도 일본이 그를 회유하려 했지만 이것을 거절했던 박재상의 충절의 정신을 신라 대대로 남긴 것입니다. 남자들뿐만 아니라 왕실과 귀족의 부인들도 길쌈 등 서민 봉사활동을 활기차게 했다고 합니다.

정치 사회적 특징의 또 하나는 절대왕조 체제임에도 민주적 국정 운영을 했다는 점입니다. 고구려나 백제에서는 절대 볼 수 없었던 것입니다. 특히 제13대 미추왕은 당시 국민들에게서 엄청난 추앙을 받았습니다. 미추왕은 신하들과 가감 없는 정치 토론을 했습니다. 그리고 각 지방에 암행어사를 파견해 부단히 민심을 파악했으며, 지방 귀족들에 의한 백성들의 강제 노역이나 학대 등을 시정했습니다. 특히 농사의 중요성을 강조했는데, 당시 기록을 보면 경주 일대가 지진이 굉장히 많았던 것으로 나옵니다. 그래서 춘궁기를 넘기기 위해 보리 재배를 장려했다고 합니다.

이러한 것이 이어져 오늘날 경주의 특산물로 자랑하는 찰보리빵이 나온 것이 아닐까 생각합니다.

신라 통일의 당위성

저는 삼국 통일이라는 말보다는 삼한 통일이라는 말이 맞는다고 봅니다. 삼국 통일이라고 하면 고구려, 백제, 신라가 완전히 삼국으로 정립되었을 때의 이야기고 그렇게 놓고 보면 고구려에 대한 영토를 다 점령하지는 못했으니, 고조선 시대의 마한, 진한, 변한 등의 삼한에 대한 통일이 결국은 맞지 않느냐 보는 것입니다. 그리고 〈대왕의 꿈〉에서도 처음에 김춘추와 김유신 두 사람이 삼한 일통이라는 말을 많이 합니다. 이것이 왜 시대적인 요구였을까요? 그 당시의 고구려를 보면 전성기에는 중국의 산둥성까지 광개토대왕 때 석권했으나 그 이후 연개소문의 독선과 죽음, 그 세 아들 남생, 남건, 남산의 반목과 분란이 일어납니다. 당시 연개소문의 장남 남생이 뒤를 이어 당나라의 침공을 여러 번 막아내자 남아 있는 남건과 남산이 질투하여 귀족들과 합세해 형을 몰아냅니다. 다급해진 형 남생은 당나라에 가서 항복을 해버립니다. 그러고서 당나라에서 30만 병력을 빌려 자신의 조국인 고구려를 치러 옵니다. 결국 고구려는 신라의 공격을 받아서 멸망했다기보다는 스스로 붕괴했다고 볼 수 있습니다. 주변국들의 상황을 볼 때 고구려는 결국 망할 수밖에 없었습니다.

백제도 왕실의 부패와 귀족 간의 세력 싸움으로 스스로 몰락의 길을 가고 있었습니다. 그런데 더욱 몰락을 재촉했던 것은 신라를 공격하기 위해 일본을 끌어들인 것입니다. 백제와 일본의 연합군이 신라를 공격해오니 신라는 백제를 나당羅唐 연합군을 통해 점령할 수밖에 없었던 것입니다. 이때 웅진에 당나라의 도독부가 설치될 정도로 당나라는 이미 백제를 자신들의 지배하에 놓으려고 작정했습니다. 당나라는 수나라 때부터 고구려와 여러 번의 전투를 통해 철천지원수였기 때문에 언젠가는 고구려를 무너뜨리려고 했고 나아가 백제와 신라까지도 점령하려 했습니다. 오늘날의 동북공정東北工程이 이미 그때부터 존재했던 것입니다.

중국에서 한반도 쪽은 안동이라고 부르고 남쪽으로 베트남을 안남이라고 부릅니다. 이유가 있습니다. 안동이라고 하는 것은 동쪽에 있는 한반도가 자신들의 휘하에 들어왔으면 좋겠다는 마음에서 안安 자를 붙여 안동安東이라고 한 것입니다. 또한 남쪽으로 가면 다른 곳은 다 고분고분한데 베트남만 저항을 하니 안남安南이라고 부른 것입니다. 우리가 흔히 베트남 쌀을 안남미安南米라고 하는 것이 여기에서 나온 말입니다. 일본은 기회가 있을 때마다 백제와 연합해서 신라를 치고자 했고, 상대적으로 부족한 물자와 대륙으로 진출하고자 하는 야망으로 항상 한반도를 넘보고 있었습니다. 이러한 상황 속에서 신라가 살아남기 위해서는 어쩔 수 없이 백제와도 싸우고 고구려, 일본과도 싸울 수밖에 없었습니다.

신라의 삼한 통일에 대한 당위성을 보면 나당연합은 김춘추와 김유신의 절묘한 외교 군사의 대전략이었다고 보입니다. 신라의 삼한 통일이 없었다면 한반도는 필연적으로 당나라에 함락되었을 것입니다. 일본이 한반도를 점령했다면 이후에 고려, 조선도 없었을 것입니다. 그리고 결국 한반도의 '배달민족'이라는 개념도 형성될 수 없었을 것입니다. 이렇게 놓고 볼 때 오늘날의 대한민국, 즉 코리아도 신라가 삼한 통일을 이루었기 때문에 가능했던 것입니다.

신라의 삼한 통일에 대한 잘못된 견해가 많습니다. 천년을 이어온 독특한 신라 문화는 유교적 사고방식에 빠진 역사학자들에 의해 무덤 속에 갇혀버리고 맙니다. 신라사를 조선시대의 가치관으로 바라보고 유교적 관점에서 해석해 20세기의 윤리의식으로 재단한 결과, 신라사新羅史가 잘못 평가될 수 있습니다. 신라사는 변질이 되고 껍데기만 남아 통사 한 권도 없는 것이 오늘날의 현실입니다. 또한 잘못된 견해에는 대단히 우려스러운 부분이 있습니다. 신라가 삼한을 통일했기 때문에 우리 영토가 한반도로 축소되었다는 주장입니다. 간혹 다른 지역 사람들이 당시 고구려가 통일했으면 저 만주 벌판까지 우리 땅인데 신라가 통일했기 때문에 오늘날 한반도의 땅이 작아졌다고 이야기합니다.

사실 고구려를 동경하고 미화하는 움직임이 지난 특정 정권 시기에 의도적으로 조작되고 있었습니다. 특히 〈주몽〉, 〈연개소문〉, 〈태조 왕건〉, 〈태왕사신기〉 등 드라마 방송을 통해 마치 신라는 생겨나지 말았어야 할 국가로 치부될 만큼 왜곡되어왔습니다. 1993년 북한 정권이 평양 근처에서 능을 하나 발굴했습니다. 그리고서 김일성이 대대적인 재건을 명합니다. 현재 평양 근처의 단군왕릉이라고 하는 것은 역사적으로 완전히 조작된 능에 불과합니다. 앞으로 통일이 되면 북한이 고구려의 후예이며 단군의 후예라는 근거를 갖고 정통성을 수장하기 위해 조작한 것입니다.

그렇다면 과연 신라 천년의 사직이 허망하게 고려에 의해서 무너지고 말았을까요? 마지막 임금 경순왕에게 부인이 둘이었습니다. 그 슬하에 왕자가 8명이었고, 그중 한 사람이 마의태자인 걸로 알려져 있는데, 사실은 마의태자라고 불리는 왕자가 여럿이었다고 봐야 합니다. 특히 마의태자의 조부 효종랑은 당시 1,000명이나 되는 화랑도의 우두머리였다고 합니다. 고려는 신라 재건의 희망을 없애기 위해 마의태자가 금강산으로 가 스스로 죽었다고 기록합니다. 하지만 실제로는 그렇지 않고 강원도에 있는 한계령 일대로 가서 후손들과 함께 국권회복을 위해 노력했습니다. 그 후손 가운데 김행은 여진으로 가 금나라의 시조가 되었다는 것이 하나하나 밝혀지고 있습니다. 이처럼 우리의 조상 신라는 정말 자랑할 만한 선조였습니다.

이 시대 경주인의 사명

그러면 이 시대 경주의 사명은 무엇인가요? 흔히 보면 못난 사람들이 집안 자랑을 하고 족보 자랑을 합니다. 옛날 것을 자랑하려면 그 조상에게 부끄럽지 않은 후손이 되려는 노력이 따라야 합니다. 우리도 우리의 사명이 무엇인지 함께 생각해봐야 합니다. 경주인의 사명은 다시 한 번 한반도 통일의 역군이 되는 것입니다. 아직도 우리는 반 토막이 되어 있는 나라에 살고 있습니다. 그래서 화랑도의 후예를 길러내는 인재 육성에 집중해야 합니다. 경주 지역 일대를 울산, 포항 지역까지 넓혀서 좀더 확장된 개념으로 생각해야 합니다. 이 지역에 있는 우수한 학교들, 즉 포항공대, 한동대 등을 통해 교육 도시로서 인재를 육성해야 합니다. 그리고 지역의 교육 기관에는 우수한 교수진이 있어야 합니다. 우수한 학생들이 모여들게 하기 위해서는 정책적으로라도 우수한 교수진을 갖고 있어야 합니다.

전국의 우수한 사람들이 이곳까지 오도록 하려면 기숙사도 충분하고 장학금도 줘서 경주에 와서 공부하는 동안 먹는 것과 자는 것을 걱정하지 않을 수 있게 해줘야 합니다. 또한 정신교육을 위해서는 화랑교육원이 있습니다. 그리고 통일전統一殿도 존재합니다. 이런 것을 통해 애국심도 고취시킬 수 있을 것입니다. 또한 한수원, 감포 원자력발전소, 울산 원자력발전소 등을 합한다면 이 지역을 세계적인 원자력 관련 첨단과학 도시로 육성할 수 있을 것입니다. 이렇게 다양하게 조치를 하면 이것은 다시 한 번 대한민국이 살 수 있는 길이고 경주를 포함한 신라 화랑의 후예를 기르는 길이 될 것입니다.

여기서 군인을 기르겠다는 이야기를 하는 것이 아닙니다. 그것은 시대착오적인 이야기입니다. 세계를 지배할 수 있는 인재를 양성해야 합니다. 그래서 통일 한국을 이끌고 세계를 선도할 미래 세대를 육성하는 것이 사실은 제가 미래한국국민연합이라는 것을 이끌고 있는 중요한 이유 중 하나입니다. 통일전에 이렇게 쓰여 있습니다. '이곳 남산은 화랑들이 몸과 마음을 닦던 신라의 성산이다. 골골이 남아 있는 석불, 석탑, 절터 등은 천년 서라벌의 찬연한 문화를 꿈처럼 간직하고 있다. 신라는 서기 660년 백제를 병합하고 668년 고구려를 통합하여 우리 역사상 처음으로 단일 민족국가를 형성하고 삼국 문화를 융합하여 우리 역사상 황금시대를 열었던 것이다. 박정희 대통령의 분부를 받들어 1977년 이곳에 통일전을 조성한 것은 역사적 과업을 완수한 태종 무열왕, 문무왕, 김유신 장군의 업적을 길이 찬양하고 화랑의 옛 정신을 오늘에 이어받아 발전하는 조국의 정신적인 지주로 삼고자 함이다. 우리는 신라 삼국 통일의 정신을 오늘에 이어받아 민족 중흥의 역사적 과업을 기어이 완수하여 조국의 평화 통일을 쟁취하겠다.' 이것이 우리가 다시 한 번 더 일깨워야 할 사명이 아닐까 싶습니다.

그러면 경주의 또 다른 사명은 무엇인가요? 국민 대통합은 박근혜 대통령 한 분이 외쳐서 되는 것이 아닙니다. 모두가 동참해야 합니다. 예를 들면 경주시와 목포시 간의 자매결연을 추진하는 것이 어떻겠는가 하는 생각을 해봅니다. 지난 선거를 보면 경주시의 경우 박근혜 당선인을 지지한 것이 79퍼센트, 문재인 20.4퍼센트, 전라남도 목포시는 박근혜 8.4퍼센트, 문재인 91.9퍼센트였습니다. 이대로는 국민 대통합을 도저히 이룰 수가 없습니다. 그래서 제가 목포시를 예로 든 것은 목포를 가보니 문화예술의 도시라고 그들 나름대로 자존심을 가지고 있었습니다. 경주 또한 둘째가라면 서러울 것입니다. 개인적으로 보나 지역적으로 보나 공통점을 찾으려면 얼마든지 찾을 수 있는 양대 도시가 자매결연이라는 형태로 교류하고 협력하고 젊은 학생, 청소년들이 오고간다면 이것이 바로 대화합을 이룩하는 하나의 방법이 되리라 생각합니다.

그다음으로 통일 후를 대비해 식량을 확보해야 한다고 봅니다. 북한은 핵실험을 해왔습니다. 칭기즈칸이 유럽까지 진격했지만 무력으로 점령은 했어도 통치는 하지 못했습니다. 통치하기 위해서는 반드시 의식주를 해결해야 합니다. 이것을 해결하지 않고서는 결국 국민을 통치할 수 없습니다. 김정일이 핵무기를 해결하고 미사일은 해결할지언정 식량을 해결하지 못하는 이상 제대로 통치할 수 없습니다. 머지않아 스스로 미사일과 핵 때문에 망하게 될 것입니다. 그러면 통일 이후에 우리는 어쩔 수 없이 북한까지 먹여 살려야 합니다. 우리의 식량 사정이 지금 어떤지 조사해보니 우리나라 농산물 중 자급자족할 수 있는 것이 쌀 이외에는 거의 없습니다. 품목별로 다르지만 보통 25퍼센트 정도밖에 충족이 안 되고 80퍼센트 가까이는 외국에서 수입을 해야만 합니다. 그 대부분을 중국에 의존하고 있습니다.

최근 중국도 인구가 많아지고 사막화가 이루어지다 보니 농토가 점점 줄어들고 있습니다. 또한 중국도 우리나라와 마찬가지로 농사짓는 사람들은 노약자밖에 남지 않게 됩니다. 중국에서 농산물을 수입하는 이유는 싼 인건비로 인해 가격이 싸다는 것인데 앞으로는 이 또한 어려워집니다. 결국 중국에 목을 매고 있을 수는 없으니 다른 곳에 해외 식량기지를 확보해야 합니다. 최근 서울에서 '연해주에 농업 경제 특구는 가능한가?'라는 문제를 가지고 세미나를 했습니다. 연해주라는 곳은 우리하고 절대 무관하지 않은 곳입니다. 과거 일제의 압제를 피해 독립운동하던 분들이 간도와 북간도를 통해 연해주로 가서 쌀농사를 짓기 시작했습니다.

그런데 1937년 일본이 스탈린에게 항의를 하자 스탈린이 강제로 중앙아시아 쪽으로 이주를 시킨 것이 오늘날 고려인입니다. 이분들이 연해주 쪽에서 옛날에 벼농사를 지을 때 관개수로 등을 완벽하게 갖춰놓았습니다. 이 지역에 진출하는 문제를 가지고 정부와 이야기한 것입니다. 우리는 눈을 연해주 쪽으로 돌려서 농산물 생산 기지를 만들고 앞으로 남북이 통일된 이후에도 북한도 먹이고 우리가 부족한 것도 이곳에서 충당하면 좋을 것입니다.

흔히 연어의 모천회귀母川回歸, 수구초심首丘初心, 귀소본능歸巢本能 등의 이야기를 합니다. 아까 우리 신라인들이 흘러온 것이 만주, 연해주, 산둥반도 쪽에서 왔다고 했습니다. 그리고 스키타이족은 시베리아를 통해 저 동부까지 갔다고 했습니다. 오늘날 그 조상의 흔적을 되밟아서 우리도 그쪽으로 진출할 당위성이 여기에서 나옵니다. 러시아 극동대학의 부총장이 와서 발표를 했는데, 자신들은 푸틴 대통령이 극동 지역 개발을 위해서 심혈을 기울이고 있기 때문에 한국이 빨리 진출해주었으면 좋겠다고 했습니다. 정부 간에 협의를 하면 이쪽에 진출하는 기업이나 국민에게 편의와 혜택을 정책적으로 받게 할 수 있으리라 생각합니다. 여기에는 대기업의 기업 영농만 진출할 것이 아니라, 우리 농민들도 좁은 땅 덩어리에서 FTA만 했다 하면 들고 일어서지 말고 조합을 형성해서 준비한다면 얼마든지 진출할 길이 있을 것입니다.

이것이 제가 여러분에게 경주인으로서 스스로 보람을 가지고 살았고, 여러분 스스로도 이 기회에 경주인 됨과 신라인 됨을 자랑스럽게 생각하길 바라며 드린 말씀입니다. 또한 여러분뿐만 아니라 자라나는 우리 후손들도 이 정신을 이어갈 수 있었으면 하는 뜻에서 여러 가지를 이야기했습니다. 혹시 자료의 인용이나 이야기에 부족한 점이 있었다면 그것은 제 연구의 결과가 아니고 여러 자료를 취합한 것으로 생각하고 이해해주시면 대단히 고맙겠습니다.

20

계림에 내린
빛

최양식 | 경주시장

중앙대학교 행정학과(학사)와 영국 리버풀대학 대학원 행정학과(석사)를 졸업했다. 1977년
행정고시에 합격했으며, 대통령비서실 민정비서실 행정관, 영국대사관 참사관, 대통령자문
정책기획위원회 사무국장, 행정자치부 정부혁신본부 본부장, 행정자치부 제1차관, 경주대학
교 총장, 한양대학교 특임교수 등을 역임했다. 2010년 경주시장으로 당선되어 현재까지 시정
을 이끌고 있다. 대통령 표창, 홍조근정 훈장, 인간개발연구원 인재개발 단체장상, 대한민국
경제리더 대상 글로벌경영부문 등을 수상했다. 저서로는 『영국을 바꾼 정부개혁』, 『세계의
새천년 비전』, 『한국의 들꽃과 전설』, 『서양 고지도를 통해 본 한국』, 『최양식이 꿈꾸는 세상』
등이 있다.

···

신라왕조 건국의 기틀을 마련한 석탈해

제가 경주시장을 한 지 5년이 지났습니다. 참 세월은 빠른 것 같습니다. 경주에서 태어나고 경주에서 교육을 받고 경주에 와서 시민들 앞에 설 수 있고 봉사할 수 있는 기회를 가진 저는 정말 복 받은 사람입니다. 그런데 이 자리에 앉아 계시는 시민 여러분도 정말 복 받은 사람입니다. 왜냐하면 이 아름다운 선택 받은 땅에 태어나서 살 수 있는 자체가 진정 복 받았기 때문입니다.

『삼국사기』 「신라본기」에 의하면 시조 성 박씨 혁거세가 전한 효선제 오봉원년 갑자사월병진에 즉위했는데 호는 거서간이고 시년은 열세 살이었습니다. 국호는 서라벌. 일찍이 조선 유민이 분거산곡지간에 위 육촌, 신라가 고조선을 승계했다는 말입니다. 북방을 경영했던 대제국인 고조선이 때를 다하고 역사적 운명으로 망하게 되었습니다. 그 유민들이 망국의 한을 품고 남쪽으로 내려와서 여기에 육촌을 구성하고 살았다는 그런 이야기입니다. 내려올 때 그냥 내려왔겠습니까? 북방 대제국을 경영했던 지식과 정보, 엄청난 테크놀로지를 갖고 내려왔습니다. 제철기술, 도자기 기술, 직조 기술, 말을 키우는 북방유목 민족으로 말을 관리하는 기술 등 모든 것을 갖고 내려온 것입니다.

그 당시 한반도는 남방계 인사들과 북방계 인사들이 서로 섞여서 살고 있었지만 문명이 그렇게 앞서 있지는 못했습니다. 가장 미약했던 신라가 삼국을 통일할 수 있었던 것은 하이테크놀로지를 가진 고조선의 유민들이 내려와 칼을 만들어 방위산업을 발전시켰기 때문입니다. 또한, 화랑 정신은 어디서 자생한 것이 아니고 고조선부터 유래되었다고 할 수 있습니다. 그 사상으로 백성들을 통합하고 단합하게 해서 드디어 삼국 통일의 기틀을 형성하게 한 것입니다.

그것이 저는 혁거세 대왕께서 즉위하고 난 뒤에 그 기틀이 잡혔지만 4대 왕인 석탈해 대왕께서 이룬 성과라고 생각합니다. 석탈해 대왕은 아마 북방계 다자족이었을 것입니다. 그때 육촌에 내려온 북방계 다자족 중의 한 분이었을 텐데, 그분이 신라왕조 초기 건국의 기틀을 다진 분이라고 생각합니다. 신라가 고조선을 이어받은 북방 대제국으로 북방을 호령하던 고조선의 승계 국가라는 것을 『삼국사기』「신라본기」는 말하고 있습니다. '분거산곡지간 위육촌', 이 말에서 왜 신라가 삼국 통일을 했는지 그 비밀이 담겨 있다고 할 수 있겠습니다. '계림서광鷄林瑞光'은 '계림에 내린 빛'이라는 뜻입니다.

『삼국사기』「탈해 이사금조」에 보면 그런 이야기가 있습니다.

"왕이 듣건대 밤에 들으니 금성 서쪽에 있는 나무 사이에서 닭 우는 소리가 있었다. 그래서 날이 밝기를 기다려서 호공을 보내 그것을 살피게 했다. 그랬더니 금색의 작은 궤가 있었다. 나뭇가지에 걸려 있었는데 그 나무 밑에는 흰 닭 한 마리가 있었다. 호공이 돌아와서 보고했는데 왕께서 사람을 보내 그 궤를 취해서 열어보았더니 그 안에 어린아이가 있었다. 그 얼굴과 모양이 자못 신비하고 장대해 보이고 왕께서 기분 좋으셔서 좌우에다 말하시길 '하늘이 나에게 이런 어린아이를 내리시지 않았겠느냐' 하면서 그 아이를 거둬서 길렀다. 성장하면서 그 아이는 점점 더 총명해지고 지략이 많아졌다. 그래서 그 이름을 알지라고 했고 금궤에서 났다고 해서 그 성을 김씨라고 했다. 그때까지는 계림을 시림이라고 했는데 그 이후로 계림으로 이름을 바꾸고 나라 이름도 계림이라고 했다."

『삼국유사』도 거의 유사한 내용으로 언급되어 있습니다. 경주는 2,000년의 역사를 가지고 있습니다. 기원전 57년에 건국했으니까 2072년이라는 오랜 역사를 가지고 있습니다. 그리고 신라 전성기에는 경주에 17만 8,000호가 있었고 방은 1,360방이 있었다고 되어 있습니다. 학자들에 따라서는 이것을 달리 해석하는 분이 많은데, 17만 8,000호를 17만 8,000명으로 해석하는 분들이 있는가 하면 1,360방도 거의 문헌에는 없으니 아마 360방이다, 어떤 사람은 120방 정도밖에 안 나온다고 말하는 사람도 있습니다.

외동에 가면 말방이라는 곳이 있습니다. 괘릉을 지나서 말방이라는 곳이 있는데 거기까지 방이 있었다는 이야기이고, 건천에 가면 방내라고 있습니다. 거기까지 방이 있었다고 생각하면 1,360방이 틀림없을 것입니다. 그리고 그 당시 신라가 전쟁을 얼마나 많이 했느냐 하면 3~4년에 한 번 전쟁을 했습니다. 전쟁을 할 때마다 충청도에 가서 사람을 데리고 오고 청도에 가서 사람을 데리고 올 수 없었습니다.

그렇다면 어떻게 하느냐, 이 천년 사직을 지키기 위해서는 적어도 여자, 어린이, 노인 빼고 나면 그 사람들이 전쟁할 수 있는 사람들이고 여자와 어린이가 농사를 짓고 수레를 끌고 하는 그런 사태가 있었을 거란 말입니다. 그런 것을 방지하기 위해 제가 볼 때는 수도권에 17만 8,000호 정도가 있어서 이 왕조를 지탱하는 그런 노력을 했지 않겠느냐 이렇게 생각합니다. 그래서 신라 전성기 시대에는 80~120만 정도가 경주에 거주했을 것입니다.

세상을 향해 열려 있었던 경주

신라가 992년을 경주에서 존속했는데 이 비밀을 우리가 알아야 합니다. 중국 역사를 보면 100년 넘는 왕조가 12개밖에 없습니다. 그리고 명나라, 청나라, 당나라도 300년을 넘기지 못했습니다. 그런데 신라는 992년을 존속했고, 또 대부분의 나라가 500년을 넘었습니다. 그것은 왜 그럴까요? 『삼국사기』에는 유리왕 때 남해 차차웅, 유리 이사금 3대왕 때부터 각 왕조별로 이런 이야기가 나옵니다. 모든 왕의 기록에 보면 이런 것이 나오는데, 『삼국사기』에 들어 있는 신라의 정신이 얼마나 대단한 것인지를 알 수 있습니다.

『삼국사기』「유리 이사금조」에 동 11월에 왕이 국내를 순행하는데 한 나이 드신 할머니께서 굶주려서 얼어죽을 지경에 이르렀습니다. 그래서 왕이 '내가 왕의 자리에 있으면서 백성들을 제대로 못 먹여서 이런 일이 생겼느냐. 이 모든 것이 나의 죄다.' 그러면서 왕이 입고 있던 옷을 벗어 노인에게 덮어줍니다. 그리고 음식을 차려줍니다. 왕이 돌아와서 모든 과부와 고아와 홀로 사는 어른들을 찾아보고 생활 능력이 없는 사람들을 전부 찾아 그들에게 음식을 줍니다. 주변 국가에서 백성들이 그 소리를 듣고 신라로 찾아왔다는 이야기를 하고 있습니다. 신라는 계속 인구가 늘어납니다. 어떻게 보면 그 왕이 정말 정치를 잘했다는 것을 표현하기 위해서 했다고 할 수도 있습니다. 그만큼 왕부터 시작해서 온 백성이 한마음으로 했기 때문에 992년을 존속한 것이 아닌가 생각합니다.

저는 정말 경주를 사랑합니다. 여러분들이 경주를 사랑하는 만큼 저도 정말 경주를 사랑합니다. 혁거세 대왕이 태어나신 나정과 계림. 어렸을 때 항상 우리 마음속에 담겨 있는 고향의 모습입니다. 구정동에 가면 방형분이 있습니다. 네모난 무덤이 있는데 거기에 석상 하나가 있습니다. 이것을 골프 치는 분들은 7번 아이언을 왜 메고 있느냐고 이야기하는데 자세히 보면 7번 아이언이 아니고 폴로 채입니다. 이것은 무엇을 의미할까요? 옛날 페르시아의 대서사시 중에 「쿠쉬나메」라는 서사시가 있습니다. 그 서사시에 사산왕조 페르시아가 망하고 난 뒤에 그 왕자가 유민 3,000명을 이끌고 망명을 요청하니까 당나라에서 '페르시아에서 칼을 들고 쫓아오면 큰일나니까 우리는 안 되고 옆에 신라라는 인심 좋은 나라가 있으니 그 나라로 가라' 해서 신라에 유민들을 이끌고 이 왕자가 옵니다.

신라왕이 보니 인물도 잘생겼고 사람도 괜찮고 하니까 자기 공주를 주어 결혼을 시킵니다. 그래서 아침저녁으로 이 페르시아 왕자와 폴로 경기를 했다는 그런 기록이 나옵니다. 그런데 사람들은 그것이 전설인 줄 알았습니다. 제가 증거를 가지고 사람들한테 내놓았습니다. 아시아·태평양 지역 세계유산도시 총회를 할 때 에스파하니 이스파한 시장이 왔길래 이것을 내놓았습니다. 우리와 자매결연을 하자고 하니 자매결연은 더는 못한답니다. 왜 그러느냐니까 23개국이나 하고 있어서 못한다는 겁니다. 그래서 이것을 내놓으면서 "이것은 너희 할아버지다. 자매결연을 하려느냐 안 하려느냐?" 했더니 이튿날 회의를 해야 하는데 사람들이 사라졌습니다. 사진 찍으러 간 거예요. 가서 보더니 "자매결연 합시다" 이렇게 말해서 자매결연하고 거기에 가서 기념비석까지 세우고 왔습니다.

그런데 「쿠쉬나메」의 기록에 보면 신라의 서울은 강데즈다, 강데즈가 무엇인가, 강데즈가 바로 페르시아말로 골든캐슬입니다. 골든캐슬은 금성입니다. 엄청난 사실을 많이 발견하게 되었고, 신라에 왔던 왕자의 이름은 페르시아말로 '물의 아들'입니다. 처용을 우리는 '용의 아들'이라고 하는데 물의 아들이나 용의 아들이나 개념은 같은 것이라고 해석됩니다. 앞으로 우리는 이란과 잘해봐야 합니다. 이란이 그동안 핵 때문에 제재를 많이 받아서 친구가 없습니다. 우리는 자기네들 외가 아닙니까? 외가니까 외가와 잘 지내서 원유 확보도 좀 하고 또 원자력 이용도 하고 해야 하니까 진출 좀 해봅시다. 원유도 확실하게 확보를 하고요.

우리 고대에는 4세기 혹은 6세기경에 중국과 관계가 별로 없었습니다. 전진하고 통교했다는 이야기가 4세기 이전에 나오는데 그것도 고구려 뒤따라간 것밖에 없습니다. 그러니까 그전에 4세기 혹은 6세기경에 적석목곽분에서 출토되는 물건들을 보면 대부분 서역 물건들입니다. 중국과는 교류가 별로 없었습니다. 그러니까 이것은 대단한 이야기입니다. 그때 이미 경주는 세계를 향해서 열려 있었습니다.

찬란하게 빛나는 신라의 유물

기독교인들은 남간사지 당간지주를 유심히 볼 필요가 있습니다. 꼭대기에 올라가 보면 십자가가 있습니다. 이것은 나무를 꽂았던 자리가 아니냐고 이야기하는데, 나무를 꽂는데 무엇 하러 저렇게 열십자로 했겠습니까? 그 당시에 동방기독교가 있었습니다. 그것이 당나라에는 실제 전래되어 흔적이 많이 있는데, 신라에는 왔는지 안 왔는지 흔적이 없습니다. 아마도 이것이 동방기독교가 들어온 흔적이 아닐까 생각을 해봅니다.

대릉원 안에 황남대총이 있습니다. 이것을 우리는 쌍봉황대라고 해서 참 아름답게 엉덩이처럼 생겨 가운데가 볼록하게 되어 안에서 미끄럼 타고 하면 참 재미있습니다. 아마 대왕님께서도 그렇게 싫어하지는 않으셨던 것 같습니다. 손자들이 와서 놀고 하는 것을 보고 '얘들아 내일도 오너라' 이렇게 하셨을지 모르겠습니다. 지난번에 '임금님 이발하는 날'이라고 해서 인터넷으로 전국의 사람들을 모집해서 벌초를 했습니다. 그런데 저에게 메시지를 보내서 나무라는 분이 많았습니다. 어디 대왕릉 위에 올라가서 아이들이 놀고, 무슨 그런 짓을 하느냐고요.

벌초를 하려면 위로 올라가야 벌초를 하지 밑에서 벌초할 방법이 없잖습니까? 그리고 워낙 크니까 사람이 한두 명 올라가는 것도 아니고 수십 명 올라가야 하는데, 대왕님께서도 그렇게 싫어하지는 않으실 거라고 생각했습니다. 올라갈 때 신고를 해야 합니다. '대왕님, 오늘은 저희들이 시끄럽더라도 좀 이해를 해주십시오. 그렇지만 풀을 안 베면 두더지가 올라가서 대왕님 잠도 깨우고 하니까 저희가 깨끗하게 정비를 하겠습니다' 하고 올라가면 되는 것 아닌가 싶은 생각이 듭니다.

이곳은 발굴이 끝났습니다. 이 안에서 5만 7,000점의 유물이 나왔습니다. 많은 유물 중에 철제 유물이 많이 나왔습니다. 왜 금을 많이 안 넣어놓고 쇠를 넣어놨느냐, 그때는 쇠가 금보다 귀했습니다. 그것이 있으면 농사도 지을 수 있고 전쟁에서도 이길 수 있고, 방위산업에서도 최고였습니다. 석탈해 대왕이 대장장이 출신인데 나중에 수상이 되고 부마가 되고 그다음에 왕이 되었습니다. 대단한 것이 아니겠습니까? 그 정도로 위대한 왕국이 신라 초기에 있었기 때문에 우리 부모들의 신라가 있었다고 생각합니다.

감은사의 동탑과 서탑은 신문왕이 부왕 문무대왕을 기려서 세운 탑입니다. 『삼국사기』를 읽어보면 문무왕조가 제일 깁니다. 아마도 문무대왕의 유조, 우리 평민들은 유언이라고 하고 대왕의 유언은 유조라고 합니다. 그것을 읽어보면 제 가슴이 뜁니다. 저는 이렇게 훌륭한 신라의 왕들이 있었기 때문에 신라가 992년을 존속할 수 있었던 게 아닌가 생각합니다. '내가 죽고 나면 감옥을 비워라. 나 때문에 들어갔던 감옥을 비워서 풀이 무성하게 하고 무기들을 녹여서 전부 농기구로 만들어라. 세금을 감면해라. 그동안 전쟁 치르느라 세금을 너무 많이 내지 않느냐? 세금을 감면해줘라.' 이런 유조를 내린 분입니다. 정말 대단하신 분이죠? 감사와 존경의 말씀을 드립니다.

성덕대왕신종은 불국사를 창건한 경덕왕께서 부왕이신 성덕대왕의 공을 기리기 위해서 만들었는데, 들어간 구리만 12만 근입니다. 왜 성덕대왕신종이라고 하느냐, 황룡사대종은 이것보다 4배가 큽니다. 4배가 큰데도 그것은 대종이라고 했지만 이것은 신종이라고 합니다. 20년이나 걸렸다는 것은 그동안 시행착오를 거쳐 아름다운 소리를 내기 위해 이렇게 했지 않느냐 이렇게 생각이 됩니다. 여기에 종명이 새겨져 있습니다. 그런데 그 종명이 너무 감동을 줍니다.

금년 3월에 이 종을 새로 제작하기 위해서 물을 붓습니다. 물을 붓고 종각을 짓게 됩니다. 제야의 종 타종할 때 석굴암 올라가기가 힘들잖습니까? 불국사까지 가는 것도 힘들고요. 이제 시내에서 사람들이 1만 명 정도 모여서 제야의 종 타종에 참여하면서 새해를 맞이할 수 있게 되었습니다. 이 훌륭한 소리까지 재현하기 위해 전국 최고의 전문 기술자들과 학자들이 총동원되어야 하는데, 거기에서 무슨 말이 나오느냐 하면, 모양은 산이 솟은 듯하고 그 소리는 용의 울음소리 같다고 하는데 무슨 소린지 모르겠어요. 나중에 알아보니 용의 울음소리는 종을 칠 때 '댕~' 이렇게 가는 것이 아니고 '우웅~ 우웅~' 이렇게 갑니다. 이것은 좌우 균형을 살짝 깨뜨리면 맥놀이현상이 생겨서 용의 울음소리가 난다는 겁니다. 신라인들도 그와 같은 기술을 가졌다고 생각합니다.

동궁과 월지는 문무대왕께서 삼국을 통일한 기념으로 조성했는데, 지금 현재는 3개의 전각만 들어서 있습니다만 서쪽 편에 회랑과 건물을 복원할 계획입니다. 그리고 경역을 확장해서, 지금 1만 명 정도 들어오면 관람 환경이 좋지 않기 때문에 금년에 아마 바로 착공을 하게 될 것 같습니다.

대왕바위를 빨리 발음하면 댕바위가 됩니다. 지금도 댕바위라고 합니다. 이것이 열십자로 되어 있어서 물이 빠져나갈 수 있게 되어 있고, 가운데 있는 돌은 바다 돌이 아닙니다. 육지의 돌을 갖다놓았는데 엄청 무게가 무거운데 도대체 어떻게 운반했을지 모르겠습니다. 그 밑을 살짝 들어보았다고 하는데 아무것도 발견하지 못했다고 하고, 소설가 몇 분이 거기에서 무언가 발견했다는 소설을 써서 베스트셀러가 되었습니다.

2017년 세계유산도시기구 총회가 열립니다

황룡사지는 동양 최대의 사찰입니다. 진흥왕 때 만들었습니다. 삼국 통일 하기 전에 만들었고, 탑은 선덕여왕 때 만들어졌습니다. 선덕여왕께서 일을 정말 많이 하셨습니다. 분황사, 첨성대, 9층목탑 이런 것을 만드셨으니까 정말 대단한 분입니다. 첨성대는 27층인데, 그것은 선덕여왕이 27대 왕이기 때문입니다. 이렇게 아름다운 모습은 선덕여왕의 몸이라고 상상해도 좋으리라고 생각됩니다. 가운데에 있는 창은 출입문이라 하기에는 너무 높은 데 달렸고 들어가기에는 너무 좁습니다. 그래서 이것은 출입문으로 만든 것은 아닐 것이라고 이야기하고요. 부처님을 낳으신 마야 부인께서 옆구리로 부처님을 낳았다고 이야기하는데, 선덕여왕께서는 소생이 없었기 때문에 옆구리를 이렇게 내어 많은 소생을 낳아주기를 기원하는 그런 뜻이 담겨 있지 않을까 하는 상상을 해봅니다.

석탈해 왕릉은 당시에 국력이 그렇게 크지 않았기 때문에 왕릉이 크지 않습니다. 처음엔 작았다가 중간에 많이 커집니다. 황남대총, 봉황대총 이렇게 커지다가 나중에 다시 작아집니다. 불교가 들어오고 난 뒤에는 이렇게 큰 봉분을 만들어서 무엇 하겠느냐 해서 점점 작아지게 되고 검소하게 됩니다. 석탈해 대왕은 우리가 앞으로 굉장히 조명할 필요가 있습니다. 『삼국유사』나 『삼국사기』에 나오는 기록을 삿고 상상을 해봐야 합니다.

월정교는 지금 양쪽에 문루를 만들고 있습니다. 그렇게 만들면 더 아름다운 모습이 되겠죠. 여기에서 오페라도 하고 합창도 하고 배도 띄워놓고 하게 되면 기가 막힌 장면이 연출될 것입니다. 신라인들이 이것을 왜 만들었느냐 하면, 대왕께서 남산을 가야 하는데 통일전 주차장까지 갈 수도 없고 삼릉주차장까지 갈 수 없었습니다. 바로 가야 하는데 갈 길이 없었습니다. 그래서 이렇게 길을 내어 강을 건너서 가면 앞에 도당산이라는 작은 산이 있는데 굉장히 신비로운 산입니다. 그것을 일명 남당이라고도 하고 도당이라고도 합니다.

그 앞에 산업도로가 나 있는데 산업도로에 인공터널을 만들어서 우리가 그 위에 길을 냅니다. 그러면 도당산이 계속되어 남산까지 가는데, 남산 등산길 중에서 가장 긴 등반시간, 한 4시간 정도 갈 수가 있습니다. 트럭으로 흙이 얼마나 들어가느냐? 1,200대 들어간다고 합니다. 그 위에 광장이 만들어졌습니다. 지금 보문호수 주변에 만들어놓은 선덕여왕 상을 그쪽으로 옮기려고 합니다. 그 위에다 좌우로 나무를 심어놓고 화백회의 하는 모습을 한번 연출을 해봐야겠다고 생각합니다. 더구나 양쪽에 문루가 있으면 얼마나 아름답겠습니까?

황룡사는 최초로 한강 유역까지 진출한 진흥왕께서 만들었고 탑은 선덕여왕께서 만들었는데 이 탑 위에 올라가서 시를 남기신 분이 세 분 있습니다. 김극기라는 분과 『삼국유사』를 쓰신 일연 선사께서 시를 남겼습니다. '한층 한층 올라가니 힘들기도 하구나. 마치 처마가 하늘을 나는 듯한데 저 아래 보이는 사람의 집은 개미굴처럼 보이는구나.' 기가 막힌 시입니다.

동궁원도 있습니다. 『삼국사기』에 '온수'라는 말이 나옵니다. 온수라는 것은 따뜻한 나무, 따뜻한 지역에서 사는 나무로, 겨울에는 여기서 살수 없는 나무들을 키웠을 것입니다. 남쪽에서 유자 같은 것을 가져오고 바나나 같은 것도 가져왔을 가능성이 있다는 말입니다. 그래서 온수라는 말이 나온 것으로 봐서 신라시대에도 열대, 아열대 식물을 키웠음을 알 수 있습니다. 그래서 우리가 그것을 재현한다는 느낌으로 만들어본 겁니다.

울포고속도로 준공 기념으로 만든 문무대왕상도 있습니다. 대왕상 옆에는 용을 조각해서 멋지게 만들어놓았습니다. 『삼국유사』와 『삼국사기』에서 가장 많은 부분을 차지하고 있는 분이 바로 문무대왕입니다. 그것을 많이 읽고 그분의 캐릭터를 확실히 알고 난 뒤에 만들어야 하고, 후손 100명을 모시고 사진을 찍고 난 뒤에 그것을 참고해서 만들어야 합니다.

2017년에 경주에서 세계유산도시기구 총회가 열리게 됩니다. 저는 그렇게 생각합니다. 경주 단독으로 하는 것이 아니고 대한민국에 있는 12개 세계유산도시가 합동으로 해서, 그리고 그때는 문화재 기술을 갖춘 기업들이 함께 참여해야 합니다. 그래서 그들이 전 세계에 수출하고 진출할 수 있는 기회를 마련해야 되지 않겠나 이렇게 생각합니다. 오늘 참여해주신 여러분이 우리 경주를 사랑하는 마음은 저와 조금도 다름이 없다고 생각합니다. 오늘 제가 여러분 앞에서 이렇게 강의를 할 수 있어서 정말 행복합니다.

화백이 본 세상 II

ⓒ 최양식 외, 2016

초판 1쇄 2016년 7월 20일 찍음
초판 1쇄 2016년 7월 25일 펴냄

지은이 | 최양식 외
펴낸이 | 이태준
기획·편집 | 박상문, 박지석, 박효주, 김환표
디자인 | 최진영, 최원영
마케팅 | 박상철
인쇄·제본 | 제일프린테크

펴낸곳 | 북카라반
출판등록 | 제17-332호 2002년 10월 18일

주소 | (121-839) 서울시 마포구 서교동 392-4 삼양E&R빌딩 2층
전화 | 02-325-6364
팩스 | 02-474-1413

www.inmul.co.kr | cntbooks@gmail.com

ISBN 979-11-6005-002-8 03300

값 14,000원

이 도서의 국립중앙도서관 출판시도서목록(CIP)은 서지정보유통지원시스템 홈페이지
(http://seoji.nl.go.kr)와 국가자료공동목록시스템(http://www.nl.go.kr/kolisnet)에서
이용하실 수 있습니다. (CIP제어번호: CIP2016016651)